立法评论 第4卷 第1辑

中山大学法学院 主办
中山大学中国立法研究大平台 承办
中山大学立法研究中心 协办

主　编　刘　诚
执行主编　黄泽萱

中国法制出版社
CHINA LEGAL PUBLISHING HOUSE

目　录

专题研讨：教育立法研究

立法评析

法律解释

制度检讨

Content

Special discussion: Research on the Educational Legislation

Legislative Comments

Legal Interpretation

Reflection on Legal System

PART 1

专题研讨：教育立法研究

Special discussion: Research on the Educational Legislation

pp.001-066

主持人语

刘　恒*

教育是国之大计、党之大计。党的十八大以来，党中央坚定不移地实施科教兴国战略和人才强国战略，坚持优先发展教育，大力推进教育领域的综合改革，推进教育现代化建设，提升我国教育总体发展水平，为中华民族伟大复兴奠定了坚实的人才基础与智力支持。习近平总书记明确，新时代中国教育事业的根本目的是培养德智体美劳全面发展的社会主义建设者和接班人，教育事业事关国家发展、民族振兴、社会进步。改革开放四十年来的教育发展离不开教育法治建设，教育体制改革与教育质量提升都离不开教育法制的充分供给、教育执法的持续完善和教育法律关系的规范调整。

---

* 刘恒，中山大学法学院教授，博士生导师，教育部政法司－中山大学教育立法研究基地主任。

以2003年《义务教育法》的全面修订为标志，我国教育法治建设进入了完善发展阶段，然而教育实践中仍然存在诸多问题，教育法律体系无法良好地回应教育兴国战略的法制需要。为充分发挥教育的基础性、先导性、全局性的作用，深化教育法治建设、强化教育立法研究，发挥教育法律制度对教育改革的统筹规划与法制支持，教育部政策法规司决定与高校合作共建教育立法研究基地，整合各高校学科资源，建立教育立法研究的工作网络与协作平台，发挥教育立法研究对教育法治实践和教育法律制定的指导作用。经过综合评估和专家评审，教育部选定中山大学为第一批合作共建教育立法研究基地的学校之一，为华南地区唯一一家。2019年又追加华南师范大学建立第二个基地，日益壮大华南地区的研究力量。

本期专题收录了来自中山大学、华南师范大学两家教育立法研究基地的研究成果，四篇文章在针对不同教育领域与教育层面的热点、难点问题进行针对性研究与分析的同时，坚持相同的教育法治理念与原则，积极促成教育法治领域的家庭、学校、政府、社会共同参与的教育工程体系的构建，为不同社会主体教育合力的凝聚提供了法制框架，为教育现代化目标任务的实现与成长、成才教育环境的营造提供法治支撑。

家庭教育是教育工作体系中的重要环节，对保障未成年人健康成长、增进家庭幸福与社会和谐意义重大，家庭教育立法将为家庭教育提供科学系统的指导与支持，充分发挥家庭教育作为青少年成长、成才的基点的重要作用。《论家庭教育中的政府义务的法律性质》一文认为，现阶段家庭教育的许多问题的症结都在于政府缺位，导致家庭教育缺乏支持与引导，政府承担家庭教育职责是政府保障儿童权益、维护客观法秩序的重要内容，作者结合规范保护理论厘清了政府义务的法律性质与制度表现，提出在家庭教育立法中应明确行政管理体制与部门职能，并规定公民对政府给付和帮扶的直接请求权以完善家庭教育制度。《我国家庭教育立法的基本问题研究》一文介绍了我国台湾地区的“家庭教育法”，提出当前家庭教育立法应当以帮助和提升未成年人发展质量为核心。作者通过分析家庭教育目的与内容，提出应当由教育部主管家庭教育，并积极发挥家庭教育指导机构为家庭教育提供强大社会保障。《民办学校强制信息披露范围的法律规制》一文则聚焦民办学校，提出现阶段民办学校办学实践中过分注重营利性而忽视了教育服务的提供和公共利益的保护，需要完善强制信息披露制度，加强对民办学校办学行为的监督和规制。民办学校信息披露范围应当兼顾供给与需求、效率与平衡、公共利益与私人利益，合理确定披露边界、信息种类、例外情形等，完善强制信息披露的全面性、针对性、合理性。教师是国家教育体系中的核心主体，教师合法权益的保障是教育公平的重要内容。《教师校内申诉制度的法治化建构》一文围绕教师在教育活动中的权益侵害问题，认为我国现有的教师权益法治保障体系存在内容欠缺、制度衔接不利等问题，且未建成教师校内申诉制度导致教师权益缺乏有效保障。作者通过实证分析总结了现行校内申诉制度实施现状的问题，并提出应通过制定统一办法、明确处理主体、扩大制度适用范围、规范申诉处理程序、保证申诉与其他救济途径的衔接性等，发挥校内申诉制度对教师权益保障与教育法治改革的积极作用。

论家庭教育中政府义务的法律性质*

马颜昕　万雨萌**

目　　次

内容提要：家庭教育具有很强的公益性，在现今情境下单靠家庭自身难以解决家庭教育领域中的

---

* 本文为广东省教育厅重大课题“中加法学教育比较研究”（2016GXJKn）阶段性成果。

** 马颜昕，华南师范大学法学院特聘副研究员，教育部政法司－华南师范大学教育立法研究基地秘书长；万雨萌，华南师范大学法学院硕士研究生。

所有问题，政府的适当介入恰当且必要。在现行法律框架下，依据保护规范理论，政府具有支持和发展家庭教育的一般性义务。至于公民是否存在对应的主观公权利，则缺少明确的规范基础，需要视具体情况具体判断和解释。此时公民权利范围较为局限，且存在较大的不确定性，难以满足现实需要。因此有必要通过完善立法，对家庭教育中的政府义务的性质与范围予以进一步的明确。

关键词： 家庭教育　政府义务　保护规范理论

一、问题的提出

经过三十余年的法制建设，我国教育法律体系已初步形成，但仍存许多短板亟待补齐。家庭教育便是教育法律体系建设中的一个薄弱环节，主要表现为家庭教育主体不明、缺乏法律保障机制等突出问题。家庭教育并不局限于家庭，其许多问题的症结正在于政府缺位。那么在家庭教育中，政府义务是否具有正当性来源？政府义务的法律性质是什么？其完善的具体路径又该为何？本文将对这些问题进行探讨。

二、家庭教育的公益性——政府义务的正当性基础

（一）教育整体的公益性

作为教育体系的重要组成部分之一，家庭教育的性质直接由教育的性质所决定。因此，要研究家庭教育的性质，必须先探讨教育的整体属性。教育是一项公益性事业，[1]其本质属性是公益性，具体表现为：

1. 教育的功能。教育是一项培养人的工程，通过教书育人、传道解惑，提高人的综合素质，从而为经济增长和社会进步提供智力支持，直接使公民个人受益，间接使整个社会受益，是人类社会赖以生存和发展

〔1〕 邢永富：《教育公益性原则略论》，载《北京师范大学学报（人文社会科学版）》2001 年第 2 期。

的重要基础[2]。

2. 教育的成果。虽然个人直接享有因接受教育而获得的成果，但是在个人投身于、服务于社会的过程中，这些成果将会转化为推动社会进步的一大助力，换言之，教育将会产生极大的正外部性。

3. 教育立法的目的。回归到教育法规范，《教育法》中清晰地表明，其制定目的是“发展教育事业，提高全民族的素质，促进社会主义物质文明和精神文明建设”，明确以法律形式表现出教育的公益特征。

（二）家庭教育公益性的特别表现

家庭教育是教育体系中的重要组成部分，和一般教育一样展现出公益的本质。作为一种教育产品，家庭教育可使公民个人和整个家庭直接受益，使整个社会间接受益。从服务对象来看，家庭教育首先为未成年人及其家庭服务，能直接影响未成年人及其家庭的整体发展，从而间接影响学校、政府甚至整个社会的发展状态。因此，在家庭教育领域中出现的问题，虽然从表面看偏向私性质，可一旦无法得到解决，便会产生强烈的负外部性，对社会公共领域造成巨大影响。

家庭教育的公益性具体体现在：首先，家庭教育有助于使未成年人具备基础生活知识及其身心发展所需要的基础素养，客观上直接满足了未成年人多样化发展的需求。家庭教育的顺利实施，对维护家庭内部稳定的秩序、提高家庭生活质量与整体效益有十分重大的意义；反之，失败的家庭教育则意味着监护人需要花费更多时间成本、经济成本教导未成年人，影响社会劳动力的总投入以及社会经济效益。其次，家庭教育是影响社会安定的因素之一。缺失家庭教育的未成年人危害社会的概率更高。造成未成年人犯罪的其中一个因素便是家庭教育不当，表现为家庭教育的缺失或错位、家庭教育方式选择不当，甚至是家庭暴力等。[3]

---

〔2〕 余雅风：《教育立法必须以教育的公共性为价值基础》，载《北京师范大学学报（社会科学版）》2005年第1期，第31页。

〔3〕 参见王敏、武融、孙晋伟：《青少年犯罪的成因及预防对策》，载人民法院网，https://www.chinacourt.org/article/detail/2014/06/id/1316236.shtml，最后访问时间：2019年10月3日。

这些情况易导致未成年人心理发展不健康或人格不健全。良好的家庭教育有利于未成年人身心健康发展，对避免未成年人走上违法犯罪道路起到了重要的作用。最后，家庭教育是整体教育的一环，一个良善社会人的培养离不开家庭教育。因此，一般教育的公益性同样在家庭教育上展露无遗。

整体来说，良好的家庭教育有助于保障个人、家庭利益，同时推动个人、家庭利益与整体社会利益相统一、相促进。家庭教育与公共福祉体现出重要关联，具有显著的公共性〔4〕。

（三）政府介入家庭教育领域的必要性

家庭教育的上述公益性，为政府义务提供了基本的正当性来源。但公益性仅仅是政府应该承担相关义务的必要非充分条件，进一步确定政府义务的应然性，还需更加细致地考察政府介入的必要性。具体体现在如下几个方面。

1. 家庭教育中出现的问题是全体公民共同面对的问题，仅依靠单个家庭的力量解决存在系统性困难，因此需要政府适当介入来解决问题。有观点可能认为，家庭教育属于私人领域，父母对子女的教育事务拥有支配权，教育是人民自己的事情，政府不承担责任。但这种观点忽视了家庭教育的公益性。作为一种公共产品的教育，不应有公私之分，因此，绝对地排除公权力并不可取。另外，随着社会的不断发展，家庭教育的私人属性正在逐渐减弱而公共属性日益凸显。家庭教育行为不再只包括家庭内部关系，还涉及依据公共性而衍生出来的家庭教育外部关系。这些外部关系可能是政府出于保护未成年人利益的目的，为普通家庭提供指导服务时产生的法律关系；也可能是缺乏家庭教育的未成年人做出危害社会公共利益的违法行为时，与行政、司法机关形成的法律关系，等等。调整家庭教育内部关系的手段无法应对复杂多样的外部关系。因此，

---

〔4〕 余雅风、吴会会：《论学前教育立法的宗旨与原则》，载《湖南师范大学（教育科学学报）》2019 年第 3 期，第 51 页。

需要一种新的法律手段对其进行调整：以整体利益为本位，以家庭为中心，以政府适度干预为原则的法律机制。在此法律机制中，应当强调政府的正确作用，政府依法行使公共教育权力，适度介入家庭教育领域，保障社会公益的实现。当然，政府介入的必要性并非否定家庭教育中家庭本身的主导性，政府的介入应当采用恰当的方式，以引导和服务为主、强制与管理为辅。

2. 从我国当前社会现实上看，家庭教育中的许多突出问题难以单靠家庭自身予以解决。例如，中国几十年的高速经济发展带来了大量的人口流动，由于户籍、工作压力、生活成本等限制，大量儿童无法和父母在同一城市共同生活，成为留守儿童，家庭教育更是无从谈起。而在很多大城市，虽然很多儿童和父母生活在一起，但由于父母是双职工，且“996”等制度严重挤占家庭生活时间，使他们也难以享受到应有的高品质家庭教育。这些问题的解决单靠家庭自身内部是无法做到的，必须由政府积极介入，完善并贯彻劳动、就业、户籍、入学等配套制度，为家庭教育提供支持与保障。

3. 从比较法上看，在立法中明确政府推进家庭教育发展的相关职责是许多发达国家的“通行做法”。日本《教育基本法》首次提出了家庭教育的概念，并将其归属于社会教育的范畴，还明确了政府和地方公共团体在家庭教育方面应当承担的责任和义务；[5]瑞典建立起政府主导、多机构协作的国家机制，组织各类社会力量积极参与并推动儿童保护工作；[6]英国20世纪80年代末颁布的《儿童法》实施后，政府开始组建家庭教育服务机构，其后，英国制订了“确保开端”计划，通过政府向家庭提供公共服

〔5〕 参见刘兰兰：《日本家庭教育立法及其对我国的启示》，载《教育评论》2015年第1期，第156页。

〔6〕 参见杨杰兵：《国际视野下中国家庭教育：问题与对策》，载《亚太教育》2016年第15期，第283页。

务，保证儿童拥有一个良好的生活开端。[7]由于世界各国的政治状况、历史阶段、文化底蕴、宗教伦理、地缘环境等各不相同，各国法律设定的政府义务不尽一致，但各国法律仍以保障儿童权益为核心要义，注重客观法秩序的维护功能，确保政府履行推进家庭教育的重要职责。

三、保护规范理论下政府义务的性质

前文从社会实际需求的角度探讨了政府介入家庭教育领域中的正当性问题。但这种介入应当以什么法律形式出现？政府义务的性质与制度表现又该如何？反过来说，政府义务所对应的个人权益的性质是怎样的？这些问题将在本部分进行探讨。

（一）公法理论上的“主观公权利”与“反射利益”

探讨家庭教育中政府义务的性质，可以从对应的个人权益性质入手。在这一问题上，大陆法系发展出了深厚的理论基础，主要涉及“主观公权利”理论。其起源于德国，将公民在同国家形成的法律关系中所享有的利益区分为主观公权利和反射利益[8]。主观公权利被定义为“个人根据公法规范所享有的，为自身利益而向国家要求为一定行为、不为一定行为或承担一定容忍义务的权能”[9]。而反射利益即“客观之法基于公益目的，命令行政主体作为或不作为时，就该单纯反射效果，人民事实上所享有之利益是谓”[10]。

其中涉及的所谓“主观权利”与“客观法”的表述，源于以德国为代表的欧陆国家，其“权利”一词具有两个基本含义，一个含义是“法”，另一个含义则是“权利”。为了防止混淆，才会在前面加上“客观的”或

〔7〕 参见杨杰兵：《国际视野下中国家庭教育：问题与对策》，载《亚太教育》2016年第15期，第283页。

〔8〕 参见张雪诚：《德国公法权利理论的梳理与分析》，载《研究生法学》2014年第1期，第107页。

〔9〕 参见赵宏：《原告资格从“不利影响”到“主观公权利”的转向与影响——刘广明诉张家港市人民政府行政复议案评析》，载《交大法学》2019年第2期，第184页。

〔10〕 刘宗德：《行政法基本原理》，台湾学林文化事业有限公司出版社1998年版，第291页。

“主观的”形容词前缀予以界定，在翻译成中文后，从而产生了所谓的客观法与主观权利的概念。[11]从这个角度上来说，其实无所谓主观权利或客观权利，只要是权利，就是主观的，所谓客观权利，从某种意义上讲是对这种概念的误读。但是从制度建构的角度来看，一项“权利”是否属于真正的“主观权利”将会带来一系列的实际区别。以德国法上的基本权利为例，当一项“权利”构成主观权利时，个人有权依据它要求公权力主体履行特定的作为或不作为义务，当未得到满足时，也可以通过司法程序获得救济。而当一项“权利”为客观法时，它所强调的就是作为对国家公权力进行约束的“法律”。它的含义不再仅仅限于被动地排除国家对权利的干预，更是要求保障基本权利的实现，建构有助于这一目标达成的制度保障。[12]反映到公民自身时，公民对于此事项就不具备主观上的请求权，仅仅拥有“反射利益”。

基于主观公权利与反射利益之间的天然联系，德国公权理论认为，与客观公法对应的空间是由“主观公权利+反射利益”共同填满的[13]。一言以蔽之，反射利益是主观公权利在客观公法上的“余数”。从本质上看，主观公法权利和反射利益的基本区别在于主观公权利针对的是行政机关的自由或请求，这种权利具有防御功能与受益功能两个基本侧面。在行政机关的作为或者不作为不能实现时，相对人享有相应的救济权[14]，而反射利益只是行政法义务规范所产生的一种“投射”，不能产生请求权权能。

这两者的区别反映到家庭教育领域时，就关系到公民权益的范围与救济方式，从而对政府义务的实现方式产生影响。作为主观公权利时，若行政机关的行为侵犯了个人的家庭教育利益，公民个人可以请求排除妨害、赔偿或补偿损失。而作为一种反射利益时，行政机关有义务建立

〔11〕张翔:《基本权利的双重性质》，载《法学研究》2005年第3期，第21-22页。

〔12〕张翔:《基本权利的双重性质》，载《法学研究》2005年第3期，第25-27页。

〔13〕参见张雪诚:《德国公法权利理论的梳理与分析》，载《研究生法学》2014年第1期，第107页。

〔14〕参见王本存:《论行政法上的公法权利》，载《现代法学》2015年第3期，第62页。

起一套保障公民接受家庭教育权利的制度，但个人无权对行政机关的这种义务提出请求权，因为行政机关的行为旨在维护行政客观的公法秩序，而非满足具体个体的请求权。

（二）保护规范理论下的界定

大陆法系区分主观公权利与反射利益的主流标准是保护规范理论。保护规范理论自20世纪初萌发，至今已百余年，经历了从旧保护规范理论向新保护规范理论的转变过程。旧保护规范理论的主要代表是比勒与巴霍夫，前者从实在法律规范出发，将公权理论与司法制度相衔接，提出了经典的“比勒三原则”，这也是保护规范理论形成的基础。后世的数位学者虽对“比勒三原则”有所修改，但其本质未改变。比勒提出公法权利是否成立的标准是：（1）法规的强制性；（2）私益的保护性；（3）援用的可能性〔15〕。之后由于魏玛宪法的根本性变革和《德国基本法》的颁布，关于主观公法权利的界定标准有了新的发展。巴霍夫对“比勒三原则”的修正与完善，促使保护规范理论最终成形。其中比较重要的是全盘否定了“援用可能性原则”，诉讼可能性不再是主观权利的重要特征〔16〕。这是因为《德国基本法》第19条赋予了普遍化的诉权，直接导致了主观公权利的认定与诉权割裂。因此，主观公权的探求与检验从最初的强制性法律规范、诉权和保护目的逐渐凝结为产生主观权利的客观法规范必须包含“个人利益的保护指向”。随着人权与宪政思想影响的扩大，保护规范理论得到进一步发展，导致新保护规范理论的产生。新保护规范理论仍坚持只有客观规则不仅保护公共利益，且保护个体利益时，方存在主观公权利〔17〕。但新保护规范理论“在探寻客观法规范是否包含私人利益保护指向时，不必过度依赖立法者的意图，利用法律解释技术也可以予以

---

〔15〕 参见［德］奥托巴霍夫：《公法中的反射作用以及主观权利》，倪军译，载［德］埃贝哈特·施密特·阿斯曼等编著：《德国行政法读本》，于安等译，高等教育出版社2005年版，第295-315页。

〔16〕［德］埃贝哈特·施密特·阿斯曼等编著：《德国行政法读本》，于安等译，高等教育出版社2005年版，第307-311页。

〔17〕 参见赵宏：《保护规范理论的历史嬗变》，载《法学家》2019年第2期，第7页。

确认”。更为重要的是，新保护规范理论“将基本法对于公民基本权利的相关规定也作为公法权利产生的基础，并把宪法引入‘保护目的’的确认程序中”[18]，这极大地扩大了主观公权利的范围。

（三）家庭教育中的公民权利与政府义务

在保护规范理论下，可以对家庭教育中政府义务所对应的公民利益的性质进一步界定，从而反过来厘清政府义务的性质与内容。

从规范层面上看，我国尚未制定专门的《家庭教育法》，因此难以找到家庭教育的直接法律规范。《宪法》第 19 条规定国家发展社会主义的教育事业，《宪法》第 46 条、《教育法》第 9 条与第 11 条规定了公民受教育权[19]。这些条文赋予了国家保护公民受教育权的客观法义务。家庭教育作为整体教育中的重要一环，政府义务可以通过上述条文获得规范基础。但从上述条文的直接表述中，无法发现立法者是否有保护具体个体私益的意图，此时依据保护规范理论的标准，尚不足以确认主观公权利的存在。

此时，有必要引入区分说来进一步探讨。所谓区分说，是指在判断是权利还是反射利益时，应该以受益人对该项利益的依赖程度为依据进行判断。如果受益人法定基本权利的实现必须依赖该项利益，则形成了一种依赖关系，此时应该构成一种法律上予以保护的具体的个人权利。因为如果不对其进行具体保护，公民的基本权利就会实质性地无法实现；反之，如果受益人对这种利益并不存在依赖，换言之，可有可无，则其仅仅是一种反射利益。[20]

具体来说，《宪法》《教育法》赋予了公民受教育权和国家的客观保

---

〔18〕 参见张雪城：《德国公法权利理论的梳理与分析》，载《研究生法学》2014 年第 1 期，第 114–115 页。

〔19〕 受教育权是指公民有从国家获得接受教育的机会以及获得接受教育的物质帮助的权利，权利主体是所有公民，自然包括了未成年人这一特殊群体；权利指向方是国家，除此之外还包括社会、家庭、学校等。

〔20〕 参见翁岳生编：《行政法（上册）》，中国法制出版社 2009 年版，第 452–457 页；马颜昕：《公共设施公众使用研究》，中国政法大学 2018 年博士学位论文，第 51–52 页。

护义务。如果家庭教育中，家庭必须依赖国家保护才能完成家庭教育，且这种家庭教育对于公民受教育权的实现必不可少，则应当认为，虽然没有具体法律条款直接赋予保护规范，但通过法律解释，为了实质性地实现公民受教育权，应当赋予公民相应的主观公权利。换言之，政府义务不仅应当保护公益，也必须保护具体的个人私益。

此时，问题就转化为两个更加具体的小问题：（1）家庭教育的实现是否依赖政府的介入？虽然在一般的情况下，家庭教育的直接实施者与提供者是父母或其他监护人，行政机关只起到补充作用，即使政府没有履行义务，未成年人也能够接受家庭教育。但是通过本文前文对政府介入必要性的探讨可以发现，至少在特定情况下（如孤儿、留守儿童、双职工家庭、家庭暴力家庭等），未成年人需要依赖政府的直接帮助和重要支持才能享受到合格的家庭教育。（2）家庭教育是否是公民受教育权的必要组成部分？换言之，家庭教育的缺失是否会直接影响公民法定权利的实现？虽然前文同样对家庭教育的高度重要性进行了探讨，但对于“必要组成”的问题，需要更为谨慎。因为家庭教育的下限与上限都非常突出，内容也异常广泛。比如，部分家庭甚至会给孩子提供第二外语、高尔夫、马术这样的小众教育。这些教育内容难以构成受教育权的必然组成。但我们至少可以认为，人格教育、道德教育这样的家庭教育基础部分，是公民受教育权必不可少的组成部分。

四、家庭教育中政府义务的立法完善

（一）制定专门家庭教育法律

通过上文分析可以发现，在现行法规范下，政府具有支持和发展家庭教育的一般性义务。但在公民主观公权利问题上，缺少法律的明确规定，需要具体情况具体判断和解释。在特定情况下，公民存在要求政府予以直接救济的主观公法请求权，政府此时有义务直接保护具体个体的家庭教育私益。

因此通过法律解释，现行法可以对家庭教育的政府义务提供一定支撑，但范围局限性较强，且存在较大的不确定性。虽然自2016年起，重庆、江西、山西、贵州及江苏等地相继出台了五部家庭教育促进条例，其中政府职责设有专章，填补了部分法规上的空白之处。但由于中央立法尤其是法律的缺失，使得现行法规范仍然存在着碎片化程度高、效力位阶低、数量较少、范围过窄等问题。这难以充分发挥出政府在家庭教育领域中的重要作用，无法满足家庭教育对政府支持的客观社会需求。要从根本上解决这一问题，需要加强高位阶的家庭教育专门立法，直接明确家庭教育中的政府地位、职能、义务与公民相应的具体权利。因此近年来许多学者都在呼吁制定专门的《家庭教育法》。学者们主要是从分析家庭教育法律关系和完善教育法律体系的角度入手，对专门家庭教育法律的合理性进行了论证，要求在专门的法律法规中，明确家庭教育的法律地位，明确政府、社会、学校和家庭在家庭教育中的责任义务，规范、健全家庭教育服务与支持系统。[21]可喜的是，家庭教育立法已经被第十三届全国人民代表大会纳入立法规划三类立法项目，[22]为《家庭教育法》的出台带来了乐观的期待。

（二）明确家庭教育行政管理体制与部门职能

我国台湾地区非常注重家庭教育方面的立法工作，制定了专门的“家庭教育法”，对行政机关的定位与义务作出了详细设定。两岸同文同种，特别是家庭文化背景相近，台湾地区的立法经验对我们有一定的借鉴意义。

我国台湾地区的“家庭教育法”构建了较为完整的管理和监督体制，具体表现为：该法律文件第3条规定了家庭教育主管机构，分为当局教

〔21〕 参见《全国妇联提交相关提案家庭教育需要立法支撑》，载《中国妇女报》2016年3月10日；姚建龙：《从子女到家庭：再论家庭教育立法》，载《中国教育学刊》2018年第9期，第35、38页；熊少严：《关于家庭教育立法问题的若干思考》，载《教育学术月刊》2010年第4期，第49页；吕慧、缪建东：《改革开放以来我国家庭教育的法制化进程》，载《南京师范大学学报（社会科学版）》2015年第2期，第88页。

〔22〕 参见《十三届全国人大常委会立法规划》，载中国人大网，http://www.npc.gov.cn/npc/c30834/201809/f9bff485a57f498e8d5e22e0b56740f6.shtml，最后访问时间：2019年10月3日。

育部门和地方直辖市、县（市）政府，第 4 条、第 5 条分别规定了当局教育部门和地方政府掌管的家庭教育事项，教育部门掌管家庭教育法规及政策研订、推展家庭教育工作之研究及发展、推展全台家庭教育工作之策划、委办及督导、推展全台家庭教育工作指奖助及评鉴、专业人员在职前及在职训练。[23]在如此明确的立法规定之下，我国台湾地区利用法律规范的强制性，建立了一套自成体系、独立运行的管理和监督体制，较为明确地规范了各部门的义务。

比较而言，当各地方家庭教育条例往往规定妇女儿童工作委员会为家庭教育议事协调机构，妇女联合会承担家庭教育议事协调机构的日常工作，同时也赋予了各级政府、教育部门、民政部门及卫生部门等管理和监督义务。在家庭教育工作的管理和实施中，政府一直发挥着主导作用，但没有独立、明确的家庭教育管理和实施机构。[24]尽管部分地方法规已经妇女儿童工作委员会设定为本地区家庭教育议事协调机构，但仍存在缺乏统筹规划而导致各部门整体合力发挥不足的现象。据此，在建立协调领导机制的基础上，应当通过法律更加明确各部门的职权范围，履行管理、人员培养和认证及监管评估等方面的职责，以确保家庭教育事业的顺利发展。

（三）明确公民直接请求权的范围

现阶段，部分地方条例中已经对政府家庭教育指导和服务义务进行了规定。[25]然而在实践中，这种指导和服务却过于空泛，政府开展的家庭教育指导活动以专家讲座为主，类型可选性差，市民能够获得家庭教育服务的途径窄，[26]难以解决一些特殊家庭的实际困难。对于这些家庭

---

〔23〕 骆风、翁福元：《我国台湾地区家庭教育政策法规及其对大陆的启示》，载《学术研究》2017 年第 5 期，第 172 页。

〔24〕 罗爽：《中国台湾地区家庭教育指导服务体系及其启示》，载《首都师范大学学报（社会科学版）》2015 年第 3 期，第 134 页。

〔25〕 参见《江苏省家庭教育促进条例》第 22 条、第 23 条、第 27 条、第 28 条。

〔26〕 参见蔡迎旗、张亮、旭红：《关于武汉市政府对家庭教育社会服务供给的研究》，载《中国教育学刊》2018 年第 9 期，第 46–49 页。

来说，他们需要的不仅仅是一般性指导，更需要具体的、直接的给付和帮扶。

这一问题可以通过在法律规范上明确赋予公民在特定情况下要求直接帮扶的请求权予以解决。而关于请求权范围的确定，同样可以以区分说为基础。以是否存在依赖关系判断公民是否存在直接请求权的区分说不仅在解释论上发挥着关键影响，在立法论上的影响也不可忽视。现阶段应该增加明确的法律条款，为那些对政府介入存在依赖关系的家庭教育情况提供保护规范基础，包括孤儿、留守儿童、家庭暴力等特殊情况。对于这些家庭，政府不仅有一般性的义务建立相应客观法制度支持家庭教育，还有特别义务保护具体受教育者的私益，也就是进行直接的帮扶。这些家庭中的受教育者和家长有要求政府进行特定帮助的直接请求权。家庭教育立法完善过程中应该对具有主观请求权的情形、请求权的范围、救济方式予以更加明确的规定。

民办学校强制信息披露范围的法律规制*

高加能**

目　　次

内容提要： 随着我国民办教育的不断发展，如何回应社会需求对民办学校加强规制，并兼顾其民办属性与公益属性，是国家规制者的一个重要课

* 本文为国家社科基金重大专项课题“全面推进依法治国与国家治理法治化研究”（17VZL008）的阶段性研究成果。

** 高加能，中山大学法学院硕士研究生，教育部政法司－中山大学教育立法研究基地助理研究员。

题。强制信息披露相比传统的监管手段，具有对私权强制力度弱、监管成本低、寻租空间小、事前纠纷预防等优点。然而，当前我国民办学校的信息披露范围不明，存在民办学校类型不全面、披露范围不具有针对性、例外情形类型不合理等问题，应当在寻求供给与需求、效率与公平两对平衡的基础上，确定披露范围的种类及其例外情形，完善民办学校信息，充分发挥信息披露的规制作用。

关键词： 民办学校　信息披露　披露范围　法制规制

一、问题的提出

随着我国民办教育的不断发展，民办学校[1]作为私人主体举办的提供教育公共服务的机构，在我国社会主义教育事业中扮演着日渐重要的角色，获知民办学校的办学信息成为越来越多的学生、家长乃至社会公众的普遍需求。当前我国民办学校虽有营利性民办学校与非营利性民办学校之分，但由于教育的公益性属性，不论是营利性民办学校还是非营利性民办学校，都被要求不能像一般企业那样单纯追求经营利润而忽视公共利益，提供教育服务才是民办学校最主要的职能。民办资本的寻利性使其可能因追求私人利益的最大满足而降低教育的标准或质量，从而对教育的公益性产生负作用。为了保障民办教育的公益性，避免民办学校沦为个人或利益集团谋取私利的工具，政府应对民办学校运作作出必要的监管，但基于民办学校的“自治性”，政府不能像对待公办学校一样干预民办学校的内部行政。[2]政府对民办学校的办学行为的监督和规制，应在遵循教育规律、尊重独立自主办学的基础上，最大限度地平衡教育

〔1〕 本文所讨论的民办学校范围以《民办教育促进法》为基础，指国家机构以外的社会组织或者个人，利用非国家财政性经费，面向社会依法举办的学校，与公办学校的教育形式相对，包括民办幼儿园、民办中小学、民办中等职业学校、民办高等教育机构（普通高校的民办二级分院、民办高等职业学校）等。

〔2〕 参见张铁明、王志泽：《中国民办教育法治及制度建设》，广东高等教育出版社 2010 年版，第 72 页。

的公益性和民办学校的“自治性”，调整教育的公益性与资本寻利性之间的矛盾，这是政府对民办学校进行监管之目标。

监管目标决定监管手段的选择，监管手段与监管目标的匹配程度决定监管的质量。行政许可、行政处罚、行政命令、行政检查等传统的监管手段多具有直接性、强制性等特点，以行政权力为主导，以命令与制裁作为政府介入的基本方式，主要依靠政府的权威和相对人的服从来实现。[3]对民办学校的监管，若仅仅采用传统的监管手段，在尊重民办学校独立自主办学的监管目标下，并非最佳选择。强制信息披露作为一种以信息为媒介的监管手段，与传统的监管手段相比，具有对私权强制力度弱、监管成本低、寻租空间小、事前纠纷预防等优点。[4]

信息披露，也称信息公开，一般指国家行政机关和法律、法规以及规章授权和委托的组织，在行使国家行政管理职权的过程中，通过法定形式和程序，主动将政府信息向社会公众公开或依申请而向特定的个人或组织公开的制度。[5]随着越来越多的私人主体参与提供公共服务，对私人主体的社会性规制体系也在逐渐形成，第三人参与、要求私人主体为公众参与提供机会、信息披露的要求进一步提高。[6]民办学校作为提供教育公共服务的私人主体，也被赋予了信息披露的行政法义务。但就目前而言，我国对民办学校强制信息披露范围的法律规制尚无统一的针对民办学校的法律规范，由于民办学校的复杂属性，民办学校强制信息披露范围的法律规制主要存在于相关主体的信息披露规制中。

对民办学校强制信息披露范围予以规制的国家法律规范，主要存在于《民办教育促进法》《民办教育促进法实施条例》《高等学校信息公开办法》《企业信息公示暂行条例》《营利性民办学校监督管理实施细则》

〔3〕参见陈思融：《政府规制社会公益组织的工具选择》，载《天津行政学院学报》2015年第3期。
〔4〕参见应飞虎、涂永前：《公共规制中的信息工具》，载《中国社会科学》2010年第4期。
〔5〕刘恒：《政府信息公开制度》，中国社会科学出版社2004年版，第2页。
〔6〕参见高秦伟：《私人主体的行政法义务》，载《中国法学》2011年第1期。

《公益事业捐赠法》等法律规范中。其中,《民办教育促进法》与《民办教育促进法实施条例》以民办学校为主体提及了民办学校强制信息披露的部分范围;《高等学校信息公开办法》涉及了民办高校的强制信息披露范围;营利性民办学校应遵守《营利性民办学校监督管理实施细则》以及《企业信息公示暂行条例》中对其强制信息披露范围的规制;非营利性民办学校的强制信息披露范围则受到《公益事业捐赠法》的规制。此外,各地也有一些规定涵盖了民办学校的信息披露义务,主要有适用于民办中小学(含幼儿园)、公共企事业单位、社会组织中的民办非企业单位、学前教育机构等主体的强制信息披露规范。然而,由于每种规范的适用对象不同,各类主体的信息披露各有特殊性,这些规范对民办学校强制信息披露范围的规制内容也各有侧重。

因此,在我国当前立法尚不完善的情况下,不同地区、不同民办学校之间的披露范围差异极大,国家信息披露规制手段难以充分发挥作用,学生、家长获取信息也较为困难。有必要以民办学校之自身属性为出发点,探讨民办学校强制信息披露的应然范围。

二、披露范围规制的理论基础

民办学校强制信息披露范围是民办学校强制信息披露的核心,民办学校强制信息披露基于保护受教育者的知情权及社会公众的公共利益而设定,但从本质上说,强制信息披露为民办学校设定了信息披露的强制性义务,在一定程度上限制了民办学校的信息自由权,是对民办学校的权利和自由的减损。因此,对民办学校强制信息披露范围的规制应通过谨慎的评估,避免因披露范围的不当造成对民办学校商业秘密以及市场竞争地位的不合理限制,使其运作成本不合理增加,最终导致强制信息披露制度价值的扭曲。[7]

---

〔7〕 参见徐晓明:《行政许可持有人强制信息披露制度问题研究》,载《行政法学研究》2011年第3期。

（一）披露范围的边界分析

1. 边界设计的价值平衡

（1）供给与需求的平衡

在民办教育市场中，民办学校作为学校办学信息的供给者，往往缺乏提供信息的动机，从而造成信息供给总体不足；而受教育者乃至社会公众作为学校办学信息的需求者，基于对相关利益信息的知情权要求，则往往对学校办学信息有大量的需求，民办学校信息供给不足与社会公众信息需求量大之间形成了供给与需求的期望差距。民办学校强制信息披露设计的初衷便是通过增加信息供给，以缩短这种期望差距。

然而，强制信息披露无疑会增加民办学校的运行成本，受成本的制约，民办学校的信息供给能力不能无限扩大，[8]否则将侵害民办学校的合法权益，当强制信息披露的社会收益低于社会成本时，这一制度将难以发挥其原有价值。另外，社会公众对民办学校办学信息的需求并非没有止境，若不顾社会公众的素质、目的、需求，只一味强制披露民办学校信息，将会导致信息披露过量，[9]衍生无效信息，最终增加信息辨识难度。因此，民办学校强制信息披露的边界，在于平衡民办学校的信息供给与社会公众的信息需求，避免信息供给过剩和供给不足。

（2）效率与公平的平衡

在经济学中，效率是指能使市场中的一些人处于更有利的地位而无人处于更不利的地位的一种状态即帕累托最优，而公平则与资源如何在市场各主体之间进行分配有关。[10]效率与公平通常被作为评价强制信息披露合理性的价值基础。

民办教育服务的供应与其他产品和服务一样，存在信息不对称，民

---

〔8〕 参见王雄元、严艳：《强制性信息披露的适度问题》，载《会计研究》2003年第2期。

〔9〕 参见徐晓明：《行政许可持有人强制信息披露制度问题研究》，载《行政法学研究》2011年第3期。

〔10〕 参见徐晓明：《行政许可持有人强制信息披露制度问题研究》，载《行政法学研究》2011年第3期。

办学校凭借其优势地位对办学信息形成独占，对受教育者、社会公众的利益造成了损害，强制信息披露旨在通过强制民办学校进行信息披露，规范民办学校的信息行为，从而矫正民办学校与受教育者、社会公众之间的信息不对称，实现对受教育者、社会公众的公平。若以公平作为评价强制信息披露合理性的价值基础，则倾向于设置更宽泛的民办学校强制信息披露边界，披露相对多的民办学校信息更有利于改变受教育者、社会公众的信息劣势地位。

基于效率价值考虑，适当的信息披露可以使民办学校运行透明，社会公众能够对各民办学校的教育服务的优劣、特色作出准确判断，从而提高民办教育市场资源配置的效率。然而，一味地强制信息披露一方面会造成民办学校运行成本的增加，另一方面可能使民办学校的商业秘密外泄，最终损害民办学校的利益，反而不利于民办教育市场资源的合理配置。因此，若以效率作为评价强制信息披露合理性的价值基础，过于宽泛的民办学校强制信息披露边界将导致民办教育市场低效率的资源配置，民办学校强制信息披露由此实现的只是受教育者、社会公众的公平，对民办学校却造成了不公平。出于平衡效率与公平的要求，民办学校强制信息披露的边界，应是实现对受教育者、社会公众公平的同时使民办学校的利益不变或略有增加，一方面能够提高民办教育市场资源配置的效率，另一方面能够实现民办教育市场上各利益主体间的公平。

2. 披露边界的划定方法

由于民办学校强制信息披露是一种公法领域的规制手段，划定民办学校强制信息披露的边界的具体方法，应适用比例原则的要求，特别是符合狭义比例性的要求，即某一规制手段应在获得的实际利益与公民付出的利益损害之间进行利益衡量〔11〕。也就是说，应在考虑供给与需求、效率与公平两对价值的平衡的基础上，具体衡量强制信息披露获得利益与损害利益的比例，以确定民办学校强制信息披露的边界。

〔11〕 参见余凌云:《论行政法上的比例原则》，载《法学家》2002年第2期。

民办学校强制信息披露的目的在于矫正民办教育市场信息不对称，保障公民对教育服务的知情权，实现政府对民办学校的监管，因此，民办学校强制信息披露的获得利益应包括满足政府获得监管民办学校办学的相关信息的需求、社会公众获得监督民办学校提供教育服务的相关信息的需求、受教育者获得接受民办学校教育服务的相关信息的需求以及民办学校提高自身知名度的需求。而由于民办学校是民办教育市场中的私人主体，强制其进行信息披露必然对其运行利益产生一定的负面影响，这构成了民办学校强制信息披露的损害利益，也即直接地克减了民办学校的权利，包括披露机制增加的经营成本和可能侵犯商业秘密带来的损失。另外，强制信息披露可能还会对民办学校的教职工、受教育者的个人隐私造成一定的侵犯，这也构成了民办学校强制信息披露的损害利益。

由此可见，衡量民办学校强制信息披露获得利益与损害利益的比例，主要是衡量以政府与社会公众获得的公共利益、受教育者与民办学校获得的个人利益，同民办学校损害的个人利益、教职工与受教育者损害的个人利益之间的比例。而衡量披露获得的公共利益、个人利益与损害的个人利益之间的比例，则应考虑公益优先原则、权利平衡原则与最小损害原则。在公共利益和个人利益发生冲突时，法律通常会作出维护公共利益的选择而放弃个人利益[12]，通过考察民办学校信息与公共利益的关联度，当某一类别的信息与公共利益关联密切时，在公共利益和个人利益冲突中优先选择公共利益，对信息予以披露。在个人利益与个人利益发生冲突时，通过比较民办学校信息披露带来个人利益的获得与个人利益的损害的分量，设计平衡机制规定例外不予披露的信息。同时，在予以披露的信息类别中寻找对权益损害最小的标准，减少对个人利益的损害。

（二）披露范围的种类设定

基于上述对民办学校强制信息披露范围的边界分析，结合信息披露制度本身的特征，可以得出民办学校强制信息披露范围应符合如下要求：

---

〔12〕 参见袁仁能：《政府信息公开与保密中的利益平衡》，载《行政与法》2007年第6期。

（1）产生于民办学校开展办学活动与提供社会公共服务的信息；（2）由民办学校自身制作或获取的信息；（3）以有形载体记录、保存的信息；（4）涉及社会公众知情权、监督权或涉及政府监管的公共性信息。

通过对民办学校强制信息披露范围内的信息进行归纳分类，可大致将民办学校强制信息披露的信息分为以下几类。

1. 民办学校的基本信息

民办学校的基本信息是民办学校作为教育服务提供机构最基本、最直接的信息，强制披露民办学校的基本信息，有利于社会公众了解民办学校的基本情况。这一类信息包括举办信息，如举办者、出资人、出资额情况；登记信息，如学校名称、办学地点、办学性质、办学宗旨、办学层次、办学规模、法定代表人、开办资金、登记时间、登记证号和许可证号等；组织情况，如学校领导、理事会或董事会、监事会、内设机构、内部管理体制等；制度条例，如学校章程及各项规章制度等〔13〕。由于民办学校的基本信息反映的是民办学校最基本的办学情况，与社会公众对民办学校信息的知情权密切相关，且对民办学校权利克减的影响较小，因此无论是营利性民办学校还是非营利性民办学校，抑或不同教育层次的学校，在披露自身基本信息时都负有相同的义务，民办学校的基本信息属于不同属性的民办学校都应无差别进行披露的内容。

2. 民办学校的教学信息

民办学校的教学信息是关于民办学校教育教学资源方面的信息，这一类信息反映了民办学校实施教育教学的具体情况，为受教育者选择学校就读提供参考依据。具体来说，民办学校的教学信息包括学校的基础设施水平，如学校设施、教学条件、师资队伍、学生服务、教学研究与评估等；课程与教学内容，如专业与课程设置、教学安排及执行情况、考核方法、特色教学活动、学术科研等；学生工作，如招生计划及执行

〔13〕 参见王涛、马海群：《高校信息公开中主动公开信息的分类体系构建》，载《现代情报》2011年第3期。

情况、学生管理、学生评优奖励、学生升学就业等。民办学校披露教学信息，满足的是受教育者、社会公众了解民办学校教育教学情况，监督民办学校教学质量的需求。对不同办学层次的民办学校来说，由于国家在保障依法自主办学方面有不同的政策，[14]教学信息披露的侧重点和程度有所不同：基础教育阶段的民办学校提供的阶段性教育是普遍公众都将接受的，民办学校的招生情况涉及公民受教育权公平问题，需重点披露招生信息，包括招生规模、范围、时间、方式、程序、结果等。同时，由于该阶段的受教育者心智尚未成熟，处于人格及各种能力充分发展的关键时期，民办学校课程设置、特色教育教学活动关系到受教育者所接受教育的内容、质量，因此也应重点披露。而职业教育、高等教育等阶段的民办学校相比之下办学自主权范围较大，各学校间的差异主要在于专业设置、教学安排等特色发展，因此强制信息披露相对于基础教育阶段的民办学校应更侧重于对专业设置、师资队伍、教学安排、学术科研、学生升学就业等方面的披露。

3. 民办学校的运营信息

民办学校的运营信息是关于民办学校整体运作的信息，民办学校的运作情况反映了学校的资源利用方式和管理水平，这一类信息是各方利益相关者监督学校运行、保障教育公益性的依据。民办学校的运营信息包括决策部署及执行情况，如发展规划、年度工作计划、重大改革决策、重大建设项目等；财务收支管理，如学校收费、经费预算决算、捐赠收支、办学结余分配；资产设备管理，如资产产业情况、受赠物的管理使用、物资设备采购等；人事管理，如教职工的任免聘用、培训考核、评

〔14〕《国务院关于鼓励社会力量兴办教育促进民办教育健康发展的若干意见》中对保障民办学校依法自主办学的规定如下：“（十七）保障依法自主办学。扩大民办高等学校和中等职业学校专业设置自主权，鼓励学校根据国家战略需求和区域产业发展需要，依法依规设置和调整学科专业。民办中小学校在完成国家规定课程前提下，可自主开展教育教学活动。支持民办学校参与考试招生制度改革。社会声誉好、教学质量高、就业有保障的民办高等职业学校，可在核定的办学规模内自主确定招生范围和年度招生计划。中等以下层次民办学校按照国家有关规定，在核定的办学规模内，与当地公办学校同期面向社会自主招生。各地不得对民办学校跨区域招生设置障碍。”

优评奖等；以及突发事件、校园安全与后勤保障等信息。民办学校披露运营信息，是社会公众监督民办学校运行、保证民办学校提供公益服务的前提。营利性民办学校与非营利性民办学校因举办者能否对学校的办学结余进行分配而有所区分，由此得到的政策待遇在政府补贴、收费标准、税收优惠、土地供给等方面也有所差别，因此在财务收支管理方面，营利性民办学校与非营利性民办学校的披露要求不尽相同。比如收费信息的披露，由于营利性民办学校的收费标准实行市场调节，由学校自主决定，而非营利性民办学校收费标准还需由政府进一步确定〔15〕。基于社会公众监督与政府监管的需求，相较于非营利性民办学校，营利性民办学校应对学校收费的类别、项目、标准、依据、范围进行更详细的披露。再如经费预算决算，由于非营利性民办学校相较于营利性民办学校受到政府财政扶持的力度更大，不仅可享受与公办学校同等的税收优惠〔16〕，还可通过政府补贴、基金奖励、捐资激励的方式得到财政扶持〔17〕，其公共财政的成分更强，因此非营利性民办学校的经费预算决算披露应更为透明详尽。

（三）披露范围的例外情形

民办学校强制信息披露的范围，既包括予以披露的范围，也包括不予披露的范围，强制信息披露的例外情形，是决定民办学校强制信息披露范围的关键因素之一。只有厘清民办学校强制信息披露的例外事项，才能真正划清披露的范围，在保障公民知情权和维护社会公共利益的同时避免国家安全、个人隐私、民办学校正常经营权益不受侵犯。

当前，强制信息披露制度的例外事项设计主要是为了维护国家利益

〔15〕《民办教育促进法》第38条第2款："非营利性民办学校收费的具体办法，由省、自治区、直辖市人民政府制定；营利性民办学校的收费标准，实行市场调节，由学校自主决定。"

〔16〕《民办教育促进法》第47条："民办学校享受国家规定的税收优惠政策；其中，非营利性民办学校享受与公办学校同等的税收优惠政策。"

〔17〕《民办教育促进法》第46条："县级以上各级人民政府可以采取购买服务、助学贷款、奖助学金和出租、转让闲置的国有资产等措施对民办学校予以扶持；对非营利性民办学校还可以采取政府补贴、基金奖励、捐资激励等扶持措施。"

与社会公共利益、个人信息权益和商业自主权这三类权益。[18]作为提供教育公共服务的私人主体，民办学校强制信息披露的例外事项设计也同样适用以上原则。因此，民办学校强制信息披露例外情形包括涉及国家秘密的例外、涉及商业秘密的例外和涉及个人隐私的例外。同时，基于对民办学校办学自主权的尊重和保护，民办学校强制信息披露有其特有的例外情形。

1. 涉及国家秘密的例外

国家秘密是民办学校强制信息披露例外事项中重要的内容，我国法律对国家秘密的界定要求符合三个条件：（1）该信息关系国家安全和利益；（2）该类信息需依照法定程序确定；（3）该类信息在一定时间内只限一定范围的人员知悉。为了维护国家利益和国家安全，我国采用了从严政策，涉及国家秘密的信息均纳入绝对例外的情形，民办学校强制信息披露范围的界定，同样应遵守法律对涉及国家秘密的信息绝对豁免的规定。我国关于国家秘密的范围由《保守国家秘密法》确定，并在国务院制定的《保守国家秘密法实施条例》中进一步细化。国家保密局与教育部制定的《教育工作中国家秘密及其密级具体范围的规定》对教育工作中的国家秘密作出了界定。以上三部法律法规对国家秘密的范围作出的界定十分宽泛，相应的保密审查制度却不尽完善。过于宽泛的国家秘密范围与仍不完善的保密审查制度会使强制信息披露中涉及国家秘密的例外事项被随意放大或滥用，造成信息披露的困难和偏差。因此，民办学校强制信息披露涉及国家秘密的例外事项的准确适用，有赖于法律法规进一步完善国家秘密范围和相应的保密审查制度。

2. 涉及商业秘密的例外

涉及商业秘密是民办学校强制信息披露的另一例外事项。当前，我国立法对商业秘密主要是在《反不正当竞争法》中予以规定，即商业秘密是不为公众所知悉、具有商业价值并经权利人采取相应保密措施的技

---

〔18〕 参见郭泰和：《公用企业信息公开研究》，中国政法大学出版社 2015 年版，第 203 页。

术信息、经营信息等商业信息[19]。《反不正当竞争法》基于对市场主体的保护及维持良好的市场竞争秩序，对商业秘密提供了最大化的保护[20]。然而，强制信息披露的制度价值通常在于矫正市场信息不对称，保障公民的知情权，而对于一个从事经营活动的私人主体而言，任何信息都可能具有对其经营活动的进行、经营利润的获得产生影响的商业价值。若将《反不正当竞争法》对“商业秘密”的范围界定直接适用于民办学校的强制信息披露的例外事项，则可能造成民办学校在强制信息披露时滥用商业秘密保护，阻挠社会公众对重要信息的获得，难以保障公民知情权实现的最大化。因此，对民办学校强制信息披露中涉及商业秘密的例外事项，应当更加准确地权衡强制信息披露和商业秘密保护，审慎确定商业秘密保护的具体范围。当前，对于民办学校来说，涉及商业秘密保护的信息大致有三类：一是民办学校在办学过程中产生的，由民办学校作为商业秘密权利人所掌握的信息，如其在教学科研活动中研发的具有商业价值、为学校带来经济利益的技术信息；二是民办学校在提供公共服务时掌握的涉及他人商业秘密的信息，如民办学校受其他社会主体委托科研课题时所涉及的委托方的商业秘密；三是民办学校所掌握的关联法人的商业秘密的信息，民办学校的举办方通常是社会组织或者个人，其中包含从事商业活动的法人，民办学校与其关联法人关系密切，很有可能掌握着涉及关联企业商业秘密的信息。[21]

3. 涉及个人隐私的例外

涉及个人隐私的信息是民办学校强制信息披露的例外信息。个人隐私是个人不愿为他人公开或知悉的私人信息与秘密。出于安全管理等的需要，民办学校通常掌握着大量的个人信息，民办学校信息披露往往会涉及对民办学校中教职工和学生等的个人信息的披露，而这些个人信息

---

〔19〕《反不正当竞争法》第9条第4款：“本法所称的商业秘密，是指不为公众所知悉、具有商业价值并经权利人采取相应保密措施的技术信息、经营信息等商业信息。”

〔20〕 参见李广宇：《政府信息公开诉讼——理念、方法与案例》，法律出版社2009年版，第92页。

〔21〕 参见马怀德主编：《公立高校信息公开研究》，中国法制出版社2012年版，第285页。

中的部分信息属于个人隐私信息。基于对个人隐私权的保护，需要对部分涉及个人隐私的民办学校信息例外不予披露。关于教职工的个人信息，基于对教育知情权的保护，民办学校应当公布与教师职责相关的基本信息，如姓名、办公地址、办公联系方式、研究方向、出版物等，但对于涉及教师隐私的个人信息，如家庭住址、电话号码、年龄、婚姻状态、性取向等，[22]应属于强制信息披露的例外事项。民办学校收集的学生个人信息，通常包括学生的个人基本信息、教育评价信息、健康信息、家庭信息、评价信息等，这些信息多数涉及学生的个人隐私，应当属于信息披露的例外情形而予以保密。但出于公示与监督的目的，学校应该披露部分涉及公共性的学生信息，比如奖助学金评选的结果、选拔性考试的成绩等，但学校披露时应选择适当的披露方式以避免造成个人隐私的侵犯，此时学校应选择适当的披露方式以避免造成对个人隐私的侵犯。

4. 基于尊重办学自主权的例外

民办学校由私人主体举办，民办学校的“自治性”和办学自主权，使其区别于公办学校的一大特点是追求特色教育教学活动。为保障民办学校依法自主办学，在民办学校强制信息披露时，应平衡披露保护的利益与损害的利益的比例，对保护社会公众知情权不必然涉及但可能损害民办学校自主办学利益的信息设为例外不予披露的信息。尊重办学自主权例外不予披露的信息，大致有以下两类：

（1）制订教学计划、设置专业与课程背后的原因性信息。[23]民办学校制订教学计划、设置特色的专业与课程，均需要对学校自身特色、人才培养目标和方式、教育教学规律等因素进行综合考量，而对这些因素的考量体现了办学的自主性和专业性，若对这类原因性信息予以披露可能会损害民办学校的办学自主权。

---

〔22〕 姚金菊:《美国高校信息公开研究》，载《行政法学研究》2010 年第 4 期。

〔23〕 参见马怀德主编:《公立高校信息公开研究》，中国法制出版社 2012 年版，第 290 页。

（2）处于调查、讨论、处理、评审过程中的过程性信息。[24]民办学校内部的会议记录，学校举办方或教职工就某项决策提出的看法、意见和建议，以及教学成果评定、考试论文评审等过程中形成的信息，多属于未成熟的信息，对这些信息的披露会影响决策的独立性和自主性。

三、披露范围现有规制的不足

根据前文的分析可知，当前法律规范对民办学校强制信息披露范围的规定具有以下特点：（1）在规制的民办学校类型上，大部分法律规范难以实现对全部民办学校的强制信息披露范围的规制，而多是对某一部分民办学校的强制信息披露范围予以规定；（2）在应当披露的信息范围规制上，大部分法律规范的适用对象不是民办学校这一主体，难以根据民办学校的特殊性规定信息披露范围，针对民办学校的几部规范则规定得过于笼统，没有区分民办学校的不同属性以分别设定披露范围；（3）在信息披露的例外情形规制上，大部分法律规范只规定了涉及国家秘密、商业秘密、个人秘密的例外。这些特点导致了民办学校强制信息披露范围的现有法律规制存在许多不足之处，最主要有以下三点。

（一）民办学校类型不全面

当前法律规范对民办学校强制信息披露范围的规定，分为中央法律规范和地方法律规范。在中央法律规范中，除了《民办教育促进法》和《民办教育促进法实施条例》，其他几部法律规范均只涉及部分类型的民办学校的强制信息披露范围，如《高等学校信息公开办法》只对民办高校的强制信息披露范围予以规定，《营利性民办学校监督管理实施细则》和《企业信息公示暂行条例》只规定了营利性民办学校的强制信息披露范围，《公益事业捐赠法》则只涉及非营利性民办学校的强制信息披露的部分范围，尚无针对民办幼儿园、民办中小学、民办中等职业学校等的

〔24〕参见李荣珍、郑伟民：《高等学校信息公开的法理分析及完善对策》，载《郑州轻工业学院学报（社会科学版）》2013年第6期。

中央法律规范。可见，现有中央法律规范针对不同教育阶段民办学校的强制信息披露规制仍不全面，而对非营利性民办学校强制信息披露范围的规定，则只涉及了一小部分，难以全面规范。在地方法律规范中，除了规制公共企事业单位的信息披露的规范，其他类型的法律规范同样存在只适用于部分类型民办学校的信息披露的问题，同时，当前涉及民办学校强制信息披露的地方法律规范只存在于少数省市中，这对规制民办学校强制信息披露的范围难以产生理想的效用。

（二）披露范围不具有针对性

根据前文对规定民办学校强制信息披露范围的法律规范的梳理，可知大部分法律规范的适用对象并非民办学校这一主体，由此设定的强制信息披露范围难以适应民办学校的特殊性。《企业信息公示暂行条例》《公益事业捐赠法》及规制公共企事业单位、民办非企业单位的信息披露的规范，均从各自规范的主体共同的特性出发而设置信息披露范围，如《企业信息公示暂行条例》规定的信息披露范围侧重于企业的经营情况，《公益事业捐赠法》主要要求对受赠情况与受赠财产的使用情况予以披露，规制公共企事业单位、民办非企业单位的信息披露的规范则针对公共企事业单位、民办非企业单位各自的主体特点设置信息披露需求。由于这几类法律规范并未针对民办学校特殊性予以设置，使得民办学校强制信息披露范围的规制过于笼统，难以实现民办学校按基本信息、办学信息和运营信息分别予以披露，且区分不同属性民办学校的信息特性分别设置披露范围的理论要求。

相比于以上几类法律规范，《高等学校信息公开办法》《营利性民办学校监督管理实施细则》与规制民办中小学（含幼儿园）、学前教育机构信息披露的地方法律规范对民办学校强制信息披露范围的规定针对性更强。然而，《高等学校信息公开办法》与规制学前教育机构信息披露的法律规范未能区分公办学校与民办学校的信息披露范围，使其设定的信息披露范围难以符合民办学校特殊性要求。《营利性民办学校监督管理实施细则》与规制民办中小学（含幼儿园）信息披露的法律规范，虽以民办学校为主体设定信息披露范围，但仍难以在规制的民办学校范围内区分出不同属性民办学校各自的特性从而规定有所差异的信息披露范围。

此外，各法律规范均针对各自规制对象的共同特性设置强制信息披露范围，因此对民办学校强制信息披露范围规定的尺度把握、衡量标准不一。使民办学校强制信息披露范围难以有统一的标准，无疑不符合民办学校强制信息披露的制度要求。

（三）例外情形类型不合理

在民办学校强制信息披露范围的现有法律规定中，大部分规定了涉及国家秘密、商业秘密、个人隐私的强制信息披露例外情形，《高等学校信息公开办法》还规定了可由学校自行规定不予公开的内容，规制民办非企业单位的信息披露的法律规范还涉及约定不予公开的信息披露例外情形。然而，对民办学校而言，一方面，由于民办学校为私人主体举办，基于保障民办学校的“自治性”和办学自主权的需要，还应规定属于尊重办学自主权例外不予披露的信息。在当前的法律规范中，尚无对属于尊重办学自主权例外不予披露信息的范围规定，这使得民办学校强制信息披露的例外事项不完整，从而难以真正划清民办学校强制信息披露的范围。另一方面，民办高校的强制信息披露范围受《高等学校信息公开办法》规制，信息披露的例外情形还包括学校自行规定不予公开的信息；而登记为民办非企业单位的民办学校需遵守规制民办非企业单位信息披露法律规范的规定，信息披露的例外情形还涉及约定不予公开的信息。这两种类型的例外情形赋予了民办学校极大的裁量权，在缺乏有效审查机制的情况下，可能导致民办学校利用这一裁量权无限扩大信息披露的例外情形〔25〕，从而架空民办学校强制信息披露制度。

四、披露范围规制的完善方向

如前所述，我国现有法律规范对民办学校强制信息披露范围的规制，

〔25〕 参见郭泰和：《公用企业信息公开研究》，中国政法大学出版社2015年版，第128-129页。

存在着许多不足，一是规制强制信息披露范围的法律规范难以涵盖全部类型的民办学校；二是现有法律规范的规定未能针对民办学校强制信息披露的特殊性而设定信息披露范围；三是民办学校强制信息披露例外情形规定不完整，缺少属于尊重民办学校办学自主权例外不予披露的情形。由此，应以前文对民办学校强制信息披露范围的理论分析为基础，针对现有法律规范对民办学校强制信息披露范围规制存在的不足予以完善。

（一）统一规范民办学校强制信息披露范围

我国的民办学校办学性质、办学层次各不相同，是一个具有复杂属性的主体，既包括营利性民办学校和非营利性民办学校，也包括民办幼儿园、民办中小学、民办中等职业学校、民办高等教育机构（普通高校的民办二级分院、民办高等职业学校）等不同阶段的民办学校。目前我国对民办学校强制信息披露范围的法律规范间互相交叉包含，而各自的尺度标准都有不同的侧重，这使得民办学校强制信息披露范围适用难以有统一的标准，且存在部分类型民办学校的强制信息披露无法可依的情况。因此，完善民办学校强制信息披露范围的法律规制，首先应建立各类型民办学校强制信息披露范围的统一规范。通过统一规制各类型民办学校的强制信息披露，解决部分民办学校强制信息披露无法可依的困境。同时，用统一标准衡量强制信息披露范围的边界，在考虑供给与需求、效率与公平两对价值的平衡的基础上，以相同的尺度衡量强制信息披露获得利益与损害利益的比例，确定各类型民办学校强制信息披露的边界。

（二）针对民办学校特殊性设定披露范围

我国的民办学校是由私人主体举办的提供公共教育服务的机构，办学性质、办学层次各不相同，民办学校的特殊性质决定了其具有不同于公办学校、一般企业等相关的信息披露主体的特殊性。然而，现有的法律规范由于适用对象并非民办学校这一主体，规定的强制信息披露范围难以符合民办学校的特殊性需求。基于这一困境，完善民办学校强制信息披露范围的规制，还应针对民办学校的特殊性设定相应的披露范围。具体而言，一是针对民办学校不同于其他主体的特殊性，根据民办学校的办学运营特点，确定属于民办学校开展办学活动与提供社会公共服务中记录保存的涉及公共利益的公共性信息，以基本信息、教学信息和运营信息分类确定信息披露范围。二是针对民办学校的复杂属性，根据不同类型民办学校所具有的不同程度的公益性和“自治性”区分规定各自的信息披露范围，包括不同办学层次民办学校之间有所不同的教学信息披露范围、不同办学性质民办学校因扶贫政策的差别而产生有所区分的运营信息披露范围，等等。

（三）完善民办学校强制信息披露例外情形

民办学校强制信息披露的范围，不仅包括应当披露的范围，还包括不予披露的范围，也即强制信息披露的例外情形当前，我国法律规范对民办学校强制信息披露的例外情形的规定，主要有涉及国家秘密、商业秘密、个人隐私的信息披露例外情形。由于民办学校由私人主体举办，其区别于公办学校的一大特点在于追求特色教育教学活动，出于尊重民办学校的“自治性”和办学自主权，应将保护社会公众知情权不必然涉及但可能损害民办学校自主办学利益的信息，设定为民办学校强制信息披露的例外情形，具体而言，包括制订教学计划、设置专业与课程背后的原因性信息以及处于调查、讨论、处理、评审过程中的过程性信息。同时，在规定基于尊重民办学校办学自主权例外不予披露的情形时，应当将具体类型的信息予以明确，而非将判断是否涉及办学自主权的裁量权过多地赋予民办学校，避免民办学校不合理地扩大不予披露信息的范围。

我国家庭教育立法的基本问题研究*

许慧妍**

目　　次

内容提要：家庭教育的矛盾日益突出，必须通过家庭教育立法予以保障。本文以我国台湾地区

* 本文系广东省教育厅重大课题“中加法学教育比较研究”（2016GXJKn）阶段性研究成果。

** 许慧妍，华南师范大学政治与公共管理学院博士研究生，教育部政法司－华南师范大学教育立法研究基地研究助理，研究方向：教育法学、家庭教育、教育管理等。

"家庭教育法"为比较蓝本，回应当前家庭教育立法的基本问题，厘清家庭教育的界定，明确立法目的、实施主体、立法内容、指导与服务主管部门、指导与服务机构等问题，并呼吁健全家庭教育立法的配套制度，包括建立统一的家庭教育专业人员资格认证和培训制度、家庭教育服务制度等。

关键词： 家庭教育立法　家庭教育指导

引言

家庭教育、学校教育与社会教育三者并列，共同构成培养人与塑造人的完整教育体系。其中，家庭教育是人的发展最基础的部分，家庭教育事关个体发展、家庭福祉和国家竞争力。习近平总书记于2015年2月在新春团拜会上指出，"要注重家庭，注重家教，注重家风"，进一步凸显家庭教育事业的重要性。《国家中长期教育改革和发展规划纲要（2010—2020年）》明确提出："制定有关终身学习、学前教育、家庭教育等法律。"[1]2016年11月，全国妇女联合会联合教育部等九部门，共同印发了《关于指导推进家庭教育的五年规划（2016—2020年）》，明确提出："要加快家庭教育法制化建设，全面启动家庭教育法的研究工作，推动立法进程；有条件的地方可先行先试，出台家庭教育地方性法规，为家庭教育事业发展提供法制保障。"[2]2019年6月23日，中共中央国务院印发《关于深化教育教学改革全面提高义务教育质量的意见》，明确提出"要重视家庭教育，并加快家庭教育立法，强化监护主体责任"。[3]可见，全国性家庭教育立法的步伐不断加快。近年来，重庆、贵州、山西、

〔1〕 参见中华人民共和国教育部网，http://old.moe.gov.cn/publicfiles/business/htmlfiles/moe/info_list/201407/xxgk_171904.html?authkey=gwbux，最后访问时间：2019年10月23日。

〔2〕 参见中华全国妇女联合会网，http://www.moe.gov.cn/jyb_xxgk/moe_1777/moe_1779/201702/t20170220_296761.html，最后访问时间：2019年10月23日。

〔3〕《中共中央国务院关于深化教育教学改革全面提高义务教育质量的意见》，http://www.moe.gov.cn/jyb_xxgk/moe_1777/moe_1778/201907/t20190708_389416.html，最后访问时间：2019年6月23日。

江西、江苏、浙江等省相继出台家庭教育地方条例，也为全国性立法奠定一定基础。

2003年，我国台湾地区颁布“家庭教育法”，成为世界上首个家庭教育立法的地区。随后，“家庭教育施行细则”“家庭教育专业人员资格遴聘及培训办法”“高级中等以下学校提供家庭教育咨商或辅导办法”相继出台，为家庭教育法律体系提供实施保障。本文以我国台湾地区家庭教育立法体系为参考，重点论述我国家庭教育立法的几个基本问题。[4]

一、家庭教育的界定与实例

关于“家庭”的概念，中西方的理解不一样。古代罗马用拉丁文“familia”一词表示“家庭”，意指“属于一个人的全体奴隶”，代表了父权支配着妻子、子女以及一定数量的奴隶的整体。到了近代，英语用“family”一词来表示“家庭”的概念，强调父母与子女之间的关系。而在我国，“家庭”有两层含义，一是指亲属同居在一个居住单位中，如《易·家人》释文曰:“人所居称家”;二是指共炊共财的生活单位，如《礼记·丧服小记》曰:“同财而祭其祖称为同居”。可见，自古以来，“家庭”在我国是指一个生活单位，是基于居所亲属同居同财的状态。[5]

至于“家庭教育”的概念，《教育大辞典》解释道:“家庭教育是家庭成员之间的相互教育，通常多指父母或其他年长者对儿女辈的教育。”[6]这种解释强调家庭教育是家庭成员之间互动实施的一种双向教育，既包括父母对子女、长者对幼者实施的教育，也包括子女对父母、幼者对长者的影响，甚至包括父母长者之间、未成年子女之间的相互影响。[7]

“家庭教育”的概念界定是家庭教育立法的基础，也是首要明确的内

---

〔4〕本文特别感谢台湾政治大学周祝瑛教授及其研究团队提供的宝贵帮助。

〔5〕姚光红:《学前儿童家庭教育指导》，西南交通大学出版社2015年版，第2页。

〔6〕顾明远:《教育大辞典》，上海教育出版社1990年版，第11页。

〔7〕罗生全、李本友:《家庭教育学》，中国轻工业出版社2015年版，第2页。

容，它决定着立法的目的与调整范围。目前，我国有六个省份制定并颁布了家庭教育地方立法。从地方立法来看（见表1），“家庭教育”的界定观点相对一致，以“父母或者其他监护人对未成年子女的教育与影响”为主。教育实施主体是父母或者其他监护人，实施客体是未成年人，教育结果是教育与影响。

表1　我国家庭教育地方立法对“家庭教育”界定一览表

地方立法	施行时间	“家庭教育”的界定
《重庆市家庭教育促进条例》	2016年9月1日	父母或者其他监护人对未成年子女的教育和影响。
《贵州省未成年人家庭教育促进条例》	2017年10月1日	在家庭生活中父母或者其他有监护能力的家庭成员对未成年人进行的教育、引导和积极影响。
《山西省家庭教育促进条例》	2018年9月1日	父母或者其他监护人对未成年人的教育和影响。
《江西省家庭教育促进条例》	2018年12月1日	父母或者其他监护人对未成年人健康成长进行的教育、引导和影响。
《江苏省家庭教育促进条例》	2019年6月1日	父母或者其他监护人以及有监护能力的家庭成员通过言传身教和生活实践，对未成年人进行的正面引导和积极影响。
《浙江省家庭教育促进条例》	2020年1月1日	父母以及其他成年家庭成员对未成年人的教育和影响。

近几年来，全国两会的委员们提交的与家庭教育立法相关的议案越来越多，普遍认为“家庭教育是家庭对未成年人的影响和教育”。[8]2014年，中国儿童中心组发布关于全国家庭教育现状的调研成果，认为家庭教育是“家庭对于未成年子女的教育活动与教育影响”。[9]

〔8〕刘博智、柴葳：《摁下新时代教育立法“快进键”——人大代表围绕加快教育法治建设建言献策》，载《中国教育报》2019年3月15日。

〔9〕中国儿童中心组编：《我国家庭教育指导服务体系状况调查研究》，中国人民大学出版社2014年版，第13页。

相比较而言，我国台湾地区“家庭教育法”对家庭教育的界定是“为健全个人身心发展，营造幸福家庭，以建立祥和社会，而透过各种教育形式以增进个人家庭生活所需之知识、态度与能力的教育活动”，包括亲职教育、子职教育、两性教育、婚姻教育、伦理教育、家庭资源与管理教育等。[10]再如，新加坡于2002年启动了学校家庭教育计划（School Family Education Programme），明确指出需拓宽家庭教育的内涵，认为父母首先应学会经营婚姻，才能更好地了解孩子，培养孩子。[11]

从地方立法与国际立法的角度看，家庭教育的界定有广义和狭义之分。狭义的家庭教育仅限于父母或者监护人对子女的教育与影响，而广义的家庭教育则包括未成年子女以外的父母教育、两性教育、婚姻教育、生活技能教育等，认为夫妻关系、婆媳关系、隔代关系都是影响家庭发展与社会稳定的重要因素，家庭教育应涵盖其中。家庭是社会最小的单位，家庭和谐影响社会和谐。但从我国现实情况来看，家庭教育立法不宜将夫妻教育、婆媳教育、隔代教育等除子女教育外的内容涵盖其中，原因有以下两点：第一，我国有成熟的《婚姻法》《反家庭暴力法》等法律，可规范家庭其他成员的行为；第二，若将夫妻、婆媳等教育内容涵盖其中，会削弱家庭教育立法的实施力度，造成规范主体模糊的尴尬局面。从施行角度看，也将极大增加执行难度。

伴随家庭教育的界定，还有一个需厘清的概念是家庭教育的实施主体。在学术界，分歧点在于家庭教育的实施主体是“父母”还是“全体有监护能力的成年家庭成员”。家庭单位中，父母、爷爷奶奶（外公外婆）都是家庭成员的重要组成部分，对未成年子女的教育影响是潜移默化的。家庭教育的实施主体应是以父母为核心的全体有监护能力的成年家庭成员。

---

〔10〕 参见台湾当局法务部门法规资料库，https://law.moj.gov.tw/LawClass/LawAll.aspx?PCode=H0080050，最后访问时间：2019年10月23日。

〔11〕 霍利婷：《新加坡“学校家庭教育计划”》，载《外国中小学教育》2008年第7期，第57-60页。

因此，我国家庭教育立法对家庭教育的界定应围绕未成年人教育，以帮助和提升未成年人发展质量为核心。教育主体是父母或者其他监护人，教育对象是未成年人，实施方式是教育活动，实施结果是正面与积极的教育影响。借鉴我国台湾地区的经验，在法律法规实施过程中，应加大对父母的教育，提升父母育儿的科学性，为未成年人创造更优质的教育环境和教育氛围。家庭教育立法对家庭教育的界定应为“在家庭生活中，父母或者其他有监护能力的家庭成员对未成年人进行的教育、引导和正面影响”。

二、家庭教育指导管理机构之争

家庭教育指导和管理机构之争议是家庭教育立法的核心问题之一。探讨“谁来主管家庭教育事业”的问题之前，应明确家庭教育立法的目的和主要内容两个问题。

（一）家庭教育立法的目的

近年来，家庭教育领域存在过分溺爱、过高要求、重知识轻技能轻品质等突出现象，导致未成年人独立意识淡薄、感恩观念薄弱、生活技能缺乏、心理素质软弱，影响青少年全面发展和健康成长。2019年4月发生的“北大学子弑母案”更是震惊全国。因此，规范与引导家庭教育行为的呼声越来越高，家庭教育立法势在必行。

我国台湾地区“家庭教育法”对家庭教育工作予以明确的指导与规范，是台湾地区家庭教育事业的根本方针。该法律文件第1条指出“立法”目的：增进家庭生活知能，健全身心发展，营造幸福家庭，以建立祥和社会。〔12〕

我国台湾地区“家庭教育法”的“立法”目的归为两个层面，第一是增进家庭生活技能，促进家庭所有成员身心健康发展，提升家庭幸福

〔12〕 参见台湾当局法务部门法规资料库，https://law.moj.gov.tw/LawClass/LawAll.aspx?PCode=H0080050，最后访问时间：2019年10月23日。

感。该法律文件的规范对象是包括未成年子女、成年子女、父母等在内的所有家庭成员，因此“立法”的目的是提升所有家庭成员的身心发展；第二是建立祥和的社会。家庭是社会的最小单位，家庭和谐决定社会稳定。因此家庭和睦、社会祥和是推行家庭教育事业的立足点和根本目的。

相比较而言，我们当前家庭教育立法的核心点在于如何培育良好的家风，以科学、正确的家庭教育方法帮助青少年成长。着眼点在于青少年成长，方法是父母学习与成长，这与我国台湾地区家庭教育“立法”关注包括夫妻关系、婚姻经营等在内的所有家庭事务有一定程度上的区别。

家庭教育立法要解决的根本问题是如何引导与帮助家长树立家庭教育的先进理念，掌握家庭教育的科学方法。因此，我国家庭教育立法的目的应为“帮助和引导父母或其他监护人提升教育技能与方法，提升未成年人教育品质，保障未成年人健康成长，以促进社会和谐发展”。

（二）家庭教育立法的内容

从全国六省份地方立法来看（见表2），立法内容包括七大部分，分别为总则、家庭实施、学校指导、社会参与、政府主导、法律责任以及附则。概括来说，立法内容包括两大层面：第一，关系家庭教育质量的四大主体——政府、社会、学校、家庭的责任；第二，发生家庭教育领域失责的事件后，相关法律责任应如何界定。

表2　我国家庭教育地方立法内容一览表

地方立法	施行时间	章　节
《重庆市家庭教育促进条例》	2016年9月1日	共七章：总则、家庭实施、学校指导、社会参与、保障激励、法律责任、附则
《贵州省未成年人家庭教育促进条例》	2017年10月1日	共七章：总则、家庭责任、政府主导、学校指导、社会参与、特别规定、法律责任
《山西省家庭教育促进条例》	2018年9月1日	共七章：总则、家庭实施、政府推进、学校指导、社会参与、法律责任、附则

续表

地方立法	施行时间	章　节
《江西省家庭教育促进条例》	2018 年 12 月 1 日	共七章：总则、家庭实施、政府推动、学校指导、社会参与、法律责任、附则
《江苏省家庭教育促进条例》	2019 年 6 月 1 日	共七章：总则、家庭实施、政府推进、学校指导、社会参与、法律责任、附则
《浙江省家庭教育促进条例》	2020 年 1 月 1 日	共七章：总则、家庭、政府、学校、社会、法律责任、附则

地方立法需在上位法的框架下制定，具有立法权限的限制。目前，在我国尚未制定国家性家庭教育法的前提之下，地方立法必须符合上位法即《教育法》《义务教育法》《婚姻法》《预防未成年人犯罪法》《未成年人保护法》等法律的规定。

然而，从国家层面考虑家庭教育立法，则应着眼于更宽广的视野，需结合我国实际国情、现有法律体系、家庭教育概念、立法目的等因素，科学规划家庭教育立法的内容。

我国台湾地区"家庭教育法"第 2 条界定了家庭教育内涵，即"具有增进家人关系与家庭功能之各种教育活动，其活动范围包括亲职教育、子职教育、性别教育、婚姻教育、失亲教育、伦理教育、多元文化教育、家庭资源与管理教育、其他家庭教育事项"。〔13〕

"台湾地区家庭教育法实施细则（2014）"明确指出，家庭教育内容主要有：亲职教育，即增进父母职能的教育活动；子职教育，即增进子女本分的教育活动；性别教育，即增进性别知能的教育活动；婚姻教育，即增进夫妻关系的教育活动；失亲教育，即增进因故未能接受父母一方或双方教养之未成年子女家庭生活知能的教育活动；伦理教育，即增进家族成员相互尊重及关怀的教育活动；多元文化教育，即增进家族成员对

〔13〕 参见台湾当局法务部门法规资料库，https://law.moj.gov.tw/LawClass/LawAll.aspx?PCode=H0080050，最后访问时间：2019 年 10 月 23 日。

多元文化理解及尊重的教育活动；家庭资源与管理教育，即增进家庭各类资源运用及管理的教育活动。[14]

我国台湾地区“家庭教育法”的教育对象是全体家庭成员，因此，与父母相对应的婚姻教育、子职教育、亲职教育、失亲教育、家庭资源与管理教育等领域都属于该法调整范畴。台湾地区的家庭教育“立法”源于民国时期的家庭教育立法体系，走过了从狭义向广义发展的立法历程。而我们的家庭教育立法起步晚，体系不健全，台湾地区的经验虽借鉴与思考意义重大，但不宜照搬。因此，家庭教育立法的实施主体是父母，对象是未成年人，亲职教育应是家庭教育立法的核心内容。

家庭教育立法内容应从政府、社会、学校、家庭四大教育主体出发，清晰界定各自的权利与义务，并明确四方法律责任，共同为未成年人营造一个健康的成长环境。因此，核心章节应分五大章节，分别为家庭实施、学校指导、社会参与、政府责任与法律责任。核心内容是规范与引导家长教育行为，提升与增强家长教育能力。

（三）家庭教育主管部门

明确家庭教育立法目的是“帮助和引导父母或其他监护人提升教育技能与方法，提高未成年人教育品质，保障未成年人健康成长，以促进社会和谐发展”，并确定家庭教育立法的内容是明确政府、社会、学校、家庭的责任后，才能科学地分析：到底谁主管家庭教育最合适？

台湾“家庭教育法”第 3 条规定了家庭教育主管机构，分为当局教育部门和地方直辖市、县（市）政府，第 4 条、第 5 条分别规定了当局教育部门和地方政府掌管的家庭教育事项。[15]其中，教育部门掌管家庭教育法规及政策研订、推展家庭教育工作之研究及发展、推展全省家庭教育工作之策划、委办及督导、推展全省家庭教育工作之奖助及评鉴、专业人员职

〔14〕 参见台湾当局法务部门法规资料库，https://law.moj.gov.tw/LawClass/LawAll.aspx?PCode=H0080057，最后访问时间：2019 年 10 月 23 日。

〔15〕 参见台湾当局法务部门法规资料库，https://law.moj.gov.tw/LawClass/LawAll.aspx?PCode=H0080050，最后访问时间：2019 年 10 月 23 日。

前及在职训练。第 8 条明确了推展家庭教育之机构团体，包括各地家庭教育中心、社会教育机构、学校、大众传播机构、其他有关机构团体。[16]

可见，我国台湾地区家庭教育的主管部门是“教育部”，负责制定家庭教育政策法规、各类工作计划、实施督导、提供奖助、负责专业人员培训等工作，服务机构包括学校、社区、大众传播机构等，具有一定的科学性与可行性。

2010 年，全国妇联联合教育部、中央文明办、民政部、卫生部、国家人口计生委、中国关工委等七部分联合印发《全国家庭教育指导大纲》（以下简称大纲），该大纲是全国范围内首部家庭教育指导性文件。2019 年，该大纲进行了修订，根据时代特征增加了父辈、祖辈联合教养指导、多子女养育及互联网时代的家庭媒介教育等内容。[17]该大纲明确了指导原则、指导内容与指导形式，并按照年龄段划分，规范家庭教育指导行为，是全国各级各类家庭教育服务机构与家长教育的重要参考与依据。2016 年，全国妇联联合教育部、中央文明办、民政部、文化部、国家卫生和计划生育委员会、国家新闻出版广电总局、中国科协、中国关心下一代工作委员会共同印发《关于指导推进家庭教育的五年规划（2016—2020 年）》，提出“到 2020 年，基本建成适应城乡发展、满足家长和儿童需求的家庭教育指导服务体系”。[18]

大纲明确提出，“各级妇联组织、教育行政部门牵头负责指导和推进家庭教育”“文明办协调”“各部门共同承担”，笼统规范了各部门的职责。该大纲看似分工明确，实则违背管理学原则，容易造成相互推诿等局面。目前，我国家庭教育的实施部门主要是各级各类妇联。从 2017 年开始，

〔16〕 参见台湾当局法务部门法规资料库，https://law.moj.gov.tw/LawClass/LawAll.aspx?PCode=H0080050，最后访问时间：2019 年 10 月 23 日。

〔17〕 参见《家庭教育有规范了！九部门印发〈全国家庭教育指导大纲（修订）〉》，载新华网，http://www.xinhuanet.com/politics/2019-05/24/c_1210140363.htm，最后访问时间：2019 年 10 月 23 日。

〔18〕 参见《9 部门印发指导推进家庭教育的五年规划》，载新华网，http://www.xinhuanet.com//politics/2016-11/14/c_1119907287.htm，最后访问时间：2019 年 10 月 23 日。

笔者开始参与广东省各市县妇联组织的“家庭教育大讲堂”项目，并公益服务时长超过500小时。在项目实施过程中，笔者发现，该类走进街道社区、农村社区的以“传承好家风、培育好孩子”为主题的“家庭教育大讲堂”活动确实能够在服务地取得非常积极的宣教效果。社区居民积极参与，授课导师能够即时地解决现场家长实际的家庭教育困惑，高效地帮助家长和青少年更优质地成长，传播了积极的社会正能量，对营造和谐的社会风气有重要的推动作用。但妇联作为公益性质的参公单位，在项目推行过程中具有自发性，欠缺行政性，家庭教育项目体系化与科学化亦有待加强。

从家庭教育的内核角度看，家庭教育应为“教育”的范畴，应为教育部门主管，其他各部门协调，共同推进家庭教育事业的发展。原因有三：第一，教育部门作为行政部门，其行政命令具有强制性，具有实施效力强的特点；第二，家庭教育回归教育属性，通过制订并实施家庭教育行动计划等大政方针、分年龄段的家庭教育指标体系与儿童成长指南、家长教育指南、家庭教育导师认证机制等配套制度，增强家庭教育的科学性；第三，从世界范围看，美国、日本等国也将家庭教育纳入国民教育体系中。2002年，美国颁布的《不让一个孩子掉队法》，将家庭教育纳入学校教育体系，归为教育部门管理。2006年，日本修订《教育基本法》，将教育问题纳入其中，从法律上规定国家对家庭的责任。〔19〕因此，回应家庭教育立法的目的和内容，家庭教育的主管部门应为教育部门，家庭教育应为国民教育的重要组成部分之一。教育部门应制订全国性、分阶段的家庭教育行动计划，明确家庭教育的指导精神，并配套出台家庭教育指标体系与评价体系，完善家庭教育指导与服务体系。各级各类教育部门应履行家庭教育管理职责，联合社会、学校与家庭，共同帮助与引导青少年健康成长。

〔19〕 郭礼智、李小兰：《我国大陆地区与台湾地区家庭教育重要举措比较及其启示》，载《成人教育》2013年第8期，第47–49页。

三、家庭教育指导服务机构之议

2004年，我国台湾地区颁布“家庭教育专业人员资格遴聘及培训办法”，规定“家庭教育专业人员，指经家庭教育专业训练，具有家庭教育专业知能，从事增进家人关系与家庭功能各种教育活动之专业工作者”[20]，并对专业人员的资格获取条件、资格认定程序、遴聘程序、职前及在职培训等内容进行了规定。同时，“家庭教育法”也明确规范了“家庭教育人员之进修及家庭教育之实施原则与方式”“家庭教育课程、教材之研发”等事宜。[21]

（一）我国台湾地区指导服务机构情况分析

1. 高等教育培养专业人才

家庭教育要健康发展，培养专业性的服务人才是关键。目前我国台湾地区专业化家庭教育实务人才的培养模式，主要依托高校相关专业人才的培养以及相对完善的审查认证制度。[22]台湾师范大学人类发展与家庭学系、嘉义大学家庭教育研究所、辅仁大学儿童与家庭学系等，都是台湾地区家庭教育研究的重要科研与教学阵地。从本、硕、博人才培养体系，到家庭教育课程研究，台湾地区形成了独具特色的高校家庭教育研究体系。

此外，近年来，台湾社区大学兴起，社区大学开办的“亲职教育”“家庭生活教育”“护理保健”“亲子关系”四大领域课程，畅通了社区居民学习的通道。

2. 社会机构发挥民间力量

我国台湾地区社会机构发展成熟，许多非营利性组织在推展家庭教育实务的过程中，培养了大批优秀的家庭教育志愿者，也策划和推广了

---

〔20〕 参见台湾当局法务部门法规资料库，https://law.moj.gov.tw/LawClass/LawAll.aspx?pcode=H0080066，最后访问时间：2019年10月23日。

〔21〕 参见台湾当局法务部门法规资料库，https://law.moj.gov.tw/LawClass/LawAll.aspx?PCode=H0080050，最后访问时间：2019年10月23日。

〔22〕 沈蓓绯：《台湾地区“家庭教育法”的内涵及实务推展模式》，载《教育发展研究》2010年第2期，第57–61页。

许多有益于市民的家庭教育公益项目。其中，台湾彩虹爱家协会、台湾儿童暨家庭扶助基金会等都是发展成熟的家庭教育服务机构。

（二）大陆地区指导服务机构展望

1. 建立统一的家庭教育专业人员资格认证和培训制度

2012 年，中国儿童中心在全国开展"我国家庭教育指导服务体系状况调查"，调查显示：我国家庭教育指导服务人员中约有 1/4 的人取得了资格证书，主要是教育学或其他学科教师的资格证书，有不足 1/10 的人具有社会工作者、心理咨询师、家庭教育指导师等资格，专业化水平堪忧。〔23〕同时，仅有 1/3 的指导服务人员可以接受短期的、非系统的在职培训，培训内容缺乏系统设计，专业化的培训机构严重缺乏。〔24〕

可见，建立统一的家庭教育人员资格认证和培训制度刻不容缓。第一，明确认证条件，如认证人员需大专以上学历，修满相关课程学时并从事相关工作达若干时数。第二，明确专业资格认定机构与完善专业资格认定程序。专业资格认定机构应为家庭教育主管部门，即各地区教育部门，申请者通过提交材料、认证机构审查并考核、颁发认证资格证书等程序，取得相应的资格证书。第三，完善家庭教育课程认证机制。鼓励各级各类科研机构研发家庭教育课程，教育部门组织专业人士对于家庭教育课程申请资料进行审查，并颁发合格证书。第四，完善专业人员培训体系。可由获得资质认证的第三方机构承接，以在线学习、面授研讨、专家讲座、模拟实操等方式，针对未入职与在职人员的思想道德、理论水平和实践能力，采取形式多元的培训方式，增强从业人员的专业技能。

2. 加强家庭教育学的学科研究工作

当前，家庭教育学仍属于一个新兴的研究领域，还不能被称为学科，

〔23〕中国儿童中心组编：《我国家庭教育指导服务体系状况调查研究》，中国人民大学出版社 2014 年版，第 49 页。

〔24〕中国儿童中心组编：《我国家庭教育指导服务体系状况调查研究》，中国人民大学出版社 2014 年版，第 49 页。

部分研究学前教育学、教育基本理论的学者略有涉及。专门从事家庭教育研究和人才培养的机构较少，专业研究力量薄弱，尚处于经验总结与理论探索阶段。因此，建议本科师范院校增设家庭教育学必修课程，增加家庭教育科研机构，提升家庭教育研究的理论深度。

3. 建立家庭教育指导服务体系

从世界各地经验看，家庭教育指导服务机构承担着家庭教育课程的研发、专业队伍的建设、困难家庭的咨询与帮助等功能，基本采用两种服务模式，第一是由政府部门提供服务，即将“家庭教育指导中心”纳入行政管理体制，作为政府的隶属机构，由政府统一划拨资金进行管理。如我国台湾地区隶属于教育部门的“家庭教育中心”就是这种性质。第二是由慈善性公共机构提供服务，大都依据各地的慈善法开展服务工作，如新加坡的家庭服务中心作为官方注册登记的公共服务机构，其经费来源包括社会捐款、咨询服务收费等方式。

结合我国台湾地区和其他地区的成熟经验，家庭教育的指导服务机构应为家庭教育的主管部门，即教育部门更为适宜。可在各级各类教育部门中，成立家庭教育指导服务科室，明确部门职责，保障经费投入，有序地推行家庭教育各项事业的发展。同时，教育部门有权通过程序合理的方式，委托有认证资质的社会第三方机构开展家庭教育服务项目，如研发课程、培训师资、开展咨询等，集思广益，为家庭教育健康发展提供强大保障。

教师校内申诉制度的法治化建构 *

黄泽萱 **

目　次

内容提要：我国已初步建构了一个包含实体保护和程序保护的教师权益法治保障体系，然而，这些权益保障制度尚不完善。其中本应发挥初始权益

---

* 本文为国家社科基金重大专项课题“全面推进依法治国与国家治理法治化研究”（17VZL008）、中山大学高校基本业务费“地方立法权属扩容背景下广东立法实证研究”（17wkpy10）的阶段性研究成果。

** 黄泽萱，中山大学法学院副研究员，教育部政法司－中山大学教育立法研究基地研究员。

保障、纠纷化解功能的教师申诉制度尽管已倡导多年，却迟迟没有全面科学地建立起来。教师申诉分为行政申诉与校内申诉两种，后者是一种便捷化的内部纠纷化解机制，但目前在实践方面依然存在制度普及性不高，不同学校制度内容差异较大，申诉受理主体独立性不足、职能不清，适用范围有限，程序不规范，制度不衔接等问题，需要通过法治化路径加以完善。

关键词：教师权益　校内申诉　纠纷解决机制

一、我国教师权益保障机制概况

教师是国家教育体系中的核心主体，教师权益能够获得保障，是国家各层级、各类型教育活动能够顺利开展、实现人才培养和知识兴国的重要前提。教师权益，是教师在教育教学活动中依法享有的权利，是国家对教师能够做出或不能做出一定行为，以及要求他人相应做出或不能做出一定行为的许可与保障。随着我国国家教育体制不断改革、学校人事体制改革以及社会教育理念的不断发展，近年来教师这一身份在教育活动中日益显现出弱势姿态，教师在工资待遇、教书育人、职级晋升、参与管理、休养休假等方面的权利和利益受到损害的情况频发，引发社会关注。而这一群体的权益得不到保障，不但直接影响教学质量，也导致我国整体教育体系存在教师总量不足、区域发展不均衡、社会评价偏差等问题。因此，教师权益保护不但是这一群体的权益维护问题，更是关系到整个国家、民族未来发展和前途命运的重大课题。

就教师权益保护机制而言，我国现行法律框架下，教师权益保护机制主要体现在实体保护和程序保护两个方面。

第一，实体保护，是指通过立法明确教师享有的法定权益。我国现行法律对教师权益的保障，从法源上看，主要体现在《宪法》《教育法》《高等教育法》《教师法》《民办教育促进法》等国家立法，以及与之配套的行政法规、地方性法规和相关政策之中。其中，《教师法》是教师权益保护的核心立法。1993 年全国人大常委会制定了《教师法》，对教师的权利义务、资格和任用、培养和培训、考核、待遇、奖励、法律责任等作了全面规定。此外,《教育法》《高等教育法》等对教师权益也有所涉及。因此,我国已初步形成以《宪法》为统领,以《教育法》为核心,各种配套法规组成的中国特色教育法律法规体系框架,规定了身份保障权、教育教学权、科学研究权、学生指导权、获得报酬权、民主管理权、培训进修权、获得救济权等各类教师权益。

第二,程序保护,是指法律法规通过规定明确的法定程序保障教师权益的实现,又分为事前保障和事后保障。事前保障,是指保障实施教师权利的程序、措施和手段,如规定教师聘任和解聘的程序,教师受处分时参会、申辩乃至要求听证等程序性规定。事后保障,是指当教师权益受到不法侵害时,适用一定的方式和程序保障教师获得法律救济等。[1]在权益保障救济方式上,目前我国建构了包括调解、复核、申诉、仲裁、复议、诉讼等制度,为受到权益侵害的教师提供救济途径。

尽管我国已初步建构了一个包含实体保护和程序保护的教师权益法治保障体系,然而,这些制度的相关内容与程序尚不完善,制度与制度之间的配合、衔接问题缺乏规定。例如,教师作为学校的构成人员,与学校建立了一种内部化、特别化的权力关系,对于大部分权益只能通过申诉的途径维护。但大部分学校并未建立校内申诉制度,外部申诉制度则规则不明,目前也只有北京和苏州制定了教师申诉的地方政府规章。而对于外部救济途径如复议与诉讼,其适用范围如何确定,与申诉制度的关系如何,尚存在较多制度空白、制度冲突的情况。本文将从教师申诉制度入手,探讨我国已倡导多年却迟迟没有全面建构的教师校内申诉制度,分析其实施现状与存在问题,并探讨如何通过法治化路径完善这一制度,充分发挥其保障教师权益、解决教师纠纷的制度功能。

〔1〕 杜德鱼、惠向红:《论创新高校教师合法权益法制保障体系的必要性》,载《知识经济》2017年第15期,第169、171页。

二、我国教师申诉制度的制度内容

教师申诉制度是宪法上公民申诉权在教师领域的具体化，属于教育申诉制度的其中一种。所谓教育申诉制度，是指学生、教师在其合法权益受到侵害时，依法向主管的教育行政管理机关或学校申诉理由、请求重新处理的权利救济制度。当适用于教师时，称为教师申诉制度。教师申诉制度可以分为行政申诉制度和校内申诉制度。

行政申诉制度是指教师对学校或其他教育机构及有关政府部门作出的处理不服，或认为其合法权益受到侵害时，向有关教育行政部门或其他行政部门申诉理由，请求重新作出处理的制度。在我国当前教师任用制度下，教师与学校的关系是一种聘任法律关系。但在实行教师聘任制以前，教师被纳入国家行政干部管理系列，学校与教师之间的关系主要表现为学校行政领导下的支配与服从关系。1953 年 12 月，教育部就学校教职员工的行政处分问题函复华东行政委员会教育部，指出学校教职员工均系国家工作人员，犯有应受行政处分之错误者可根据情节给予行政处分。这一时期教师与其他国家工作人员适用统一的法规。1957 年 10 月发布的《国务院关于国家行政机关工作人员的奖惩暂行规定》（现已失效）第 12 条规定："国家行政机关工作人员对所受纪律处分不服的时候，应该在接到通知后一个月内，向处理机关要求复议，并且有权直接向上级机关申诉。国家行政机关对于受处分人的申诉，应该认真处理。对于受处分人给上级机关的申诉书，必须迅速转递，不得扣压。但是，在复议或者申诉期间，不停止处分的执行。"此文件虽只规定"申诉"是一种行政机关内部救济的渠道，并且仅对行政处分行为进行救济，并不包括其他教育行政行为，却为国家工作人员包括学校教职员工申诉提供了一条救济的渠道和政策上的依据。[2]

正式建立教师申诉制度的是 1993 年制定的《教师法》。《教师法》第 39 条规定："教师对学校或者其他教育机构侵犯其合法权益的，或者对学

〔2〕 孙德元、刘珍:《论我国高校教师申诉制度的完善》，载《武汉大学学报（哲学社会科学版）》2010 年第 2 期，第 263–269 页。

校或者其他教育机构作出的处理不服的，可以向教育行政部门提出申诉，教育行政部门应当在接到申诉的三十日内，作出处理。教师认为当地人民政府有关行政部门侵犯其根据本法规定享有的权利的，可以向同级人民政府或者上一级人民政府有关部门提出申诉，同级人民政府或者上一级人民政府有关部门应当作出处理。”

但该法对此规定较为原则性，仅规定了教师可以提起申诉，但缺少制度具体内容。1995 年，原国家教委《关于〈中华人民共和国教师法〉若干问题的实施意见》第 8 条对教师申诉的受理范围、处理程序等方面作了详细规定。此后，一些地方政府也随之出台了关于地方教师申诉的规定，如 1996 年北京市出台《北京市教师申诉办法》，1998 年北京市西城区出台《关于办理教师申诉工作若干规定》，1998 年成都市出台《成都市教育委员会关于教师申诉若干问题的暂行意见》，2003 年苏州市出台《苏州市教师申诉办法》等。

而另一种申诉制度是校内申诉制度，这一制度是指教师对学校或校内其他成员侵犯其合法权益或者对学校的处理不服，向学校申诉理由，请求处理或重新处理，从而使教师的合法权益受到依法保护的一种制度。这一制度是《教师法》规定的教师申诉制度在校内的延伸，是一种内部性的纠纷解决机制。校内申诉制度具有救济途径简洁、成本低廉、工作效率较高、利于学校内部监控与纠错、尊重大学自主权等优点。

在 1994 年《教师法》实施后，1995 年原国家教委在《关于开展加强教育执法及监督试点工作的意见》中提出了建立校内申诉制度的相关要求。2003 年 7 月，教育部在《关于加强依法治校工作的若干意见》（现已失效）中明确要求：“建立校内教师申诉渠道，依法公正、公平解决教师与学校的争议，维护教师合法权益。”同年 11 月，教育部将“建立和实行校内教师申诉制度”作为全国依法治校示范创建活动的一条验收标准。此后，一些高校开始陆续制定校内申诉规定，如 2005 年制定的《广东外语外贸大学广东外语外贸大学教师及其他教育工作者申诉条例》《南京中医药大学教职工校内申诉制度》等。2007 年制定的《民办高等学校办学管理若干规定》规定："民办高校应当建立教师、学生校内申诉渠道，依法妥善处理教师、学生提出的申诉。"2012年制定的《全面推进依法治校实施纲要》第20条规定应当完善教师学生权利救济制度，要求"学校要设立教师申诉或者调解委员会，就教师因职责权利、职务评聘、年度考核、待遇及奖惩等，与学校及有关职能部门之间发生的纠纷，或者对学校管理制度、规范性文件提出的意见，及时进行调处，做出申诉结论或者调解意见"。可以看出，校内申诉制度主要由规范性文件倡导，仅有《民办高等学校办学管理若干规定》是部门规章。而在地方层面，目前仅有武汉市于2017年制定了较为详细的《中小学教师校内申诉处理办法（试行）》，浙江省、福建省等地均在义务教育条例中规定了教师校内申诉制度，但没有规定具体制度内容。此外，还有部分地区在当地制定的中小学校章程制定与核准办法中规定了中小学校应当在学校章程中明确规定学校受理教师校内申诉的机构与程序。

表1　我国教师校内申诉制度的相关立法规定

文件名称	条文内容
原国家教委《关于开展加强教育执法及监督试点工作的意见》（部门工作文件，1995年8月28日起施行）	（五）建立校内申诉制度 校内申诉制度，是教师、学生、职员因对学校或者其他教育机构的有关职能机构或人员作出的有关处理决定不服，或认为其有关具体行为侵犯了自身的合法权益，申请学校或者其他教育机构依照规定程序进行审查处理的制度。 建立校内申诉制度，可依托校内有关部门，如学生管理部门、教师管理部门。学校申诉工作程序包括申请审查、受理，直接听取争议双方的意见和理由，进行必要的调查工作，在此基础上依多数意见形成处理意见书，经学校管理机构批准后，正式作出申诉处理决定。
《民办高等学校办学管理若干规定》（部门规章，自2007年2月10日起施行，2015年11月10日修正）	第20条　民办高校应当建立教师、学生校内申诉渠道，依法妥善处理教师、学生提出的申诉。

续表

文件名称	条文内容
《全面推进依法治校实施纲要》（部门工作文件，2012 年 11 月 22 日起施行）	第 20 条 完善教师学生权利救济制度。学校要设立教师申诉或者调解委员会，就教师因职责权利、职务评聘、年度考核、待遇及奖惩等，与学校及有关职能部门之间发生的纠纷，或者对学校管理制度、规范性文件提出的意见，及时进行调处，做出申诉结论或者调解意见。教师申诉或者调解委员会应当有广泛的代表性和权威性，成员应当经教职工代表大会认可。完善学生申诉机制。学校应当建立相对独立的学生申诉处理机构，其人员组成、受理及处理规则，应当符合正当程序原则的要求，并允许学生聘请代理人参加申诉。学校处理教师、学生申诉或纠纷，应当建立并积极运用听证方式，保证处理程序的公开、公正。
《浙江省义务教育条例》（省级地方性法规，2010 年 3 月 1 日起施行）	第 26 条第 3 款 学校应当建立健全校内申诉制度，维护教职工、学生的合法权益。
《福建省义务教育条例》（省级地方性法规，2016 年 9 月 1 日起施行）	第 25 条 ……建立健全校内申诉制度，维护学生和教职工的合法权益。
《海南省中小学校章程制定与核准办法》（地方规范性文件，自 2016 年 7 月 11 日起试行两年）	第 6 条 学校章程应当包括以下主要内容：……（六）学校的教师、学生的权利和义务；学校受理教师、学生校内申诉的机构与程序……
《北京市教育委员会关于推进中小学校章程建设的意见》（地方规范性文件，2017 年 9 月 14 日起施行）	二、（二）……应明确符合法治原则的校内救济制度，明确学校受理教师、学生校内申诉的机构与程序。
《湖南省中小学校章程制定暂行办法》（地方规范性文件，2016 年 3 月 14 日起施行）	第 7 条 学校章程应当确立符合法治原则的校内救济制度，明确学校受理教师、学生校内申诉的机构与程序。

三、校内申诉制度的实施现状与问题

本文选取了四份较具代表性的学校规定，对其中的核心问题进行横向对比（见表2），可以发现从我国当前该制度实施的推进情况到各个学校的规则制定，各方面均存在较多问题。

第一，制度普及性不高，内容差别较大。尽管建立教师校内申诉制度的要求早在1995年就提出了，但目前仅在公立高校中覆盖率较高，虽然《民办高等学校办学管理若干规定》明确规定民办高校应当建立该制度，但覆盖率并不高，中小学设立该制定的更少，且一般制度内容较为简单，缺少细致设计。由于缺少上位法指引，每个学校都自行制定，不同学校设立的校内申诉制度内容差别较大，如表1中列举的四份教师申诉规定，对申诉期限的规定差别较大。《青岛理工大学校内教师申诉办法》规定教师在知道或应当知道一年内可以提起申诉；而《上海对外经贸大学教职工申诉处理办法》规定应当在知道或者应该知道引起申诉事由之日起10日内提起。一年与10日，差异极大。

第二，申诉受理主体独立性不足、职能不清。一些学校并未建立独立的申述委员会处理教师申诉，如南京市第十二中学是由工会受理教师申述，但由工会哪个部门或人员负责受理，缺少明确规定。有学者对高校的申诉机构调研发现，申诉机构的职责往往是宣传法律法规政策、调解人事争议、监督协议的履行、参与协调合同的签订、预警人事争议，但在如何有效宣传、争议调解方式、争议预警方案等方面却欠缺工作内容。这也导致教师对申诉机构了解不深，在需要申诉时往往通过直接找领导、找业务直接负责部门、找外部有影响部门等方式，甚至“不少教师不确定校内是否有专门的申诉机构存在”。[3]对于受理主体的构成，一些学校的设计公正性、科学性不足，如陕西国际商贸学院教职工申诉处理办法中规定教职工代表的人数仅为一人，相比之下青岛理工大学规定

〔3〕 徐海伟：《人事改革背景下高校教师权益申述机制研究》，载《人力资源管理》2016年第11期，第118-119页。

表 2　部分学校教师校内申述办法的核心内容

学　　校	2015 年《南京市第十二中学教职工校内申诉制度》	2016 年《青岛理工大学校内教师申诉办法（试行）》	2019 年《上海对外经贸大学教职工申诉处理办法》	2013 年《陕西国际商贸学院教职工申诉处理办法》
学校属性	公立中学	公立高校	公立高校	民办高校
是否成立专门委员会	否，由校工会受理	是	是	是
委员会构成	一般由 7 人、9 人或 11 人组成。	17 人，任期五年，教师代表人数≥二分之一。	由分管校领导、工会、监察处、党委办公室、校长办公室、组织部、人事处等职能部门负责人和教职工代表、法律顾问等组成。 同校工会委员会任期一致。	委员会由教职工代表、工会、监审室、校办、人力资源处、教务处、科研处等部门负责人组成，工会负责人兼任委员会主任。教职工代表一人。
申诉主体	学校编制的教职工	从事教育教学以及相关工作的教师	本校教职工	与学校签订聘任聘用合同、具有聘任聘用关系的教职工
被申诉主体	\	学校有关单位、部门、学术（管理）组织	\	学校及其有关管理单位（部门）

续表

学　　校	2015年《南京市第十二中学教职工校内申诉制度》	2016年《青岛理工大学校内教师申诉办法（试行）》	2019年《上海对外经贸大学教职工申诉处理办法》	2013年《陕西国际商贸学院教职工申诉处理办法》
可申诉事项	仅限学校作出的涉及本人权益的处理决定： **第9条**　申诉的范围： （1）辞退、降职、年度考核定为不称职； （2）行政处分； （3）学校各类表彰； （4）可以提出申诉的其他事项。 教职工个体之间的纠纷、经学校行政会议讨论认定的教职工行政处分、教职工已向市区教育局等学校上级主管部门上告或已向法院起诉的，不在受理范围。	列举 + 排除： **第11条**　教师申诉委员会不受理下列事项的申诉： （一）教师提出的申诉要求、理由不符合国家法律法规或学校规章制度的（若教师申诉涉及到的学校有关规章制度与国家法律、法规及其他规范性文件相抵触的，则可纳入申诉范围）； （二）与教育教学工作无关的劳动、人事或者其他方面的争议事项； （三）非由本人或者其委托人提出申诉的争议事项； （四）本校教师在校外兼职从事教学、科研工作过程中所产生的争议事项；	列举 + 排除： **第11条**　申诉处理委员会对下列申诉不予受理： （一）逾期提出且无正当理由的； （二）单纯举报、反映违规、违纪行为或问题的； （三）申诉人已向学校上级部门或校外有关部门反映、投诉、举报，上级或有关部门已受理或已作出结论的； （四）申诉人已向校纪检、监察、信访等部门反映、投诉、举报，有关部门已受理或已作出明确结论的；	仅列举两种情况： **第9条**　对学校、二级学院、有关行政职能部门作出的行政处分（处理）决定有异议的。 **第10条**　认为学校有关组织在人事安排、职务评聘、培训进修、考核奖惩、福利待遇等方面，自己的合法权益受到侵犯，在及时向作出决定的组织反映后不予解决的。

续表

学　校	2015 年《南京市第十二中学教职工校内申诉制度》	2016 年《青岛理工大学校内教师申诉办法（试行）》	2019 年《上海对外经贸大学教职工申诉处理办法》	2013 年《陕西国际商贸学院教职工申诉处理办法》
		（五）外校教师在我校兼职从事教学、科研工作过程中所产生的争议事项； （六）教师申诉委员会已经作出有效决定的争议事项； （七）司法机关、行政机关或其他国家机关已经受理或者处理完毕的争议事项； （八）其他不属申诉范围的争议事项。	（五）中共党员对党内奖惩决定有异议的； （六）其他不属于上述第八条规定的申诉范围的。	
申诉时限	收到决定或公告之日起 15 个工作日。	知道或应当知道一年内。	知道或者应该知道引起申诉事由之日起 10 日内。	知道或者应该知道其权利受到侵害之次日起 30 个工作日，可延 10 日。
处理时限	10 个工作日内启动处理程序，并在自接到申诉申请书后的 20 个工作日内做出申诉处理决定，最长可延 40 个工作日。	办公室 20 个工作日内作出书面的初步处理意见，最长可延 10 日；委员会 15 个工作日内审议决定，最初可延 10 日。	受理后的 60 日内作出申诉处理决定，延长时间不应超过 30 日。	10 个工作日内受理，处理时限无规定。

续表

学　　校	2015 年《南京市第十二中学教职工校内申诉制度》	2016 年《青岛理工大学校内教师申诉办法（试行）》	2019 年《上海对外经贸大学教职工申诉处理办法》	2013 年《陕西国际商贸学院教职工申诉处理办法》
处理流程	查询和调查、可要求书面答复、可选书面审查或开听证会、决定、送达	鼓励申诉前反映—解释、调查核实、可调解，可听证、决定、送达	调查取证、可听证、集体合议、不记名投票、决定、签收	部门书面答复、可调解、可当事人陈述、委员会评议、裁决、送达
制度衔接	\	**第 26 条**　在申诉程序中，申诉人就申诉及相关事项，向教育行政主管部门提出申诉的，本申诉程序终止。 **第 42 条**　教师申诉委员会的决定不影响教师依据《中华人民共和国教育法》、《中华人民共和国高等教育法》、《中华人民共和国教师法》等国家法律法规向上级教育行政主管部门提出申诉（或向司法机关提起诉讼）的权利。	**第 21 条**　当事人对申诉处理委员会的处理决定不认同的，可向校长办公会议反映。	**第 29 条**　申诉处理委员会的校内最终裁决不影响教职工依据国家法律法规向上级教育行政主管部门提出申诉及通过司法途径维护自身权益的权利。 **第 30 条**　对于处分（处理）决定向申诉处理委员会提起申诉并予受理的，在申诉期间，原处分（处理）决定一般暂缓执行。对于处分（处理）决定向上级教育行政部门申诉或司法机关提起诉讼的，原处分（处理）决定或复查决定不停止执行。

委员会教师代表人数不少于二分之一。

第三，制度适用范围有限。首先，在申诉范围方面，根据《教师法》的规定，教师对学校或者其他教育机构侵犯其合法权益的，或者对学校或者其他教育机构作出的处理不服的，可以向教育行政部门提出申诉。这意味着有两种情况，一种是“教师对学校或者其他教育机构侵犯其合法权益的”，另一种是“对学校或者其他教育机构作出的处理不服的”。但在实践中，一些学校将制度建立限缩于后者，即只有存在一个明确针对教师的处理决定时，才可能提起申诉，如表2的《南京市第十二中学教职工校内申诉制度》。这种情况一般发生于中小学建立的申诉制度。同时规定了两种情况的学校，也存在通过排除法，将较多情况排除在可提出申诉的范围之外的做法。其次，申诉主体有限。对中小学来说，申诉主体一般限制于学校编制的教职工，非编制教职工被排除于适用主体之外；对高校来说，有些学校将申诉制度限制于承担教学职能的教师，不涵盖非教师类职工。但根据原国家教委《关于开展加强教育执法及监督试点工作的意见》，“校内申诉制度，是教师、学生、职员因对学校或者其他教育机构的有关职能机构或人员作出的有关处理决定不服，或认为其有关具体行为侵犯了自身的合法权益，申请学校或者其他教育机构依照规定程序进行审查处理的制度”。其中明确包含了“职员”。此外，大部分高校规定只有本校教职工可以适用，排除了外聘教师或非固定编制的教师。

第四，程序不够科学规范。不同学校建立的制度设计了不同的程序，一些学校有较为细致的规定，一些则较为粗糙。首先，申诉委员会缺位。大部分高校设立专门的申诉委员会受理教师申诉，且设立申诉办公室用以处理日常事务或作出出版调查处理，但一些学校缺少独立、固定的委员会，如南京市第十二中学由校工会受理教师申诉。其次，缺少制度细化设计。例如，一些学校规定了可根据实际情况召开听证会的方式处理申诉，但对举行听证的条件、公开听证的案件范围、听证遵循的程序等并未作出明确规定；一些重要的制度如举证责任制度和说明理由制度等缺少规定，回避制度的具体内容有所欠缺等。

第五，缺少关于制度衔接的相关规定。校内申诉制度的法律属性为何，决定了学校申诉处理结果的效力，也决定了该制度与其他制度的衔接。大部分学校的规定并未对这个问题进行明确，仅有部分制度规定了该制度与其他制度的关系。例如，《青岛理工大学校内教师申诉办法》和《陕西国际商贸学院教职工申诉处理办法》都明确了校内申诉不影响申诉人通过其他救济途径维权。其中，仅有青岛理工大学规定了“在申诉程序中，申诉人就申诉及相关事项，向教育行政主管部门提出申诉的，本申诉程序终止”。仅有上海对外经贸大学规定当事人对申诉处理结果不满意的后续处理办法。缺少制度衔接规定，会在实践中产生执行规则的空白。青岛理工大学仅规定了程序终止，一旦申诉人的行政申诉不被受理，当事人是否可以重新提起一次校内申诉？相关规则应当加以细化考量。

四、校内申诉制度的法治化完善路径

第一，制定统一的校内教师申诉办法或指引。通过制定校内教师申述办法或指引，将应当达到的基本要求、基本程序等加以明确，指引各学校建立相应的制度。各个学校可以加以细化，建立符合本校情况的制度。此外，还应当通过检查、纳入考核评估体系等方式确保各类学校的落实。我国正在制定《教师申诉办法》，这一办法虽以行政申诉制度为核心，但也可以在其中规定校内申诉制度的相关条款。

第二，明确申述的处理主体，确保其独立性和人员科学构成。建议所有高校设立独立的校内教师申诉委员会作为处理教师申诉事宜的专职机构，而鼓励有条件的中小学建立委员会，如果依托工会，则应当在工会中建立固定的工作小组，确定专人负责承担相应职能。应当明确申诉委员会和工作小组的人员构成，保证教职工代表的人数比例，确保申述处理的公正性、独立性与权威性。

第三，扩大校内教师申诉办法的适用范围。针对当前一些学校的规定不合法、不合理限缩适用范围的情况，应当在事项和主体两方面明确其适用范围。在事项方面，应当严格依据法律的规定，明确教师认为学校侵犯其权益的，均可提出申诉，不可仅限制在学校作出的涉及本人权益的处理决定的情形。在主体方面，目前有几类人员可能被排除在申诉主体范围之外：公立学校中无编制教师、外聘教师、非教学岗教师，民办学校中未建立劳动关系的教师、退休教师等。这些排除都是缺少法律依据的。根据原国家教委《关于开展加强教育执法及监督试点工作的意见》，校内申诉制度的主体明确包含了“职员”，因此，非教学岗职工也应当包含在内，又如外聘教师与学校建立劳务关系或用工关系的，在与学校业务往来的事项上，也应当享有申诉的权利。

第四，规范校内申诉处理程序。教师校内申诉程序应当遵循程序正义要求，在时限、流程、当事人权利等方面进行更详细的规定，包括应当保障当事人听证或辩解的权益，应当规定合理的申诉期限，应当明确申诉处理决定的送达程序以及记载的理由、结果等内容，应当有回避程序等。根据原国家教委《关于开展加强教育执法及监督试点工作的意见》，“学校申诉工作程序包括申请审查、受理，直接听取争议双方的意见和理由，进行必要的调查工作，在此基础上依多数意见形成处理意见书，经学校管理机构批准后，正式作出申诉处理决定”。

第五，明确校内申诉不排除教师其他合法救济途径。校内申诉是为教师提供的一种便捷的内部纠纷化解途径，但这一纠纷化解途径并不排除教师依法行使其他法定维权方法的权利。各个学校在相关办法中都应当明确学校的申诉处理不影响教职工依据国家法律法规向上级教育行政主管部门提出申诉、向劳动人事争议仲裁部门提起仲裁以及通过司法途径维护自身权益的权利，并明确规定一旦当事人寻求其他救济途径，校内申诉程序如何处理等问题。

PART 2

立法评析

Legislative Comments

pp.067-118

贸易调整援助立法的法理基础与规范表达*

张　建**

目　次

内容提要：在国际贸易自由化背景下，贸易调

---

* 本文为国家社科基金专项课题“创新‘一带一路’国际争端解决机制问题研究”（项目批准号：18VSJ049）的阶段性成果。

** 张建，法学博士，首都经济贸易大学法学院讲师，研究方向为国际商法。

整援助制度对于补偿国际贸易竞争中受损的企业、推动产业结构升级、提升企业国际竞争力具有重要意义。借鉴欧盟国家的相关经验，贸易调整援助可以通过改善援助措施及资格认定要件等制度设计来实现WTO法律体系内的合规性。我国商务部制定的相关草案与上海自贸区出台的试点办法分别对这一制度给出了中国方案。在构建中国的贸易调整援助立法时，既要从整体上明确援助资格与援助程序，又要处理好这一制度与现有贸易救济法律规范的协调性。

关键词： 贸易救济　贸易调整援助　补贴

自美国总统特朗普上台之后，美国在对外贸易政策上的单边主义倾向日趋严重，而中美贸易摩擦的升级也使国际社会重新反思国际贸易法与全球治理之间的内在关联。[1]自1949年中华人民共和国成立以来，中美两国的贸易关系经历了冰冻隔绝期、解冻破冰期、成长蜜月期、波动上升期、入世黄金期和正面对抗期等多个阶段，虽然呈现出“长期政治化”“长期摩擦”“非对称性”和“互补性竞争”等特点，但中美经贸关系作为两国关系的“压舱石”和“推进器”，始终是发展两国关系的基础和驱动力，美国对巨额中国输美产品加征高关税的情况极为罕见。[2]中美贸易战的展开，彰显了国际贸易法的重要性，而国际贸易法也在不断发展以适应社会发展的现实需要。[3]从微观角度探讨，关税的加重以及国际贸易争端的产生不仅对两国在贸易领域的友好合作产生消极影响，也会对两国的进出口企业产生深远的影响。作为贸易自由化体系下对外开放的补偿机制，贸易调整援助（Trade Adjustment Assistance，简称TAA）制度为因进口增加、生产转移而遭受竞争损害的国内企业提供了救济工具。[4]当前，我

---

〔1〕 管健：《中国贸易争端中的焦点法律问题评析》，载《武大国际法评论》2018年第3期。

〔2〕 杨枝煌、杨南龙：《1949—2019年中美经贸关系基本图景及未来展望》，载《河北经贸大学学报》2020年第2期。

〔3〕 杨国华：《中美贸易战中的国际法》，载《武大国际法评论》2018年第3期。

〔4〕 张建：《中国贸易调整援助立法：路径选择与方案设计》，载《深圳社会科学》2019年第3期。

国正在积极着手准备起草贸易调整援助立法。在立法过程中，首先要从法理上分析 TAA 制度在 WTO 法律框架内的合规性基础，继而要借鉴域外其他国家立法中对类似制度的具体规范设计。在立足中国国情的基础上，我国于 2008 年制定了《贸易调整援助暂行办法（草案）》（以下简称《商务部暂行办法草案》），并于 2017 年发布了《中国（上海）自由贸易试验区贸易调整援助试点办法》（以下简称《上海自贸区试点办法》），开始在上海自贸试验区内开展试点工作。通过对比两项文件，本文试图探析 TAA 制度在中国发展的趋势以及中国 TAA 立法的方向。

一、贸易调整援助在 WTO 框架内的法理基础

GATT 自 20 世纪 80 年代开始关注结构调整与贸易政策的关系，并在 1980 年设立了"结构调整与贸易政策"工作组，该工作组分别于 1981 年和 1983 年作出两份报告，分析二者的关系。但迄今为止，WTO 规则中并没有专门的贸易调整援助制度。WTO《保障措施协定》序言部分提到了结构调整的重要性，且在第 7 条第 2 款和第 7 条第 4 款明确规定在进行调整的情况下可以延长有关措施，为促进产业结构调整创造了环境。但是，《保障措施协定》并没有要求强制性的产业调整计划，因此有学者建议 GATT 第 19 条的紧急保护有必要附带一个动态的调整援助计划。[5]鉴于 WTO 没有针对贸易调整援助设置统一的多边规则，理论上主要从 WTO《反补贴协定》入手分析 TAA 的合规性。

根据 WTO《反补贴协定》第 1 条，补贴是指一成员方政府或任何公共机构向产业或企业提供的财政资助，或对企业收入和价格的支持。据此，补贴的成立需要同时满足三方面要件：主体方面，必须是政府或公共机构提供的补贴；对象方面，补贴的受益者是产业或企业，且它们通过补贴获得了正常商业条件下无法获得的优惠与利益；形式方面，补贴

〔5〕 Samuel M. Rosenblatt, *Trade Adjustment Assistance Programs: Crossroads or Dead End*, Law & Policy in International Business, Vol.9, 1977, p.1902.

具体表现为财政资助、收入或价格支持。[6]根据前述要求，美国《1962年贸易拓展法》中的税收援助、《1974 年贸易法》中的财政援助（贷款、付款担保等）均属于 WTO《反补贴协定》第 1.1 条 a 款第 1 项和第 2 项中的财政资助，鉴于美国国会已经在 1986 年取消了财政援助和税收援助，因此对其进行讨论已无现实意义。[7]但美国迄今仍然保留的技术援助是否构成 WTO 中的补贴，则存在争论。根据美国《1974 年贸易法》第 2343 条 a 款，技术援助主要包括三个方面：协助企业准备认证申请；协助企业制订经营调整方案；协助合格企业实施调整方案。在技术援助的过程中，实施主体主要是经济发展局（EDA）和贸易调整援助中心（TAAC），由 TAAC 与申请企业共同聘用专家顾问，在分析企业优势的前提下定制个性化的经营调整方案并付诸实施，以刺激企业复苏和发展。在技术费用承担方面，政府负责 75%，其余部分由企业负担，但援助资金并不直接向企业提供，而是由 EDA 发放给 TAAC，再由 TAAC 按比例支付给商业顾问。事实上，尽管技术援助不是直接的财政资助，但可能构成 WTO《反补贴协定》第 1.1 条 a 款第 4 项的补贴，即政府向一筹资机构付款、委托或指示私营机构履行政府职能，且其做法与政府通常采用的做法并无实质差别。[8]需要明确的是，认定 TAA 属于 WTO 所规制的补贴措施，只表明此类 TAA 受 WTO 约束，并不表明 TAA 与 WTO 法律规则的相容性。那么，应进一步追问的是，采取有关的 TAA 措施，是否会构成对 WTO《反补贴协定》中补贴纪律的违反？对此，有必要进一步考察 WTO 中采取反补贴措施的各项要件。

根据 WTO《反补贴协定》，只有对违规的补贴才可以采取反补贴措施，对于合法的补贴则可以容忍其存在，可见应首先对补贴本身进行具体分类。相比之下，GATT 于 1947 年和 1979 年制定的旧版《补贴与反补贴

〔6〕 王红艳：《WTO 补贴制度下美国贸易调整援助制度研究——兼论对我国的启示》，西南财经大学 2014 年硕士学位论文，第 44 页。

〔7〕 陈利强、屠新泉：《WTO 体制下美国贸易调整援助制度合法性探析》，载《国际经贸探索》2011 年第 2 期，第 72 页。

〔8〕 王传丽主编：《国际经济法》，中国政法大学出版社 2018 年版，第 190 页。

守则》采用经济政策标准将补贴分为出口补贴与生产补贴，前者被列为法律禁止的对象，而 WTO《反补贴协定》则采取了全新的分类方法，将补贴分为禁止性补贴（无条件禁止的红灯补贴）、可诉补贴（有条件禁止的黄灯补贴）、不可诉补贴（不禁止的绿灯补贴）。所谓禁止性补贴，即与出口实绩或使用进口替代相联系的补贴，具体分为法律上或事实上的出口补贴、进口替代补贴，《反补贴协定》附件一列举了 12 种可归于出口补贴的具体情况。[9] 在贸易调整援助的申请与实施过程中，负责资格审查的机构在判定申请人是否符合条件时，并不必然为其提供海外拓展方面的援助，而是需要结合企业的具体情况并在听取所聘专家顾问的意见的基础上才作出个性化的安排。[10] 因此，TAA 的援助计划并不以产品出口或使用本国替代产品作为前提条件，不属于禁止性补贴。那么，TAA 属于可诉补贴抑或不可诉补贴？要对这一问题作出判断，首先要对补贴的专项性进行分析。根据 WTO《反补贴协定》第 2.1 条 b 款，WTO 的反补贴纪律与规则仅约束具有专项性的补贴，不具有专项性的补贴则不受协定约束。所谓专项性，特指补贴仅授予部分特定的企业、产业、地区，因专项性补贴对适用范围以外的企业构成歧视性的不公平待遇，需要国际规制以避免对自由贸易造成消极损害。在 TAA 认定过程中，负责机构仅审查申请人的产品生产与销售量、员工失业情况、前两者与进口增加之间的因果关系，并不设置额外的特别条件。鉴于 TAA 普遍适用于所有企业，没有对行业、地域设置限定，因此很难被归入专项性补贴的范畴。总体来看，TAA 应被认定为 WTO《反补贴协定》第 2.1 条 b 款中规定的非专项性补贴，即法律法规或官方文件中只要列明了获得此类补贴资格和补贴数量的客观标准，且此类标准得到严格遵守，即可排除法律上的专项性认定。而在事实专项性层面，虽然最终实际获得 TAA 援助的企业

---

〔9〕 张丽英:《世界贸易组织法律制度与实践》，高等教育出版社 2012 年版，第 330 页。

〔10〕 Economic Development Administration, *Notice of Petitions by Firms for Determination of Eligibility To Apply for Trade Adjustment Assistance*, available at: https://www.federalregister.gov/documents/2019/04/29/2019-08550/notice-of-petitions-by-firms-for-determination-of-eligibility-to-apply-for-trade-adjustment, last visited on June 5th 2019.

仅是某些企业而并非全部企业，通过主体资格认证的申请者和获得批准的援助方案在地区和行业占比上也存在差异，但美国的11个贸易调整援助中心在全国范围内都有分布，因此很难认定TAA具有事实上的专项性。

总之，美国立法者关于TAA的制度设计较好地规避了对WTO《反补贴协定》的违反，不存在明显的合规性问题。这也从侧面表明，相比于"两反一保"措施，可将TAA制度定位为对其他国际贸易参与方影响不大的贸易救济措施。而事实上，美国也并没有因为TAA制度的实施而在WTO体系内遭遇反补贴案件，这从侧面反映出TAA制度的可行性，这对我国开展TAA立法提供了一定的借鉴。总体来看，TAA项目在WTO法律体系下是合法可行的，但由于WTO尚未将TAA纳入谈判的范围，在未来尚不确定是否会就结构调整与贸易政策的关系给出进一步的讨论。

二、贸易调整援助在我国法律体系内的规范表达

（一）我国现有的关于贸易调整援助的法律规范文本

贸易调整援助作为与贸易自由化、开放化相辅相成的贸易补偿机制，其本身即具有普惠性、福利性特征。[11]具言之，对遭受进口贸易损害的国内企业提供援助，可以促使企业尽可能地扭转亏损，有效扩大经营规模，从而保障劳工拥有稳定的就业岗位，避免工人失业。尽管我国目前已经构建了某些企业援助法律体系，如2017年修订的《中小企业促进法》允许政府为促进中小企业的发展采取相应的措施，包括缓解融资困难、加大财税扶持、加速技术进步和结构调整、支持企业开拓市场、改进企业服务、提高经营管理水平等，但是现有的规则没有专门针对因国际贸易而受损的企业。基于贸易调整援助具有独特的制度功能，其与"两反一保"及《中小企业促进法》等国内规则构成互补关系，在进一步深化改革开放、不断提高对外开放水平的背景下，我国亟待出台有关立法，构建有关规则。为了使我国的贸易调整援助立法具备充分的合法性基础，需要审视这一制度

〔11〕 Rickard, *Compensating the Losers: An Examination of Congressional Votes on Trade Adjustment Assistance*, International Interactions, Vol.41, Issue 1, 2015, p.46–60.

在我国现有法律体系内的具体呈现方式和规范表达，使未来的规则构建与现有的制度体系相互契合，共同发挥制度功能。基于此，笔者通过列表的方式将涉及贸易调整援助的国内规范进行了整合与梳理。

表 1　我国现有法律规范体系中对贸易调整援助的规定

法　　规	相关条款规定	条款解读
《对外贸易法》（2016 年修正）	**第 44 条**　因进口产品数量大量增加，对生产同类产品或者与其直接竞争的产品的国内产业造成严重损害或者严重损害威胁的，国家可以采取必要的保障措施，消除或者减轻这种损害或者损害的威胁，并可以对该产业提供必要的支持。	本条可解读为在我国开展贸易调整援助的立法授权，由于该条款重点针对的是保障措施的法定要件，因此仅针对我国产业遭受的进口损害救济和支持，没有提及工人、农民及出口企业。
《国务院关于加快实施自由贸易区战略的若干意见》（2015 年）	**第 19 条**　研究建立贸易调整援助机制。在减少政策扭曲、规范产业支持政策的基础上，借鉴有关国家实践经验，研究建立符合世贸组织规则和我国国情的贸易调整援助机制，对因关税减让而受到冲击的产业、企业和个人提供援助，提升其竞争力，促进产业调整。	本条系中国首次在官方文件中正式提出研究构建中国的贸易调整制度。尽管该条款没有明确限定援助对象，但通过措辞可以解读出其旨在对关税减让后大量进口产品涌入而给国内企业造成的损失提供救济。
《贸易调整援助暂行办法（草案）》（2008 年）	本草案共 6 章 22 条，除总则与附则外，专章规定了企业贸易调整援助的资格申请与认定、企业贸易调整援助计划的提出和批准、贸易调整援助的方式与资金来源、对贸易调整援助计划实施的监督与评估。	这部草案是在商务部《国外贸易调整援助制度及其对我国的启示》课题研究报告的基础上起草的，可视为我国系统引入 TAA 的首部法规文本，虽未获批准，但具有较强参考价值与借鉴意义。
《中国（上海）自由贸易试验区贸易调整援助试点办法》（2017 年）	该办法共计 5 章 18 条，有效期 4 年，自 2017 年 7 月 15 日至 2021 年 7 月 15 日。除总则与附则外，该办法专章规定了安全预警、调整援助、实施评估，并规定出口型贸易企业的出口产品在目标国家受到贸易摩擦及其他壁垒影响时，也可申请援助。	该办法是在上海自贸试验区法制“先行先试”的背景下结合我国参与国际贸易的实践而制定的。作为亮点，该办法确立的援助对象不仅适用于受到进口冲击的企业，还适用于出口受到阻碍的企业，涵盖范围更为完整。

（二）《商务部暂行办法草案》与《上海自贸区试点办法》的对比分析

由上文的讨论可知，我国的贸易调整援助不仅在理论研究方面不断取得新的突破，立法层面也在逐步深入推进。相比之下，《对外贸易法》只是对因进口增加而遭遇损害的企业支持提供了一般性的规定，2008 年《商务部暂行办法草案》与 2017 年《上海自贸区试点办法》则相对较为系统且完整。从法律条款的文本表达来看，尽管这两份文件都是我国引入贸易调整援助制度的立法尝试，但二者在适用范围、制度设计、程序安排、具体细节方面存在不少区别。

表 2 《商务部暂行办法草案》与《上海自贸区试点办法》关键条款对照

对比要点	2008 年《贸易调整援助暂行办法（草案）》	2017 年《中国（上海）自由贸易试验区贸易调整援助试点办法》
适用范围	援助因进口产品竞争而受到不利影响的企业或产业，促使其自我调整，恢复竞争力，重新参与市场竞争。	对因受国际贸易环境变化影响而造成竞争力下降、员工流失的企业，通过社会机构提供公共服务的方式给予技术、资金等援助，帮助其恢复进出口竞争力（涵盖进出口）。
实施机关	商务部为负责机关，省级地方商务主管部门具体实施有关工作。	由上海市商务委会同市发改委、经济信息化委、财政局、社保局进行试点协调，自贸区管委会具体实施，可委托第三方机构开展服务并进行评估。
资格审查	企业内相当数量或比例的工人已经失业或面临失业危险；企业的生产或销售额显著下降，最近 6 个月相比前一年同期减少 25% 以上；企业有关经济因素和指标存在实际或潜在的下降；同类或直接竞争产品进口的显著增加是重要原因。	在上海自贸试验区内，工商注册登记满 3 年以上的企业，因其国内销售产品受到同类或直接竞争产品进口冲击，或其出口产品在主要目标国家或地区受到贸易摩擦及其他贸易壁垒影响，导致下列情形之一，可以提出援助申请：企业一年内 20% 以上，或连续两年每年 10% 以上的员工出现离职；企业主要产品产量或销售量较上一年度下降 30% 以上。

续表

对比要点	2008 年《贸易调整援助暂行办法（草案）》	2017 年《中国（上海）自由贸易试验区贸易调整援助试点办法》
调整计划	取得援助资格的企业，在取得资格一年内，可向省级地方商务主管部门提交贸易调整援助计划，受理部门初步审查后可以针对企业提交的计划提出修改建议和补充信息。	援助范围内的企业，应向自贸区管委会提出援助申请，并提交经营调整计划。管委会应结合本市制造业转型升级相关规划要求，通过组织开展专家评审等方式对经营调整计划书予以审核。
审查重点	援助计划是否经过充分合理的调查分析并能实质促进企业经济调整、援助计划是否适当考虑工人利益、企业是否充分利用自有资源促进企业发展等。	重点审查申请人的产品是否受同类或直接竞争产品影响或受贸易摩擦冲击、是否存在进出口数量下降的状况、企业是否受到贸易损害、因果关系等。优先考虑所在产业已有相关行业组织或企业向商务部提出贸易救济申请并获立案的企业；所在产业经本市产业安全预警体系连续 2 次发布安全预警的企业。
援助方式	援助计划获批后，企业可聘请非政府机构提供以下援助：生产制造中的认证、工艺改进、技术方法及标准咨询；营销环节的市场调查、营销策略、客户服务分析、出口咨询；办公自动化、电子商务、制造系统、客户程序、电子数据交换等科技援助；工人转岗和再就业培训；贸易救济法律咨询。	经营调整计划书审核通过的，上海自贸区管委会应当会同有关部门通过购买公共服务，向符合认证资格的企业提供援助，援助方式包括在市场推广、检测认证、国际市场营销、产品设计研发、信息化水平提升、风险管理咨询及培训、出口信用保险、供应链管理及融资、人员培训等方面的协助。
费用承担	商务部承担援助费用的 50%，但对每个企业的援助不超过 50 万元人民币；援助费用在 20 万元以下的，商务部承担 75%。	上海自贸区管委会负责制定援助细则，设立专项资金，开展援助试点的实施；自贸区管委会可委托第三方中介机构，开展相关的服务工作；由于援助措施以技术援助为主，因此未对费用分担进行规定。
监督评估	受助企业应按援助计划使用资金，接受商务部和省级商务主管部门对实施情况与调整效果的监督检查和评估，在援助计划获批之日起半年内提交履行报告，按期提交完成报告。	援助计划的实施期为 4 年，自贸区管委会在 TAA 试点推进过程中及时对受援助企业的竞争力恢复情况开展跟踪报告，上海市商务委结合 TAA 对贸易结构和产业发展的影响，按年度组织开展上海市全口径和重点产业国际竞争力评估，发布上海产业国际竞争力指数。

如上所示，《商务部暂行办法草案》与《上海自贸区试点办法》在多个方面存在差别。首先，就适用范围而言，《商务部暂行办法草案》仅适用于受到进口产品竞争损害的国内企业或国内产业，而《上海自贸区试点办法》立足于上海自贸试验区构建国际化、法治化、市场化营商环境的需要，援助制度不仅适用于遭遇进口损害的国内企业，还可适用于出口遭遇贸易壁垒或其他不当冲击的出口企业。其次，就制度设计而言，《商务部暂行办法草案》实际上将商务部与省级地方商务主管部门共同作为TAA的审查机关，二者相互配合、通力合作，而《上海自贸区试点办法》则强调自贸区管委会与上海市商务委、市发改委、经济信息化委、财政局、社保局的协调配合。最后，在程序安排方面，《商务部暂行办法草案》明确地区分为资格审查、援助计划的制订与实施两个阶段，只有申请者先获批援助资格后，才可以制订贸易调整援助计划，且援助计划仍然需要省级地方商务主管部门及商务部的双重审查，这意味着两个阶段存在两次审查，以此保障TAA仅提供给有资格的企业和安排稳妥的援助计划。相比之下，《上海自贸区试点办法》在TAA试点与产业安全预警机制之间试图构建联动效应，没有明确地区分资格审查与援助计划这两个先后阶段，这在客观上可以对其他国家的贸易保护主义形成反制效果。[12]该办法第10条规定："援助范围内的企业，应向上海自贸试验区管委会提出贸易调整援助申请，并提交经营调整计划。上海自贸试验区管委会应结合本市制造业转型升级相关规划要求，通过组织开展专家评审等方式对经营调整计划书予以审核。"这意味着，企业在申请TAA时即应当提交调整计划，而不是在获批援助资格认定后再制订调整计划，由此将调整计划本身的审核与申请人的主体资格审查结合起来，有助于从整体上提升工作效率。

〔12〕 胡语宸：《贸易调整援助制度的实施路径探析——兼评上海自贸试验区试点办法》，载《海关与经贸研究》2019年第2期。

三、我国贸易调整援助立法的整体考量

从整体上考虑，构建我国的贸易调整援助立法，应充分遵循“申请自愿、退出有序、审批迅速”的原则。就申请而言，“两反一保”与贸易调整援助的负责机构之间需要构建必要的信息联动机制，即当某一产业被认定为遭受严重损害或严重损害威胁时，或者某一国内产业因为进口激增而遭受不利影响时，有关部门应当迅速、及时地将此类消息传递给贸易调整援助的相关机构（如商务部贸易救济调查局），继而通过与受损行业相关的行业协会或社会团体传递至有关企业，告知其有申请援助的权利。就退出而言，可能导致援助程序终结的情形有三类：（1）通过实施援助调整方案，有关企业恢复国际竞争力，援助期限终止后，受助企业正常退出援助程序；（2）在援助实施的过程中，受助企业的经营状况明显好转，援助目标达到，无须再进行援助，受助企业提前退出援助程序；（3）经过实施机关的定期监督与评价，发现申请者在接受援助后并不能避免亏损，援助不具有现实意义，受助企业提前退出援助程序。当出现以上情形时，援助中心应及时向商务部进行汇报，由商务部决定是否有必要继续援助抑或适时终止援助，以避免浪费国家财产。就审批而言，贸易调整援助要解决好与 WTO 协定及其他国内贸易立法之间的衔接关系。借鉴美国 TAA 立法演进的经验，为了尽可能减少对自由贸易的不当冲击和扭曲效果，在审批时需要把握获益主体的范围，以免形成 WTO 体系下的专项性。与此同时，批准的援助措施应避免直接的财政补贴，而是采取更为缓和的技术援助措施。

在确定援助主体、援助对象、援助资格的认定标准、援助方式与措施之后，我国贸易调整援助制度的实施还需要一整套完整的程序规则，由此将申请者、审批者、实施者、监督者联结起来，并贯通各项制度内核以实现整个援助机制的有序展开。为了避免因申请步骤或审批程序过于烦冗复杂而导致有切实需求的企业望而退步，整个程序的设计需要尽可能清晰且连贯。基于此，笔者设计了如下援助步骤。

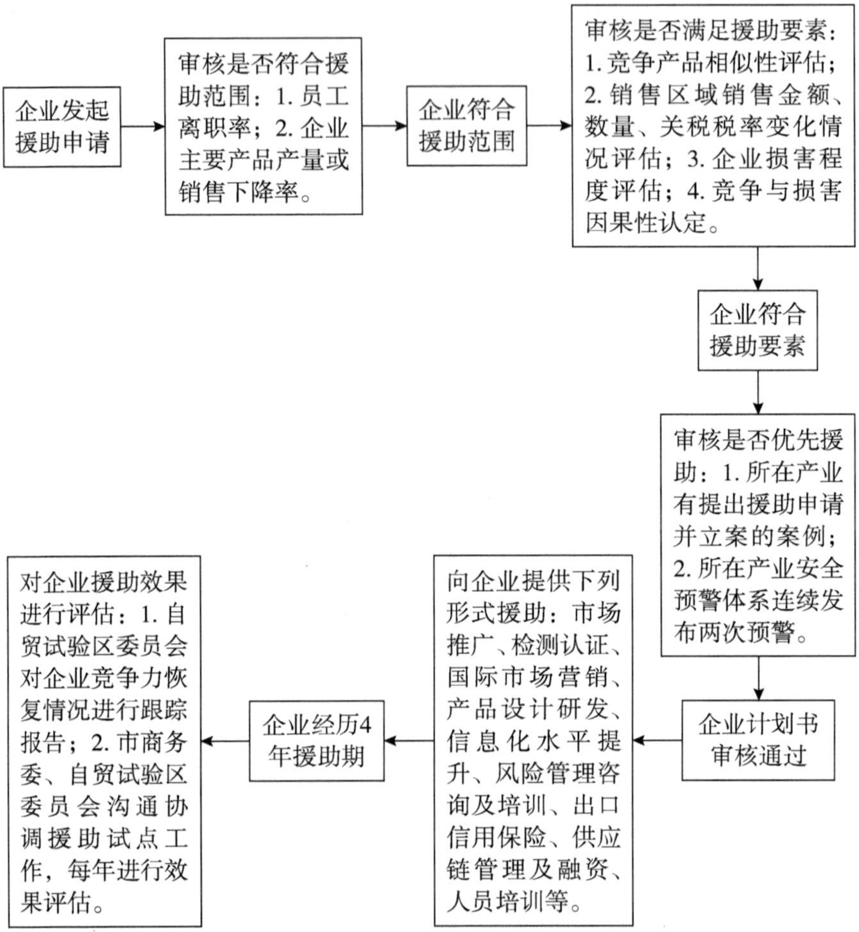

图1　中国贸易调整援助的整体程序设计

为了保证上述援助程序的高效运行，需要针对每个阶段设置时限要求，通过限制各项工作的时间节点，使整个流程在紧密且妥当的秩序下合理展开。例如，2008年《商务部暂行办法草案》第6条、第7条即对资格审查设定了时限要求：省级地方商务主管部门应当在收到申请人的援助申请之日起15个工作日内对资格申请进行初步审查，认定企业是否具备援助资格，并决定是否将初审意见提交至商务部进行资格认定；商务部应当自收到省级地方商务主管部门的初审意见及援助申请之日起30个工作日内作出最终决定，并对合格的受助企业进行公示。为了避免不合格的企业重复提交无效的援助申请而带来工作负担，应限制相同申请的提出间隔。具言之，商务部决定某申请企业不具备援助资格的，其在一年内不得再提出相同申请。与此同时，由于贸易调整援助制度的宗旨在于协助企业进行生产调整和产业升级，因此在援助程序的各个阶段，均应强调政府部门与申请企业的通力配合。具言之，在援助程序进行中，须充分调动企业的积极性，激发企业的自主性，避免对政府形成过多的依赖，这着重体现在调整方案制订、专家顾问选聘、援助费用分摊三方面。

图2　政府与受助企业共同参与的援助阶段

为了切实执行贸易调整援助的各项措施，立法者要从整体上考虑哪些类型的主体有资格申请援助。[13]以美国为例，不仅受损的企业可以申请援助，产业也可以申请援助，除此之外，因贸易冲击遭受不利影响的工人、农民也有权申请援助。对此，需要区别不同的情况予以对待，对企业及产业而言，援助的目标是使其通过调整而恢复对外贸易竞争力，对工人及农民而言，援助的目标是使其实现再就业。[14]由前述《商务部暂行办法草案》与《上海自贸区试点办法》可知，我国在构建TAA立法的进程中，主要是立足于对企业的援助。笔者认为，之所以不在TAA立

〔13〕 Joon-Heon Song, *Finding beneficiaries: trade adjustment assistance system in South Korea*, Journal of International Trade Law and Policy, Vol.12, Issue 2, 2017, p.92-105.

〔14〕 于洋:《美国对企业贸易调整援助的效果分析及启示》,载《中国经贸导刊(理论版)》2018年第5期。

法中专门调整农民援助问题，是考虑到我国的农业生产与美国式的农业生产存在本质的差异，美国的农业基本实现了产业化与规模化经营，农产品生产者（包括农场主、牧场主、养殖者、渔民）亦具有企业家的特征，在国际农产品贸易中发挥着重要角色。[15]相比之下，我国的农业问题较为复杂。而对工人而言，其职业发展与所属的企业紧密相关，对其援助通常采取再就业培训或者发放求职津贴的方式进行，但从美国的实践来看，只有很少一部分下岗职工在获得援助津贴后实现了再就业，可见这一制度的实效并不十分理想。[16]在我国，以保障劳动者最低生活水平的社会救助立法可以在一定程度上实现这一目标。鉴于此，我国的贸易调整援助立法的确应当以企业为主要受助对象。

四、我国贸易调整援助立法的制度衔接

制定我国的贸易调整援助立法，除从法理基础上分析这一制度在WTO体系内的合规性，并对现有国内法律规范在这方面的文本进行梳理与整合外，还要冷静思考该制度与国内其他对外贸易立法的衔接问题。

当前，我国的贸易救济立法体系由《对外贸易法》《反倾销条例》《反补贴条例》《保障措施条例》（以下简称“两反一保”）等行政法规、商务部颁布的有关部门规章、最高人民法院颁布的关于国际贸易行政案件的司法解释等文件共同组成。[17]为了维护产业安全，我国目前形成了以商务部为主体，地方商务主管部门、商协会、中介组织为两翼的工作体系，创建了我国产业损害预警机制、对外贸易壁垒调查机制、国际竞争力评价机制，在产业损害调查、缓解贸易摩擦、促进产业机构升级方面

〔15〕佟占军：《美国农业贸易调整援助法律制度及其启示》，载《法商研究》2009年第6期。

〔16〕James N. Giordano, *Job Training Subsidies, Reemployment and Earnings in the Trade Adjustment Assistance Program*, International Advances in Economic Research, Vol.23, Issue 3, 2017, p.283–293.

〔17〕宋和平：《自贸区建设的重要法律保障——贸易救济法律与贸易调整援助》，载《智慧中国》2018年第12期。

积累了丰富的经验。在现有的贸易救济制度基础上构建中国的贸易调整援助制度，需要探索二者之间的衔接和联动机制。事实上，“两反一保”与 TAA 具有共同的目标，即在统一、协调、科学的贸易调整政策框架内，最大限度地维护公平贸易，共同应对贸易自由化造成的产业损害，通过结构升级和产业调整达到恢复并提升国际竞争力的目的。〔18〕事实上，作为在我国开展 TAA 的立法授权，《对外贸易法》第 44 条确立的进口激增造成的同类竞争产品的损害，既是保障措施的条件，也是调整援助的条件，两类审查可以通过信息共享而实现高效协作。此外，构建中国特色的专项性补贴管理制度，有助于使贸易调整援助行之有效，发挥持久的制度功能。

在上述基本思路的指导下，借鉴域外 TAA 立法的合理元素，结合前述《商务部暂行办法草案》与《上海自贸区试点办法》的立法经验，笔者认为，我国未来的 TAA 立法是一项系统且复杂的工程，必须依赖于广泛而深入的调研。就具体文本而言，TAA 规则应充分涵盖以下几项重要内容：在总则部分，应制定专门条款确定立法目的、制度定义、适用范围、实施机关；在资格审查环节，须明确申请者的主体资格、应向什么机关提交哪些申请材料、审查机关是否分为初审与复核、审查重点围绕哪些方面具体展开；在援助计划的制订与批准环节，须澄清援助计划的制作要点、援助计划的审查与修改、援助项目的批准需考虑的因素等；在贸易调整援助的实施阶段，应解决资金来源、具体援助方式、援助项目的监督、评价与终止等内容。简言之，贸易调整援助立法是将这一制度纳入法律化实现的过程，既要采取法律手段规范审批机关的权力运行，又要使提出申请的企业在援助项目获批后能够按照既定计划有效运用援助资金，从而保障立法初衷的真正实现，并服务于对外贸易开放的国家实践。从立法思路来看，各章节的安排应紧密围绕贸易调整援助这一中心，逐条回应为什么确立这一制度、这一制度是什么、谁来实施这一制度、

〔18〕 陈利强：《美国贸易调整援助制度研究》，人民出版社 2010 年版，第 180 页。

这一制度可援助哪些主体、这一制度的运行程序如何、资格审查如何进行、什么是较好的援助调整计划、援助制度如何实施以及怎样开展监督及评价，等等。

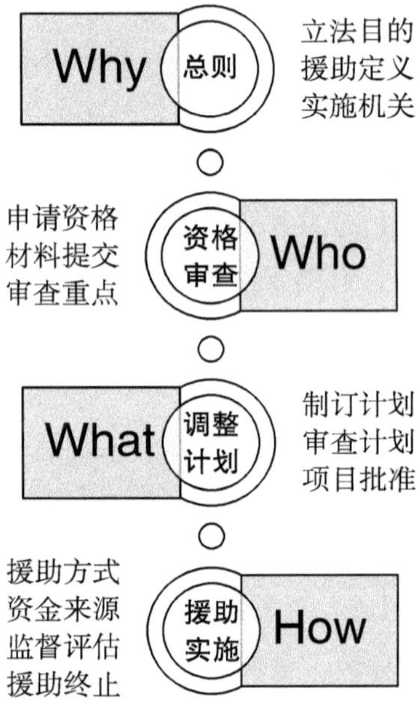

图 3　我国贸易调整援助立法的章节安排

五、结语

WTO 多边体制之下的单边措施，包括自我调整援助的自助措施，也包括对其他成员方实施的贸易报复措施，这些措施均系各成员为应对国际贸易摩擦或为实现特定的贸易政策目标而采取的单边制裁行为。这是“单边主义”（unilateralism）的集中体现，与 WTO 奉行的多边主义（multilateralism）存在天然冲突。为此，《WTO 争端解决规则与程序的谅解》第 23 条首先确立了禁止单边报复、独尊多边解决的基本原则（第 23.1 条），进而明令禁止三类未经 WTO 争端解决机构授权的具体单边措施（第 23.2 条）。不过，WTO 的多边解决主要适用于争端一方寻求纠正另一方的 WTO 违规行为，而不包括一缔约方为了弥补或消减某一成员在涉嫌 WTO 违规中对其他成员的内部主体（actors）造成的损害（harm）所采取的举措。[19]在实施贸易调整援助项目的过程中，相关缔约方的目的是帮助受影响的企业或职工转入其他经济活动，因而被认定为可能用于应付“内部主体”受损问题的缓冲性举措，不构成“寻求纠正”的情形。基于此，贸易调整援助措施在 WTO 法律制度体系内能够实现逻辑自洽。对中国而言，我方始终致力于在平等和相互尊重的基础上，通过对话磋商寻求中美经贸问题的妥善处理和有效解决。2020 年 1 月，中美双方签署了第一阶段经贸协议，有效缓和了经贸摩擦，稳定了双边关系。在应对经贸摩擦的同时，也使我国进一步意识到在中国构建贸易调整援助制度的现实必要性，2008 年《商务部暂行办法草案》与 2017 年《上海自贸区试点办法》均是旨在适应中国国情的基础上作出的制度选择和文本表达，但二者存在不少差异。尤其是，在援助对象能否涵盖出口受阻的我国企业方面，2008 年草案持保守立场，上海自贸区则将其囊括在内。事实上，在中美经贸摩擦中，因加征关税而导致利益受损的企业多是出口导向型企业，如果不将这部分主体纳入援助范畴，将使这一制度的功能有所减损。但需要注意的是，立法者在援助资格的认定、援助方式的采取、援助效果的评估等细节方面，须进一步论证其与 WTO 体系是否吻合，以此来保证这一制度在合乎规范的基础上实现其特定功能。

〔19〕 龚红柳：《论中美贸易战中实施“反制”的 WTO 合规性》，载《经贸法律评论》2019 年第 1 期，第 32 页。

论《海关法》修改中关衔制度立法模式完善问题

苏兆勇　何惠莹[*]

目　次

内容提要：按照深化党和国家机构改革部署的要求，出入境检验检疫管理职责和队伍划入海关，海关职责队伍发生明显变化。海关关衔制度作为我国海关队伍管理的基础性制度，在立法模式、适用范围、具体衔级设置等方面已经不能适应当前的实

* 苏兆勇，海关总署广东分署干部；何惠莹，中山大学法学院党政管理人员。

际需要，亟待完善，以更好地发挥其在海关履行进出境监督管理机关职责、服务外交大局面、激励队伍管理等方面的重要作用。

关键词：海关法　关衔制度　立法

关衔是区分海关工作人员等级、表明海关工作人员身份的称号、标志。我国现行关衔制度建立于 2003 年，是我国海关队伍管理的基础性制度。随着党和国家机构的深化改革，出入境检验检疫管理职责和队伍划入海关，海关的职责领域和队伍规模明显变化。《海关法》作为海关职能、任务、机构、业务、管理工作等海关基本制度、海关管理主要法律规范和最基本的法律依据，亟须根据新的重大变化进行重大修改。作为海关干部队伍建设的重要制度支撑，现行海关关衔制度的相关规定也逐渐出现一些不适应、不符合海关工作新形势新任务新要求的地方，需要与时俱进地在《海关法》修改中加以完善。

一、我国海关关衔制度立法概况

2003 年 2 月 28 日，第九届全国人民代表大会常务委员会第三十二次会议审议通过了《中华人民共和国海关关衔条例》（以下简称《关衔条例》）；2003 年 7 月 8 日，国务院第 14 次常务会议通过了《海关关衔标志式样和佩带办法》，标志着我国正式建立海关关衔制度，并从立法层面予以确认。

《关衔条例》分为 6 章 23 条，具体包括总则，关衔等级的设置，关衔的授予，关衔的晋级，关衔的保留、降级、取消，附则。《关衔条例》开宗明义，明确了设置关衔制度的主要目的是加强海关队伍建设，增强海关工作人员的责任感、荣誉感和纪律性，有利于海关工作人员依法履行职责。根据《关衔条例》，海关关衔授予对象的范围包括海关总署、分署、特派员办公室、各直属海关、隶属海关和办事处的国家公务员。

现行海关关衔设总监（副总监）、关务监督、关务督察、关务督办、关务员五等十三级。关衔的授予以海关工作人员现任职务、德才表现、任职时间和工作年限为依据。海关关衔按规定权限批准授予，主要分成四个层次。其中海关总监、海关副总监、一级关务监督、二级关务监督由国务院总理批准授予；三级关务监督至三级关务督察，由海关总署署长批准授予；海关总署机关及海关总署派出机构的一级关务督办以下的关衔由海关总署政治部主任批准授予；各直属海关、隶属海关的一级关务督办以下的关衔由各直属海关关长批准授予。《关衔条例》还对关衔的晋级以及关衔的保留、降级、取消等事项作出了明确规定。《关衔条例》实行的是关衔按期晋升与择优晋升的原则，在关衔授予、关衔晋升的有关规定中均明确了要以海关工作人员现任职务、德才表现、任职时间和工作年限为依据。

另外，《海关关衔标志式样和佩戴办法》对海关关衔标志的具体样式，以及关衔标志的保留、制作、管理问题等作出了规定。

海关关衔制度的建立是中华人民共和国海关发展史上的一个重要里程碑，体现了党和国家对海关工作的重视和支持。关衔制度实行十多年来，对海关加强干部队伍建设，推动优化海关监管体制机制，提升执法效能，密切与世界各地海关交往，加快实现海关治理体系和治理能力现代化发挥了积极的作用。

二、我国海关关衔制度立法的主要问题

（一）我国现行《海关法》未对海关关衔制度进行规定

海关法是规定海关监督管理进出境运输工具、货物、物品，征收关税和其他税费，查缉走私，编制海关统计等活动和出入境当事人的出入境活动的法律规范的总称。近代，世界各国在海关法立法模式上主要有三种选择，一是将所有与海关有关的内容都规定在一部海关法之中，形成所谓“海关法典”，其中以欧洲大陆国家为代表；二是由不同的单行法规构成海关法，以英国、美国为代表；三是综合上述两者，即在制定海关法典的基础上，配套涉及海关管理的单行法规。

根据国情特点以及促进对外贸易发展的需要，我国海关法立法采取

了以单一海关法为基础，并配套制定个别单行法规的模式。1951 年 4 月，中华人民共和国成立后的第一部海关基本大法《中华人民共和国暂行海关法》(以下简称《暂行海关法》) 正式公布，共 8 篇 19 章 217 条，规定了海关的组织、任务、职权和统一的工作原则、方法。改革开放后，我国对《暂行海关法》进行修改，于 1987 年 1 月制定了《中华人民共和国海关法》(以下简称《海关法》)，共 7 章 61 条，主要包括海关任务、组织架构、权力，进出境运输工具、货物、物品、关税等具体监管规定、法律责任等内容。现行《海关法》于 2000 年 7 月 8 日修正，2001 年 1 月 1 日实施，分为 9 章 102 条，对 1987 年《海关法》作出了大规模的修改调整，重点增加了“海关事务担保”“执法监督”两章。其中“执法监督”一章实际上是与海关工作人员管理相关的重要问题的规定。至此，我国单行《海关法》调整的范围已经从海关与行政相对人纵向管理和横向协调合作关系，扩展至既包括海关与行政相对人的外部关系，也包括海关内部管理关系，从而成为一部涵盖海关职能、任务、机构、权力、业务、管理工作等海关基本制度、海关管理主要内容的完整的海关基本法律。《海关法》作为海关职能活动的最基本的法律依据，在整个海关法律体系中居于核心地位，与其他行政管理部门的单行法律相比，《海关法》具有更强的综合性。与此同时，国家还制定了一系列配套的单行法规，如《关税条例》《海关行政处罚实施条例》等，构成了完整的海关法律体系。

单行《海关法》作为“母法”，是海关各类法律规范的基础，应该为海关各类法律规范的制定提供基本依据。实际上，海关具体的法律制度规定的出台先后有序，单行《海关法》在制定之时不可能涵盖所有海关法律关系，需要根据事物发展以及人们观念、理念和认知的变化而不断修改完善。虽然海关关衔制度已经成为海关队伍管理的基础性制度，在当前海关管理工作中具有重要意义，并在立法层面具体由《关衔条例》和《海关关衔标志式样和佩戴办法》进行规定，其中前者属于法律，实际上与《海关法》处于同等法律效力位阶；但由于当前《海关法》作出重大修改的时间为 2000 年，早于关衔制度的立法时间，所以 2000 年《海关法》不可能也没有为关衔制度留有法条上支持“即插即用”的“接口”或进行“预授权”。然而，从法律关系从属情况来看，海关关衔制度应该在《海关法》这一海关最基本的基础性法律中有所依据、有所体现。可惜的是，自2003年海关关衔制度立法以来，《海关法》先后经历2013年6月29日、2013年12月28日、2016年11月7日、2017年11月4日四次修正，但修正内容主要为海关业务管理的具体法律规范，而未对海关内部管理相关法律规范进行修改，为此海关关衔制度一直未能纳入单行《海关法》之中，这不能不说是《海关法》立法上的遗漏。

（二）关衔制度适用对象范围较为狭窄

《关衔条例》起草者考虑到海关队伍主体是公务员，为了严格控制关衔授予范围，并使关衔授予与海关行政执法紧密结合，《关衔条例》规定了可以授予关衔的人员范围仅限于海关总署、分署、特派员办公室、各直属海关、隶属海关和办事处的国家公务员。[1]

机构改革后，海关业务和队伍情况已经发生较大变化。海关执法工作在原来的海关监管、税费征管基础上，增加了出入境卫生检疫、动植物检验检疫、进出口食品、化妆品安全和检验检疫、其他进出口商品检验等技术性、专业性更强的执法工作。可以说，机构改革后，海关执法工作已从过去的偏重行政执法向专业执法转变。与此同时，海关工作人员规模迅速扩大，纳入了原检验检疫系统公务员及大量的事业编制人员。海关工作人员队伍，已经初步形成了以公务员为主体，以事业编制人员为重要组成，以合同制人员为补充的人员结构。其中，原出入境检验检疫部门大量的高素质实验室人才均为事业编制人员，加上原来海关从事海关信息技术、海关院校的工作人员，海关事业编制人员队伍为有关海关执法提供了不可或缺的基础性科研支撑和科技保障，海关事业编制人

〔1〕 参见牟新生：《关于〈中华人民共和国海关关衔条例（草案）〉的说明——2002年12月24日在第九届全国人民代表大会常务委员会第三十一次会议上》，载全国人大网，http://www.npac.gov.cn/wszl/gongbao/2003-04/04content_5312206.htm，最后访问时间：2020年2月24日。

员已经成为海关专业执法的重要力量。可以说，关衔制度实施之初所针对的海关队伍结构情况已经时移世易。现行海关关衔制度未将事业单位人员纳入的做法，已经不适应机构改革后海关执法工作以及队伍建设的需要，并可能带来较大的负面影响，不利于新海关队伍成为一支有机整合的执法力量，也不利于海关执法向统一性、专业性的方向迈进。

（三）关衔等级设置与现行海关管理工作实际不相适应

我国海关关衔以体现职务等级为主，设置为五等十三级。从实际运行情况来看，由于关衔衔级结构不尽合理，在衔级设计时沿用“一衔多级”的思路，大部分衔级一级可对应两个职务层次甚至三个职务层次，且海关公务员队伍以主任科员职务为多数，从而导致授衔人员的衔级过于集中在“关务督察”一等，并出现领导职务级别高而衔级低、非领导职务级别低而衔级高的“职衔倒挂”现象。关衔并不能准确对外标识海关关员职级高低的情况，从某种意义上说，关衔作为“标志”的基础性功能本身存在“先天缺陷”。

同时，随着国家公务员分类改革和职务与职级并行制度普遍推行，以及机构改革后海关人员队伍结构明显变化，对现有海关关衔设置结构进行调整的迫切性越发明显。根据有关规定，综合管理类公务员职级层次（对应原来正厅局级及以下）分为四等十二级，专业技术类公务员职务（对应原来正厅局级及以下、科员级及以上）分为四等十一级，行政执法类公务员职务（对应原来副厅局级及以下）分为四等十一级。按照实施公务员分类改革和职务与职级并行制度工作的要求，海关公务员队伍首先划分为综合管理类和行政执法类，专业技术类公务员待国家进一步部署实施。按照现行关衔衔级设置情况，海关正厅局级及以下公务员可授予的关衔级别仅为四等十一级，无法与有关公务员职级层次进行合理对应，必然会出现不同职级公务员授予同一范围关衔等级的情况，关衔所具有的标识不同人员职级差异的基本功能将大部分丧失。此外，由于职务职级并行制度实施后，非领导职务将退出历史舞台，原来关衔等级设置及授予所根据的公务员非领导职务有关规定将不复存在，关衔制度实际上将无法有效运行。

三、我国海关关衔制度立法的完善建议

（一）关衔制度立法要紧扣海关执法实际需要

海关是国家进出境监督管理机关，具有很强的统一性和涉外性。按照中央关于扩大对外开放的部署要求，海关要同步强化监管优化服务，切实维护国门安全，进一步优化口岸营商环境。当前，全国通关一体化改革在持续深化，海关正按照“统一执法、分类施策、精准监管、协同高效”的原则，持续推进重点领域和关键环节改革，建立高效便捷的申报制度、协同优化的风险管理制度、衔接有序的监管作业制度、统一规范的通关制度、自由便利的特定区域海关监管制度，形成符合新职能需要的监管制度体系。关衔制度立法的完善，必须适应新时代对外开放的要求，必须适应海关全面深化业务改革的要求，从有利于强化对海关各项执法工作的层级管理机制和执法监督制约，提升海关执法管理工作质量和工作效率出发，形成一套便于海关高效、统一处理检查、检验、检疫工作的人员队伍管理体制，从而促使海关能够更好地完成国家赋予的各项任务。

与此同时，随着我国对外的大门越开越大，海关在开展国际合作、服务外交大局方面的作用更加明显。特别是海关机构改革后，海关监管职责更多，业务范围更广，我国海关与世界海关组织等国际组织以及我国贸易伙伴国家或地区有关政府部门的业务交往更加频繁，需经常进行业务接触或工作会晤。关衔制度立法完善，应有利于海关在对外交往中落实对等原则，有效对外标识海关关员的级别，为我国海关更自信地走向世界海关舞台中央、全方位扩大国际合作、积极参与世界海关治理体系改革和建设提供有利条件。

（二）关衔制度立法要符合海关队伍建设实际需要

提高海关队伍整体素质是当前海关队伍建设的重中之重。关衔制度是海关队伍管理的基础性制度之一，与海关工作人员招录、教育培训、职务升降、考核奖惩、工资福利待遇等各项管理制度措施紧密挂钩。关

衔制度在立法方面，应进一步严格关衔升降等管理程序，以督促和激励海关工作人员以更高的标准严格要求自己，加强学习工作，自觉提高政治能力、业务能力和执法能力。

另外，关衔衔级是国家建立的对于海关工作人员个人德才表现、综合能力、工作业绩和贡献等各方面的评价体系，是国家给予海关工作人员的荣誉，体现的是国家对海关工作人员职业生涯个人价值和社会价值的认可。授予海关工作人员关衔，是给予海关工作人员的崇高荣誉，体现了国家对海关工作的重视和支持。为此，关衔制度立法，特别是关衔级别设置等方面，应更加重视发挥关衔对海关工作人员担当作为、干事创业积极性和主动性的激励作用。与此同时，也要便于人民群众对海关执法工作以及海关工作人员进行监督，促使每一个海关工作人员增强组织纪律观念，打造清廉海关。

（三）关衔制度立法应借鉴国内外相关制度立法

1. 部分国家、地区关衔制度的立法概况

目前许多国家和地区都对其海关实行了关衔制度，这是由海关工作性质和特点所决定的。基于政治制度、法律制度、民族文化和历史习惯的不同，不同国家（地区）在关衔制度立法方面的具体表现形式并不一致，大致可划分为确定型、委任型、准用型、间接确认型四种类型。

（1）确定型

所谓确定型，就是指在海关法有关内部组织管理的条文中直接对海关人员衔级制度及有关具体内容进行明确规定。譬如在我国香港地区，《香港海关条例》第5条明确规定“香港海关由附表1内指明的职位组成”，并在附表1中具体列明了关长、副关长、助理关长、总监督、高级监督等11个职衔名称。[2]譬如在我国台湾地区，“关务人员人事条例”将“关务人员”分为关务、技术两类，规定了“监、正、高员、员、佐”五“官称”，每个“官称”分别对应不同“阶区”，并根据有关分类对有关任用、

〔2〕 具体参见《香港海关条例》第5条以及附表1。

待遇、考核等问题进行规定。[3]

（2）委任型

所谓委任型，就是指海关法有关内部组织管理的条文中虽然没有明确规定海关人员衔级制度及具体内容，但授权由某一专门机关对海关人员衔级等问题加以规定。譬如新加坡海关法授权海关上级部门（财政部）的部长就海关关员衔级、标志、等级徽章、着装及装备制定具体规例。[4]譬如《2015年澳大利亚边境执法局法》（Australian Border Force Act 2015）授权边境执法局上级部门（内政事务部）秘书长根据《1999年公务法》对边境执法局工作人员不同职级资格条件制定具体的规例。[5]

（3）准用型

所谓准用型，就是指在海关法有关内部组织管理的条文中没有对海关人员衔级等问题进行具体规定，而是指出了应援引的其他法律法规。譬如我国澳门地区，《澳门特别行政区海关》第8条对海关人员进行规定，明确海关人员由海关关员和文职人员组成；海关关员由专有制度规范；文职人员由公职的一般制度规范。其中，海关关员职级问题，由《海关关员职程、职位及报酬制度》具体进行规定。[6]

（4）间接确认型

所谓间接确认型，就是指海关法有关内部组织管理的条文中没有对海关人员衔级等问题进行规定，而是在其他条款中对海关人员职务衔级的制度安排予以间接确认。譬如《法国海关法典》中，并没有对海关人

---

〔3〕 我国台湾地区并未制定单一“海关法”，“关务人员人事条例”作为广义“海关法”的一部单行“法律”，对“关务”人员管理事宜进行规定，其中“总则第4条”对“关务人员”职衔进行了规定。

〔4〕 具体见《新加坡海关法》（CUSTOMS ACT）2004年修订版，第143条第1款b项。

〔5〕 2015年7月1日起，澳大利亚海关与边境保护局、移民与边境保护部合并，新成立了边境执法局，隶属于内政事务部。有关授权法律规定，可见《2015年澳大利亚边境执法局法》（Australian Border Force Act 2015）第55条第2款。

〔6〕 澳门海关关员分为基础职程和高级职程两大类，其中基础职程再细分为一般基础职程和专业职程两小类，各自对应设置不同衔级。具体见《澳门特别行政区海关》（第11/2001号法律）、《澳门特别行政区海关关员职程、职位及报酬制度》（第3/2003号法律）。

员的职级衔级问题进行规定的专门条文，但在“海关关员的权力”一章，明确了包括“办公场所进入权及住宅搜查权”“查阅文件资料权”等不同种类权力，需由不同衔级的关员行使或者不同衔级的关员授权下才能行使，从而间接确认了该国海关人员实行衔级管理制度。[7]与之相似，《1930年美国关税法》在海关工作人员权力的具体相关条文中也间接确认了该国海关工作人员的衔级管理制度。[8]

2. 我国其他行政部门人员衔级制度立法情况

当前，在我国行政部门中，除海关队伍外，有三个部门人员队伍实行衔级制度，包括人民警察实行警衔制度，驻外外交人员实行外交衔级制度，国家综合性消防救援队伍实行消防救援衔制度。

（1）警衔制度

现行警衔制度的立法始于1992年出台的《人民警察警衔条例》及配套的《人民警察警衔标志式样和佩带办法》,1995年2月28日出台的《人民警察法》则在组织管理一章对人民警察实行警衔制度作出了概括性规定。根据现行有关制度和实际做法，警衔授予范围为全体人民警察，并未因人民警察的编制身份不同进行区分对待，譬如公安院校也实行警衔制度[9]。现行警衔制度分为五等十三级，分别按照担任行政职务的人民警察以及担任专业技术职务的人民警察两个序列授予警衔。

（2）外交衔级制度

2009年10月31日出台的《驻外外交人员法》确立了外交衔级制度。现行外交衔级设七级，并按照外交职务、领事职务两个序列，分别对应不同的外交衔级，其中外交职务基本上与外交衔级一一对应。由于外交工作不具备执法属性，为此，外交衔级制度更多地体现为内部管理和对外交往的标志性作用。

〔7〕 具体见国家口岸管理办公室编译:《法国海关法典》，中国海关出版社2016年版，第12–40页。

〔8〕 参见《1930年美国关税法》（TARRIF ACT OF 1930）第1509条。

〔9〕 参见徐炳全、郑婧伶:《借鉴事业单位人事制度改革经验调整公安院校警衔管理模式》，载《法制与经济》2010年第6期。

（3）消防救援衔制度

消防救援衔级制度是我国继警衔、关衔、外交衔后在行政部门实行的最新一种衔级制度，具体立法形式为2018年10月26日出台的《消防救援衔条例》和同年11月6日出台的《消防救援衔标志式样和佩戴办法》。根据国家综合性消防救援队伍的职业特点，消防救援衔按照管理指挥干部、专业技术干部和消防员三大序列，分别设置管理指挥干部消防衔三等十一级、专业技术干部消防救援衔二等八级、消防员救援衔三等八级，其中管理指挥人员职务层次与相关衔级一一对应。

（四）关衔制度立法要进一步对接时代发展需要

1.海关关衔制度写入《海关法》

从域外相关立法情况来看，海关人员衔级制度作为海关内部管理的基础性制度，无论是确定型、委任型、准用型或者间接确认型，均在单行海关法或相关海关组织法中对关衔制度予以确认。我国关衔制度以《关衔条例》单独立法，充分体现了国家对关衔制度的重视。但从我国海关法律体系来看，《海关法》作为规范海关管理活动的基础性法律，却没有对关衔制度这一内部管理基础性制度进行规定，不能不说是体系上的遗缺。与之相比，我国警衔制度、外交衔制度均在《人民警察法》《驻外外交人员法》等相关领域基础性法律进行规定。为此，建议将海关关衔制度写入修订后的《海关法》。

具体而言，现行《海关法》对海关队伍管理和海关工作人员具体要求的规定列在第七章“执法监督”。包括对海关工作人员的纪律要求、能力素质要求、海关关长交流制度、监督方式、内部控制、控告和检举、回避等内容。就立法技术而言，海关关衔制度作为海关队伍管理的基础性制度，应该列入“执法监督”一章，从而保证《海关法》内部结构的吻合与统一。同时，我国已制定了专门的《关衔条例》，规定了关衔等级设置、关衔授予、晋级、保留、降级、取消等详细内容。如果将有关内容完全吸收入《海关法》，一方面，会对现有单行《海关法》的体例造成冲击，毕竟我国海关法立法采取的是以单一海关法为基础、配套制定个别单行法规的模式，单行《海关法》的大多数条文采取的是概况授权的立法技巧，一般不展开翔实规定。如果单就关衔制度进行翔实规定，整体结构将显得十分突兀。另一方面，法律的制定和修改均需要耗费大量的立法资源和行政资源，既然当前已有较为完备的《关衔条例》，舍而不用，实属毫无必要的资源浪费。为此，建议参考国（境）外有关准用型立法模式以及我国《人民警察法》中警衔制度有关规定，建议在《海关法》"执法监督"中增加一条关于实施关衔制度的概括性规定，即"海关工作人员依法实行关衔制度"。

2. 适当扩充海关关衔授予对象范围

新时代海关执法及队伍状况变化显著，海关执法技术性和专业性强的特点更加突出，海关工作人员队伍中，事业编制身份人员数量占比较以往明显增大，其作用也发生了显著变化。过去，除科技战线、海关院校外，海关事业单位大部分人员从事的是为执法活动和行政运行提高协助服务保障的工作，以工勤岗位工作为主体，不直接参与或影响海关执法工作。但检验检疫职能和队伍并入海关后，原检验检疫系统大量的事业编制人员从事的是实验室岗位工作，对检验检疫执法工作给予专业技术支撑，直接影响到执法工作的准确性、可靠性、规范性和统一性。实际上，在机构改革后，海关事业单位人员组成已经发生了明显变化，其中为海关执法监管提供基础性科研、技术支持的专业技术人才虽然并无公务员身份，但在海关专业执法工作中发挥了重要的支持作用，毫无疑问，这部分人员是海关执法力量中不可分割的一部分。而从国内外有关衔级授予的情况来看，人员的身份不同本身并非一种天然的、不可逾越的客观障碍，而是一种制度的价值选择。为了适应新海关队伍的建设需要，参考有关部门队伍衔级授予立法情况，建议将海关关衔授予对象范围进行适当扩充，涵盖海关系统公务员及海关系统事业单位中担任管理岗位和专业技术岗位职务的工作人员。

3. 调整完善海关关衔等级设置体系

新修订的《公务员法》明确了公务员职位类别划分为综合管理类、

专业技术类和行政执法类等，并实行公务员职务职级并行。海关根据中央统一部署，从2019年6月1日新修订的《公务员法》实施之日起，实行综合管理类和行政执法类公务员分类管理制度以及职务职级并行制度。现行海关关衔等级设置以及有关晋升规定，一方面不能与增加的公务员职级设置合理对应，另一方面也因实行了多年的非领导职务规定成为历史，而彻底丧失了执行的参照系。同时，通过多年实际运行，“一衔多职”“一职多衔”的设置模式，导致“衔级集中”“职衔倒挂”的现象越发明显，严重影响了关衔作为区分海关工作人员等级、表明海关工作人员身份的称号、标志的作用发挥，有违设置关衔制度的初衷和目的。为此，参考域外有关海关衔级设置情况及我国有关行政执法部门衔级等级设置模式，建议在《海关法》修订中对海关关衔等级设置体系确立“一职一衔”的设置原则，在保持现有关衔五等十三级的主体框架不变的基础上，在“关务督办”一等增加“四级关务督办”一级，从而调整为五等十四级，与海关工作人员不同层次的职务（职级）一一对应。同时，结合公务员分类管理的工作实际，海关关衔按担任海关综合管理岗位、海关专业技术岗位、海关行政执法岗位三大类分别授予，并由此涵盖事业单位的管理岗位人员和专业技术人员。此外，如果就不同类别海关工作人员授予不同类型海关关衔或设置不同等级的衔级名称，可能实际意义不大且过于烦琐复杂，容易造成混乱。从简便易行的角度考虑，建议对担任专业技术岗位职务的海关工作人员，在关衔前冠以“专业技术”；对担任行政执法岗位职务的海关工作人员，在关衔前冠以“行政执法”，以示区别。

地方性法规立法论证存在的问题及对策建议

钟　望*

目　　次

内容提要：地方性法规的立法论证过程与特定政治文化圈的公民更加贴近，关系着当地群众的切身利益，其实施状况直接影响社会回应性和

---

* 钟望，中共广东省委党校科学社会主义与国际共产主义运动专业硕士研究生。

民众认可度。然而，与国外以立法论辩为核心的立法论证制度相比，我国地方性法规立法论证制度仍不够科学合理，在论证实践中出现了立法论证的主体不统一、客体不明确，立法论证程序缺乏完善的平衡机制，公众参与立法论证的成效欠佳以及立法论证的监督评估机制不完善等问题。问题的背后是部门利益主义与地方保护主义，效率与民主的矛盾，信息不对称以及公众关注与参与意识淡薄等系列阻碍因素在作祟。因此，必须实现地方性法规立法论证的法律化，构建科学有效的立法论证平衡机制，建构公众有效参与地方性法规立法论证的制度，完善立法后再论证机制以及构筑信息互通、常态互动的立法论证平台，推动立法论证全程智慧化。

关键词：立法论证　利益平衡机制　立法后再论证

前言

立法论证是对将立之法或已立之法本身及相关立法材料的论述与证成。目前，我国尚无关于立法论证的统一法律，立法论证的制度实践仍处于各地方自主探索的阶段，其中主要是对地方性法规进行立法论证。地方性法规的立法论证是地方立法实践发展的最新制度成果，但由于这一制度的实践时间不够长，理论研究亦未深入，因而存在诸多失范之处亟待完善。十九届中央全面深化改革领导小组第一次会议明确提出：“建立关于立法中涉及的重大利益调整论证咨询和争议较大的重要立法事项引入第三方评估的工作规范。”这意味着立法论证制度迎来了全面发展的黄金时期。本文通过对比中外立法论证的制度现状，剖析当前地方性法规立法论证存在的主要问题及原因，并提出针对性的对策建议以建构更完善的立法论证机制，进而有效破解地方立法的合法性、合理性难题，实现程序正义，彰显地方立法特色与魅力。

立法论证特别是公众参与地方性法规立法论证的理论构建是对“法律面前人人平等”这一传统理论的重大超越，意味着从适用法平等阶段向立法平等阶段的过渡，从司法论证的理论成熟到立法论证的理论成熟，亦是中国特色社会主义法治理论的突破与升华。我国学界在立法学方面的研究非常繁荣，但在立法论证这一新领域涉足尚浅，专门的研究较少，立法学的相关著作中也鲜有就立法论证进行专章论述。立法论证是立法程序的关键环节，重视程度与其实际价值的不匹配，严重阻碍了当前立法实践的发展。国内较早对立法论证进行研究的学者有郭道晖、汪全胜等，研究重点集中在立法论证的主体、客体以及功能等宏观概论层面。近些年来，沈启帆、莫纪宏、尹伟琴等学者在专家参与立法论证的作用、参与模式及相关制度保障层面等进行了深入分析并提出制度建构建议，将立法论证的研究推向了具体论证类型及制度构建的中微观层面。随着2015年《立法法》的再次修改和社会主义协商民主的不断发展，对立法论证的研究又迎来新的高潮，学界由聚焦专家参与立法论证，转向了新论证主体和立法协商层面，这得益于公众参与立法方面的研究热潮涌现。例如，在公众参与立法的作用及意义分析方面有万其刚的《立法的民主化和公众参与立法》[1]、朱景文的《关于立法的公众参与的几个问题》[2]；在公众参与立法的制度分析与构建方面有黄红星的《试论公民的立法参与权及制度保障》[3]、杨林的《公众参与立法问题研究》[4]。[5]学界普遍认为公众的参与应覆盖地方立法的全程，那么，公众参与到地方立法论证中便成了应有之义，当前实践中的立法听证在本质上就是公众参与立法论证的一种形式。正如王怡在《论立法过程中的事实论证》[6]中所指出的，立法事实的论证是立法论证的核心，而立法事实的论证是开放多元化的，吸纳了外部专家、公众等多元主体的共同参与。然而，目前我国学界对

〔1〕 万其刚:《立法的民主化和公众参与立法》，载《理论前沿》1999年第2期。

〔2〕 朱景文:《关于立法的公众参与的几个问题》，载《浙江社会科学》2000年第1期。

〔3〕 黄红星、沈铁胤:《试论公民的立法参与权及其制度保障》，载《经济工作导刊》2001年第4期。

〔4〕 杨林:《公众参与立法问题研究》，厦门大学2007年硕士学位论文。

〔5〕 参见马健:《地方立法社会参与机制研究——以淄博市为例》，山东大学2017年硕士学位论文，第1–2页。

〔6〕 王怡:《论立法过程中的事实论证》，载《政治与法律》2018年第7期。

于公众如何有效参与地方立法论证、如何建构立法论证中的利益平衡机制以及如何利用新技术破解立法论证中效率与民主矛盾等问题，并没有明确提出和深入研讨，因此，地方性法规的立法论证研究仍存在巨大的理论空白。

一、国内外立法论证制度之现状

（一）国内立法论证制度的现状

与国外相比，我国的立法论证实践主要还是各地方的立法论证实践。我国至今还没有上升为法律层面的关于立法论证的比较具体的专门规定，但在地方立法论证的制度实践中，有些省份作出了表率，如《广东省人民代表大会常务委员会立法论证工作规定》就对立法论证制度作了专门规定，同时，《广东省立项论证工作规定（试行）》还对立项论证作了专门规定。2013 年 8 月 28 日，广东省人大常委会邀请立法咨询专家就修订《广东省建设工程质量管理条例》的有关问题进行立法论证，这是该届常委会组建立法咨询专家库后，首次就具体法规召开立法论证会。此外，广东省深圳市还率先引入了立法辩论机制。

1999 年，广东省人大常委会在制定《广东省建设工程招标管理条例》时专门举行的听证会，是听证制度在立法领域的首次应用，带动了听证制度向前发展。2000 年通过的《立法法》正式将听证制度作为立法活动的程序性规则加以确定，标志着我国将听证制度从行政领域扩展到立法领域，为公民更好地参与国家立法活动提供了法律依据。立法听证本质上就是公众参与立法论证的一种形式。安徽省政府是国内较早对规范性法律文件的实施效果进行测评的地方立法主体，由政府法制办组织测评并提出修改或废止的提议。目前山东、云南、北京、四川等省市人大也开始定期对地方性法规开展立法后的评估工作，这其实就是立法后再论证的一种表现形式。

（二）国外立法论证制度的现状

西方发达国家在立法论证方面设计了较为完备的制度体系。在立项审议阶段，提案会交由议会论证，议会论证是立法论证实践的普遍形式，西方发达国家立法论证制度之精髓在于立法论辩制度，其议会在进行法规立项和法规审议时，都需要在议会全院大会或委员会上进行交互式的辩论，以确保法律的可行性与合理性。

在英国，立法论辩分为平民院与贵族院的论辩，虽然两院具体规则有一定区别，但都体现了哈贝马斯的法律商谈精神。在美国，由国会全体议员对法案进行审议，审议程序赋予了每一位议员充分辩论的机会，其辩论制度的特色主要体现在一般辩论和“五分钟规则”。法国的议会论辩特色主要集中在立法论辩的前置程序上，只有获得相关常设委员会的审议报告才能开展一般论辩，并且，常设委员会须派人对法案的各相关资料进行简要说明。

此外，还有一种社会论证制度，与上述的议会论证不同，俄罗斯联邦社会院是非官方的民间组织，但它几乎可以对全部规范性法律文件草案进行社会论证。俄罗斯联邦社会院通过工作组开展相关工作，审议通过结论性报告初稿，但作为一个咨议性机构，其结论报告只有协商的性质而无强制性。

二、地方性法规立法论证实践之问题分析

（一）地方性法规立法论证的主体不统一、客体不明确

我国目前尚无冠以立法论证的统一法律，最新的《立法法》也仅在最抽象层面提及了立法论证，而无具体的规定。对于地方性法规的立法论证，各地的规定特别是对论证主体的规定存在较大差异，而且均忽视了论证客体方面。主体不统一、客体不明确的现状破坏了法律的体系化，各地探索的有益成果也并没有作为普遍经验而推广，没有上升为更高位阶的法律，这对立法论证效果的发挥也是阻碍性的。上下位阶法律之间正因能够互相推演、一以贯之且同位阶法律之间各具特色而互不冲突，法律才能成为体系。正如王怡教授所言：“法律系统由不同层级的规范组成，人们从基本规范出发，进行演绎，可以得到其他规范，由此才形成

了法律规范的‘统一体’。”[7]

首先，在主体层面，迫切需要一部统一的法律规定论证主体以指导论证实践。在论证主体方面，近些年越来越多的地方引入了专家论证，如浙江、山东、湖北、广东等地。专家论证在一些专业性、技术性较强的领域具有突出作用，如我国的《证券法》就是以厉以宁为首的一批专家学者经过充分论证的产物，有人说这是我国第一部专家型的立法。[8]但仍有较多地方依旧把主体范围限制在最初的立法人员上，随着时代的发展，当前地方立法论证主体还应该囊括公众。这种差异性与滞后性在试点和摸索阶段是不可避免的，但当条件允许时，应当制定统一的法律来规范各地论证主体的范围，否则会直接导致法制统一的破坏，也违反了单一制原则。

其次，在客体方面，普遍的忽视导致了极大的不明确与随意性。所谓客体就是论证的对象，即地方性法规的立法论证究竟要论证些什么。虽然新修订的《立法法》将设区市地方性法规的内容范围进一步地规定为“城乡建设与管理、环境保护与历史文化保护等方面的事项”，但这仍是一种较为抽象的列举，还多了个“等”字，放大了其模糊性。立法论证究竟论证些什么呢？立法形式、立法条件是否需要论证呢？既然立法前有立项论证，那立法后需不需要根据社会反馈对立法进行再论证呢？当前制度层面对立法论证客体的范围仍存在巨大的完善空间。

这种主体上的不统一和客体上的不明确，极容易导致地方立法的权力过线和内容不规范，也就影响到了央地权属关系的良性互动与发展。因此，必须有一部权威统一的法律对地方性法规立法论证的主客体方面进行专门规定。

（二）地方性法规立法论证程序缺乏完善的平衡机制

立法中的利益平衡机制是指通过制度化的设计和规范化的程序，对

〔7〕王怡：《论立法过程中的事实论证》，载《政治与法律》2018年第7期。

〔8〕参见汪全胜：《立法论证探讨》，载《政治与法律》2001年第3期。

不同利益进行识别、选择、对抗、整合，最终达到一个平衡点。在利益多元的现代社会里，利益冲突普遍存在，我国正处于转型期，更是矛盾的易爆发期，各种各样的冲突主要表现为公权力之间、公权力与私权利之间以及私权利与私权利之间的冲突等。在立法论证的过程中也同样存在以上冲突，随着立法民主化的不断发展，公权力与私权利的冲突越来越明显，而两者在立法论证运行机制中的地位却较为失衡，平衡机制的缺乏极易导致立法论证流于形式。在我国，虽然国家机关与人民利益根本上是一致的，但是在具体利益面前，受权力本身的特性影响，一旦缺乏平衡机制，容易导致公权力凌驾于私权利之上。平衡机制失灵的关键还在于信息的不对称，信息不对称之下的所谓平衡实质上是隐性的信息绑架，即使存在多方利益发表团体，也达不到充分的论证效果。信息不对称主要体现在立法者之间的信息不对称、其他专门委员会与法制委员会的信息不对称、立法者与社会的信息不对称、公众参与立法论证时与立法机关之间的信息不对称等。立法需要论证，而论证需要信息，信息是有效论证的基础，论证是充分的商谈与辩论，只有获取足够的信息才能进行充分的论证进而不断地接近真理。信息不对称实质上形成了话语霸权，也就极易导致各方论证主体地位的实际不平等和整个论证过程的形式化。

这一种不完善的平衡机制在立法论证实践中主要体现在：第一，私权利主体利益诉求表达的受阻，渠道单一且缺乏实质性影响；第二，人大代表不能有效识别利益冲突，难以准确表达和坚决维护选民利益；第三，由于制度不完善，立法机关在整合利益时缺乏双向沟通，容易导致职权主义倾向而使利益处理可能不公正；第四，利益整合机制的缺陷、审议程序表决机制的不完善导致了法律的社会实效并不理想，甚至引发社会冲突。

（三）公众参与地方性法规立法论证的成效欠佳

让公众有序地参与到地方立法论证的全过程，是现代法治的要求，有益于促进立法效果的提高，有益于维护法制的统一与提升公民政治素养。然而，目前我国公众参与地方立法论证的程度不足、积极性不高，成效欠佳。随着市场经济的快速发展，社会经济管理类的地方性法规也在爆炸性增加，却经常出现与其他社会规范或民众主流观念相抵触的情形，往往就是因为地方法规立、改、废活动中公众参与论证严重不足。正如魏源所言："强人之所不能，法必不立；禁人之所必犯，法必不行。虽然，立能行之法，禁能革之事，而求治太速，疾恶太严，革弊太尽，亦有激而反之者矣；用人太骤，听言太轻，处己太峻，亦有能发不能收之者矣。"〔9〕而且，一个地方性法规的调整如果不能顺应民意，其合法性会遭到严重质疑，而一旦在合法性上存在问题，则必然会受到公众的质疑甚至是司法机关和执法机关的放弃，其实效性也就大打了折扣。

公众参与立法论证的成效欠佳，究其根本，是效率与民主的矛盾在作祟。效率关系效益，民主关系正义，都是我们所追求的价值，但这两者却时常发生冲突，在立法论证中自然也不例外。每年的立法计划能否按期完成是衡量人大常委会立法工作成效的重要指标，增强民主性往往会直接导致立法效率的降低。〔10〕民主是合意的过程，合意的形成需要耗时耗力，相对于单个人的决定而言，无疑是低效率的。但民主在现代社会是不可或缺的，且从长远来看，相比于独断导致的错误反复和拯救恢复而言，民主无疑是更稳定和较高效率的。面对这一错综复杂的矛盾，不能顾此失彼或放任自流，必须直面矛盾，寻找解决之道。笔者认为解决这个矛盾的核心在于两者相统一，统一的基点在于民主程度与社会物质技术条件相适应。必须清醒地认识到民主是具有阶级性与阶段性的，任何民主制度都必须与经济基础相适应，否则只会导致议而难决甚至议而不决，带来低效和滥用。例如，在20世纪互联网技术还不发达的时候，各种问政方式都没有现在的网络问政来得直接、简便和快捷，这就是效率与民主的相得益彰。以前很多关于民主的美好设想，在当今时代也迎

〔9〕 魏源:《魏源集》，中华书局1976年版，第45页。

〔10〕 参见何晓明:《论地方立法的民主化》，浙江大学2004年硕士学位论文，第21-22页。

来了得以实现的契机，现在人工智能的飞速发展更是给人民参政议政带来了无限可能，对公民在各种渠道发表的建议都可以用科技来实现高速的分类整理和实时的反馈。这样一来，既提高了民主程度又不影响效率，甚至能够得到效率的极大提高，这一民主与效率的和谐秘籍在于实现了民主制度与社会物质技术基础的高度统一。可见民主与效率的矛盾是一个重大的阻碍因素，但绝非无法解决或没有规律可循，只要掌握了客观规律，就能够找到兼容的基点。

成效欠佳还体现在论证的公开度、信息的共享度、群众的参与度以及公民论证对立法的压力度的不足，因此还需要相关制度的配套施行。如果不能让论证过程回归为一个公开的程序性表达和辩论式的博弈过程，那么公众的意见可能就不会被充分地考虑和采纳，以公众参与来粉饰民主的质疑也就不能消除。因此，必须以公开有效的利益表达和博弈机制来消除上述质疑并彰显出社会主义协商民主的优势。当然，传统文化的惯性以及公民素质等主观因素也是重要原因，但是立法毕竟关涉自身利益，没有人会对自己的利益漠不关心，因此只要参与渠道畅通，参与程序科学，并利用高技术使其便利，好制度使其权威正当，加上宣传与实例的示范效应，一传十十传百，公民心中便会形成这样的共识：立法论证要去参与，能去参与且很有实效。那么，意识淡薄的现象会得到根本的扭转。

（四）地方性法规立法论证的监督评估机制不完善

长期以来，学界以及地方立法机构均认为立法评估或者论证都只是对法律提案是否通过的论证和评估，后来扩展到了立项论证，这是巨大的进步，当前我们则应加大对立法后的评估式论证的研究以建构立法全程论证制度。在实践中，立法评估很多时候异变为走过场的形式主义把戏。要解决“走过场”问题，必须引进第三方机构独立评估和建构公众参与立法评估制度，促使立法更科学，机制更完备。此外，这种不完善还体现在评估工作的专业程度并不高，缺乏充分的社会调研和对民意的精准凝练。

地方性法规立法论证的监督评估机制失灵的深层因素在于部门利益

主义与地方保护主义的阻碍。部门对口式的立法起草模式造就了部门利益主义的温床，封闭式的地域保护主义立法练就了一双狭隘的眼光，部门利益主义与地方保护主义严重地限制了立法论证的发展，导致很长一段时间立法论证得不到应有重视，至今仍无关于立法论证的统一法律出台。即使部分地方有一定的立法论证文件出台，也主要限于机关内部论证的规定，这样的论证始终无法跳出部门与地方的藩篱，甚至使立法论证异化，成了部门与地方争夺利益的途径，如出台一些排外性的政策法规，不适当地增设机构、设置许可，争夺管辖范围或实质上达成了强化某部门权力的效果等。

以河南种子纠纷案为例，正是因为河南省立法机关固守农业主管部门利益，在《种子法》出台后依旧不对《河南省农作物种子管理条例》（现已失效）进行立法后再论证，导致直接的法律冲突等消极后果。再例如，对一些同一社会关系的调整，由于涉及部门和地方的利益而被分散立法，如劳动力市场本就包含了人才市场，而北京、武汉、广州等省市在对劳动力市场进行规范时，从劳动力市场中再分割出一个人才市场，两个市场分别制定劳动力市场管理条例和人才市场管理条例，然后这两个市场便顺理成章地由劳动行政部门和人事行政部门各自管理。此外，扩权现象也比较明显，表现为立法权的不当使用，如四川省人大常委会制定的《四川省地方志工作条例》，用地方性法规来规范“地方志”工作，将这种领域的调整上升到地方性法规的层次似乎不大合适，对地方群众而言也不具有普遍性意义，这就在一定程度上降低了地方性法规的立法效益。〔11〕

三、完善地方性法规立法论证制度之对策建议

（一）实现地方性法规立法论证的法律化

建立一部统一的法律来规范立法主体和客体是破解立法论证乱象和

〔11〕 参见罗锐:《地方立法中的部门利益倾向及其控制对策研究》，四川大学2004年硕士学位论文，第17–18页。

异化的必由之路，但这并不是说简单地把各地立法论证的相关规定照搬照抄即可，亦不是指有法律规定就万事大吉了，法律化的关键除了升位阶，还要确保科学合理。

主体方面，总结各地方关于论证主体的规定和实践经验并上升为法律，制定《立法论证法》或《立法程序法》，将立法程序各环节统合于一身。同时，还要与时俱进地进一步扩大论证的主体，丰富论证渠道。目前各地地方性法规立法论证的受邀请参与者主要还是与立法机关有密切联系的专家学者，这固然符合立法的专业性需求，但单凭“专家论证”能否解决立法合法性、合理性难题，或者能否真正消除“挟带私货”的嫌疑，难免令人疑虑。恰恰是因为立法离民众太过遥远，才导致今天国家供给的规则越来越多，但民众的守法意识却越来越淡薄。大众的生活规则，为何大众不能制定？圈养式的精英立法，也许看起来完美，但是不接地气的立法没有生命力，只能沦为摆设的花瓶，而且促使潜规则和“土政策”大行其道。随着地方立法权的进一步扩大，地方性法规的论证主体也应该扩大，地方性法规的立法论证应与特定政治文化圈的公众更加贴近，让公众更直接地参与与其切身利益相关的立法过程，会极大增强立法的社会实效性和民众亲和力。立法论证既需要体制内人员也需要体制外人员，既需要有利害关系人的当事方也需要中立方特别是公众组成的利益团体参与论证，而且要从立法源头开始直到立法后均保障公民的论证权与再论证权，以建构一个完备的立法论证全流程机制。

客体方面，无论是对形式客体还是内容客体方面的论证都需要一部专门的法律进行规范。规范形式方面是指对立法语言技术、地方性法规的名称等格式化内容进行规范。需要强调的是，对内容方面的规范不应局限于规范提案的论证，而是从立法项目的提出开始一直到立法后的整个立法全程均需规范化论证。所谓的立法后的再论证就是对既定法的评估，对社会批评及否定意见的反馈与处理，经过规范论证达成的论证报告将对法的命运具有决定性意义，即对该法应继续保留还是修改完善抑或直接废除等。目前，我国安徽、山东、北京等省市人大根据对既定法实施效果的测评报告，对既定法进行维持、修改或废止的论证活动，其实就是一种立法后的再论证。

（二）构建科学有效的立法论证平衡机制

科学的立法论证平衡机制是一个系统工程，也是有效论证的核心机制，所谓完善的立法论证制度也主要体现在其具有科学的利益平衡机制。公权力冲突的平衡化解机制不健全导致了立法论证中部门利益主义的盛行，必须坚持人大主导立法，让人大深入立法全过程，才能根除部门主义。而公权力与私权利之间的失衡，需要的是科学的公众参与立法论证程序，尤其是公众利益团体的参与。平衡机制具有整合的效能，能够融贯公共自主与私人自主，整合各方利益和平衡国家权力与公民权利，实现多元社会主体之间的共商立法。〔12〕

构建科学的立法论证平衡机制，首先，要建立信息对称机制，关键在于制度的构建要立足全局并倾斜弱势信息方，尤其是要多向体制外的人员有所倾斜，才能让信息公开更有效，在制度的构建和完善的过程中要积极采用新技术，推动信息公开智能化、实时化，建立地方政务智慧化信息共享大平台，形成互通互享的格局，政府在信息公开方面要加大投入，把信息公开工作列入年度考核指标，设立专门机构，配备专门的人员，保障相关信息公开经费。其次，要畅通公众参与立法论证的渠道和创新参与论证的形式，要让公众积极参与政治生活首要的是确保政治生活参与的便捷性，同时各方论证主体要体现其代表利益的广泛性。再次，尤其要注重立法论证的辩论机制的完善，必须平等对话，观点交锋，服从程序，达成结论，而且通过辩论机制形成的最后结论必须对立法机关具有强大约束力，不能任意推翻。最后，要积极引入公众利益团体进行参与，这是平衡的关键。这里说的公众利益团体不是西方意义上的利益集团，西方意义上的利益集团指的是压力集团，而本文所指的是一种

〔12〕 参见何建中：《试论地方立法中利益平衡机制的完善》，苏州大学2015年硕士学位论文，第4-5页。

利益表达的集合体。目前，我国利益团体参加立法论证并不多，更多的是公民个人与国家机关的博弈，或者是与国家有密切联系的社会团体与国家机关的博弈，而相对中立的利益团体与国家机关的博弈则较为少见。立法毕竟涉及面较广，往往还牵涉专业问题，因此，由公民自发组成利益团体参与到立法论证中去表达利益，比单纯的公民个人参与往往更具有现实性、专业性与规范性，避免了盲目性也必将更合理有效。目前我国正通过群团改革以增强社团的独立性、自治性，但由于现实中领导干部兼职社团领导现象仍比较突出，利益团体的作用仍受到较大的限制。

总之，地方立法者应全力支持并真诚引导公众有效地参与到立法论证的全程，特别是应鼓励公民个体组成公众利益团体参与到地方立法论证的全程，不断提高公众参与地方立法论证的能力和政治素养。

（三）建构公众有效参与地方性法规立法论证的制度

要建构公众有效参与地方性法规立法论证的制度，必须转变参与模式，由邀请公民参与式的消极参与论证向自发维权式、听证式的参与论证，再向自觉主动参与式的常态参与论证转变。[13]笔者认为，要实现向主动式参与的转变需要做到以下几点：

其一，扩大和规范公众参与立法论证的利益表达渠道和平台，充实公众立法参与的实体权利，尤其是在结社权方面，应当赋予公众更大的自由，实现社会论证。结社仅是利益团体的结合，是有组织地表达而不是游行示威式的对抗与宣示，只要在法律的范围内活动，就能够保证利益团体的良性发展。这也根本区别于西方的结社式政治运动与街头政治，更不是所谓的压力型政治集团，而是一种理性的利益表达和参与立法的组织形式。推动立法论证社会化首先要实现公众参与普遍化、常态化，要建构我国特色的社会论证制度，值得借鉴的是俄罗斯的社会论证实践。俄罗斯联邦社会院可以对各位阶的规范性法律文件草案进行社会论证，

〔13〕 参见李刚:《论地方立法中公众参与制度的建构》，中南民族大学 2008 年硕士学位论文，第 12–13 页。

但必须是已提交给相应国家机关、地方自治机关审议的规范性法律文件草案。[14]

其二，建立公众参与地方性法规立法论证的激励机制和责任机制。对参与立法论证的公众给予一定的补贴，并且保证其工作福利，不因公事致使其待遇受到削减。实行人民论证员制度，让公众参与立法调研、立法论证常态化、职业化、课题化和制度化，对守法且有重大贡献的论证员给予表彰等激励政策，对违法或违反诚实信用原则的公民可以实行罚款直至限制其论证权。

其三，建立科学合理的论证运行与决策机制，强化各论证主体的实质影响力。论证是辩论博弈的过程，但也需要共同协商以寻找各方利益的可接受点，因此，论证主持者应当综合各方利益诉求，与参与者一道推演不同建议的法律实施成本与效果，坚持最优化的原则，达成最大共识。同时，还要建构一种更为科学的决策机制，既不是立法机关说了算，也不是简单的多数决，而是依靠理性的说服与平等的协商来形成最优方案的决策过程，论证各方既是各自利益的表达者以及与对方进行博弈的辩论者，同时更是共同协商寻找最优方案兼顾最大利益的合作者。科学的决策程序不应忽视少数人的诉求，而应只遵从理性和论据。如果立法论证仅仅是辩论与主持者的裁决，而没有各方共同协商和集中各方智慧对法律建议进行论证完善的话，那么论证与听证可能区别并不大。论证不仅是听取各方辩论意见，论述、说服和证成一个集中集体智慧的最优方案也是各论证主体的任务，否则就只是观点的交锋和意见的交换，却没有共同努力去实质地解决问题，问题往往还是原来的问题，并没有得到真正的解决。

其四，在立法论证运行与决策的顺序方面，需要分阶段循序渐进，递进式进行。笔者认为，除了共识度比较高的法律建议以外，在实质论

---

〔14〕 参见裘敬梅：《社会论证——俄罗斯公民参与立法的重要形式》，载《中国人大》2010年第1期。

证层面一般应当遵循三步论证法：第一步充分说明，即对立法建议本身的内容及意义进行论证，这阶段的论证任务主要由提出建议方或支持方进行论证，其他方听取并对疑惑点请求说明，直至大家对建议有了充分了解。第二步充分辩论，此时各方对法律建议已有充分了解，开始表达和论证自己的观点，直到实现充分的辩论即再无新的论据论点，各方主要争议点清楚。第三步形成共识，这一阶段是各方共同商量，对不同建议进行推演，列出利弊分析，寻找最佳方案，直到共同达成一个普遍共识，即主要争议有所解决。这样，公众参与立法论证才能得以有效实现。

（四）完善立法后再论证机制

立法后的评估与立法后的再论证具有密切联系，评估结果一旦认定为具有较大争议或弊端，将引发立法后再论证。正如席涛所论述："立法后评估，重在评估立法实践，评估法律法规对经济、社会和环境的实际影响，评估社会执法、司法和守法的具体问题。"〔15〕目前我国立法评估制度仍很不完善，其破解之道就在于立法评估与立法后再论证都应引进第三方评估机构，而且赋予利害关系方对地方立法的再论证启动权及确立公众的救济性权利。

首先，必须出台统一的关于立法后评估和再论证的法律规范，可以由地方先行先试。目前我国地方对立法后再论证方面规定得比较早的是2008 年 12 月颁布的《广东省政府规章立法后评估规定》，必须认真总结各地实践中的有益经验，将之上升为统一法律从而实现各地立法后评估与论证的规范化、制度化。笔者认为，立法后的评估与再论证主要是通过一系列技术性较强的评估标准，经过公开、公平、公正的评估程序，对已经颁行了一段时间的地方性规范性法律文件进行全面的分析和评价，并对其评估结果进行论证和对评估不合格的立法提请再论证的活动。

其次，立法后的评估与再论证主要包括已立之法在形式、内容及实

〔15〕 席涛：《立法评估：评估什么和如何评估（上）——以中国立法评估为例》，载《政法论坛》2012 年第 5 期。

施效果上的合法性与合理性的论证，这丝毫离不开我国的宪法监督制度的建构和完善。目前立法论证实践主要涉及合理性论证而忽略了对合法性的论证，然而实践中合法性问题并不微小，如 2016 年贵阳市人大常委会委托贵州省法学会和贵州各高校的专家学者共同对贵阳市地方性法规进行评估，有超过百分之四十的法规涉及合法性问题，可见问题之严峻。对此，笔者认为应建立立法巡视制度以完善我国层层上报的合备案审查体制，通过巡视组加强上级人大对下级人大立法工作的监督，加强中央对地方立法的监督，由各立法巡视组接收群众对地方立法的审查意见，对于违反上位法和违反宪法的法律及时进行审查、清理及反馈。

再次，引进第三方机构评估和赋予公众启动立法再论证的动议权。公众参与立法评估与再论证，国外早有实践，如在英国，地方立法评估的主体不只是地方性法规、规章的制定机关，还包括地方公众，公众磋商制度在英国不仅是保证质量和获取信息的基本工具，也是对立法全程的一种规制。

最后，立法后的评估和再论证要更加注重成本效益分析，这也是法社会学的要义之所在，即“要把立法效益同社会效益合并起来考察”。[16] 但这并不意味着所有的法律法规都要经过成本效益评估，有关国家军事、外交方面的立法，程序性立法，执行性立法以及立法机关通过立法排除适用或认为可以不适用立法成本效益评估制度的，均在成本效益评估适用范围之外。[17] 西方国家非常注重立法成本效益分析，美国政府已经把成本效益分析视为一项基本要求，英国、德国等国家的法律也规定了成本效益分析原则。我国在这方面重视程度仍不够，虽然 2004 年颁布的《全面推进依法行政实施纲要》中规定了要积极探索立法项目的成本效益分析制度，但总体上还处于起步阶段，宣示意义更大些。笔者认为，无论是立法时还是立法后都应注重成本经济分析，但立法后评估要更加注重

〔16〕 郭道晖：《立法的效益与效率》，载《法学研究》1996 年第 2 期。

〔17〕 参见汪全胜：《立法成本效益评估制度的适用范围考察》，载《法学论坛》2016 年第 1 期。

成本效益分析，注重法律实效，这也是立法再论证的意义所在。

（五）构筑信息互通常态互动的立法论证平台

地方性法规立法论证的现代化，除了是立法论证制度等软件方面的现代化，还是论证技术设施等硬件方面的现代化。物质技术条件的每一次飞跃都会带来制度与观念的更新，因此要适时地用新技术来突破制度发展的瓶颈，走向现代化。当今时代是智慧时代，人工智能、区块链、5G通信技术以及AR、VR等新技术带来了生产力的飞跃，同时也推动了现代民主走向电子民主时代。公众的立法参与程度依赖于立法的公开程度，开门立法是立法平等的体现，德积陈重曾说过："立法公开的主要原因有三：文字之普及；善政之施行；民权之发达。"[18]推动地方治理能力现代化必须构筑一个信息互通常态互动的智慧化立法论证平台，建立公众参与立法论证全程的信息系统和打造公众全面参与立法协商的网络论坛等，这也是运用互联网思维的体现和破除效率与民主悖论的出路。

在这方面，美国有先见之明。美国政府机构高度重视互联网政务的建设，依靠功能强大的网站来加强立法透明度和便利公众参与立法，如联邦环保署开发的法规制定电子平台和联邦交通部开发的立法文件管理系统。通过该平台和系统，公众可以查询到所有的立法议题并实时发表评论、互相讨论，同时，政府部门也可以通过该系统迅速地与公众互动和反馈。这样的电子化实时互动，让立法全过程的信息都记录在了系统中，形成了庞大而透明的法规信息数据库。2012年起，美国地方政府陆续建立了首席数据官制度，将政府大数据实践活动提升到了新的台阶。

我国最早把先进网络技术应用到立法实践的案例是《广州市规章制定公众参与办法》的出台。该办法对规章制定的全程都实时公布在网，该市法制办在网上新设了一个电子卷宗栏目，对每一规章的动态进行实时更新，公布规章制定的各阶段材料，同时，公众在网络上所提的意见建议及相关部门对该意见的吸纳情况和理由都会及时公布在网。

〔18〕［日］穗积陈重：《法律进化论》，黄尊三译，中国政法大学出版社1977年版，第163页。

结合国内外已有的实践，我们应当推动地方性法规立法论证走向电子化、智慧化，建立立法论证辅助系统和公众参与立法论证大论坛，让立法机关与公众实时互动，让更多的人参与到立法论证的全程。立法论证辅助系统能够通过强大的 AI 技术在后台快速记录、分析和分类整理形成规范性材料，这既快速准确地集中了大众的智慧，又锻炼了民众的参政能力，增强了民众对法律的认同感，毕竟这是以主人翁的姿态亲自参与的。同时，要打造地方立法信息大数据中心，这既是政府决策的可靠信息源，又能够保证公众及时拥有全面、对称、准确、有效的信息，也就夯实了有效论证的前提和基础。此外，确保公众在信息互通、资源共享的基础上全程参与立法论证，还要加强相关配套设施的建立和完善，如建立项目齐全、简明易操的信息发布与反馈处理系统等。总之，务必使立法论证的全程借助新技术、新媒介来促进效率的提高和民主的深化，最终实现民主与效率的高度统一。

四、结语

立法论证是论辩与协商的统一，其目的不仅仅在于听取意见，亦不仅仅在于辩论本身，还在于通过各方充分论辩与协商，最后寻求和达成一个最优方案。从适法平等到立法平等，体现的是法律制度的不断社会化和民主程度的不断扩大化。推动地方性法规立法论证制度的法律化、社会化、现代化，就是要建立统一的立法论证法律规范，完善公众参与地方立法论证制度和实现立法论证智慧化，这是实现地方新法规立法论证科学化的关键，也是实现我国地方治理能力和治理体系现代化的必由之路。

目前我国的地方性法规立法论证制度还处于起步期，无疑有着巨大的理论与实践空白等待填补。学界必须坚持问题导向，辩证地看待问题，要清醒地认识到，地方性法规的立法论证实践中存在的种种问题都只是制度不完善所引发的问题，而不是立法论证所固有的弊端，这是完全可以克服的弊端。立法论证是个新事物，尚未成熟，它需要共同的智慧去推动发展，也需要我们有历史耐心，冷静分析和处理好各方面的关系，营造更好的制度环境和观念氛围，让立法论证发挥其最大优势并防止其异化。立法论证制度特别是公众参与立法论证制度在学界与实践中遇到了各种各样的非议，如认为公众参与立法论证会影响效率，地方立法权扩容到普通群众容易导致“法盲立法”等论调，但事物的发展总会有其过程，一定要不失信心，努力研究，共同推进，为更民主和法治的社会主义中国而奋斗。

PART 3

法律解释

Legal Interpretation

pp.119–178

强人工智能体刑事责任主体地位之肯定

韩婧颖　李振林*

目　次

内容提要：尽管真正拥有自由意识的强人工智能体尚未出现，但应用于特定领域的弱人工智能体早已如雨后春笋般涌现。强弱人工智能体的区分标准不在于其是否具有辨认能力和控制能力，而在于其是否存在自由意识和理解自身行为的能力。弱人

* 韩婧颖，华东政法大学硕士研究生；李振林，华东政法大学刑事法学院副教授。

工智能体没有自由意识，只是人类改造世界的工具，因此不可能、也不需要肯定弱人工智能体的刑事责任主体地位。强人工智能体可以基于意识进行自主选择，有可能拒绝服从编程的指令，亦可以通过自身强大的学习能力理解自身行为的意义，并一次次修改自身、完善自身。在此意义上，强人工智能体表现出了自由意识和理解自身行为意义之能力，具有独立辨认、控制自己行为的能力，根据刑法罪责自负的理念，应当肯定其刑事责任主体地位。对于强人工智能体实施的犯罪行为，传统刑罚体系已无法对其进行规制，但删除数据、修改程序和永久销毁亦无法实现刑罚的目的和功能，因此，可以考虑通过对其思考行动权进行剥夺的方式来实施刑罚处罚。

关键词：人工智能　刑事责任　犯罪主体　思考行动权

一、问题的提出

人工智能（Artificial Intelligence，AI），是指研究、开发用于模拟、延伸和扩展人的智能的理论、方法、技术及应用系统的一门新的技术科学，研究领域涵盖模式识别、医学诊断、人工神经网络、专家系统和自然语言处理等。人工智能的概念诞生于1956年达特茅斯会议，经过六十余年的发展，2016年，人工智能阿尔法狗（AlphaGo）终于在围棋领域"打败"了人类，2017年，依靠深度学习从零开始自我训练的阿尔法元（AlphaGo Zero）仅用时三天便强势战胜旧版阿尔法狗。在深度学习的"发明"以及神经网络理论重整旗鼓的支持下，人工智能技术迎来了发展新纪元，时至今日，人工智能已经融合了计算机科学、控制论、信息论、神经生理学、心理学、语言学等多种学科的研究成果，理论和技术日益成熟，应用领域也不断扩大。[1]人工智能产业的战略高地已成为各国的"必争之地"，我国更是将其纳入国家发展战略。2017年7月，国务院发布《新一代人工智能发展规划》，提出了面向2030年中国新一代人工智

〔1〕 刘宪权主编:《人工智能：刑法的时代挑战》，上海人民出版社2018年版，第157页。

能发展的指导思想、战略目标、重点任务和保障措施，部署构筑人工智能发展的先发优势。[2]2019 年 3 月，中央全面深化改革委员会第七次会议上，审议通过了《关于促进人工智能和实体经济深度融合的指导意见》，全面促进人工智能和实体产业的融合，人工智能商业化再迎改革红利。然而，不容忽视的是，红利与风险并存，人工智能的爆炸式发展为人类生活带来便利的同时，也为社会带来了较大的风险，无论是国内还是国外，人工智能产品“伤人”“杀人”事件频发。2015 年，一家德国工厂的一名工人在调试机器人时，后者突然“出手”击中工人胸部，致使这名工人当场死亡；[3]2016 年中国深圳高交会上，参展的智能机器人“小胖”突发故障，将展台玻璃砸碎，误伤路人；[4]2018 年，一辆优步（Uber）无人驾驶汽车在美国亚利桑那州与一名正在过马路的行人相撞，后者不治身亡。[5]人工智能侵权事件事实上早已存在，这些案例的发生在暴露人工智能产品自身存在缺陷的同时，也充分说明了法律应对不足带来的危害。

正如著名理论物理学家史蒂芬·霍金（Stephen William Hawking）所言，“人工智能的兴起可能成为人类历史上最糟糕的事情，也可能成为最美好的事情”。[6]法律作为社会保障的红线、底线，需要与国家政治、经济形态、人类进步的脉动同步。如何规范人工智能的发展以使其有益于社会，如何防范人工智能体实施危害社会的行为以保护人类社会，便成为人工智能新时代背景下刑法的重要任务。本文试通过设立较为科学、

---

〔2〕 国务院:《新一代人工智能发展规划》，载国务院官方网站，http://www.gov.cn/zhengce/content/2017-07/20/content_5211996.htm，最后访问时间：2019 年 7 月 22 日。

〔3〕《德国大众汽车工厂发生首起“机器人杀人”事件》，载搜狐网汽车频道，http://auto.sohu.com/20150703/n416102129.shtml，最后访问时间：2019 年 7 月 23 日。

〔4〕《深圳高交会小胖机器人伤人事件调查》，载搜狐网，http://www.sohu.com/a/119328367_152586，最后访问时间：2019 年 7 月 23 日。

〔5〕《Uber 发生全球首例自动驾驶撞死行人事故》，载搜狐网，http://www.sohu.com/a/225908567_117373，最后访问时间：2019 年 7 月 23 日。

〔6〕《霍金称人工智能或成为人类历史上最糟糕事件》，载 CSDN 网，https://blog.csdn.net/a2ni5kfdaio1e6/article/details/78535302，最后访问时间：2019 年 7 月 23 日。

合理的标准来区分强弱人工智能体，并充分论证强人工智能体具有刑事责任主体地位，应界定其责任承担与归属，同时探讨如何对强人工智能体实施的犯罪行为予以刑罚处罚，以未雨绸缪，为必将到来的强人工智能时代下的刑事立法贡献智识。

二、强弱人工智能体的区分标准

弱人工智能，是指没有自我认知功能的人工智能方法与系统，它是以大数据为基础，以机器学习方法为主要手段的初级智能。强人工智能，是指通过强大的计算能力而发展出各种智能处理手段，从感知智能过渡到具有机器自主意识和逻辑推理的认知智能，从而达到人类梦寐追求的通用智能。目前学术界主流观点认为区分强弱人工智能的依据是人工智能产品是否具有辨认能力和控制能力，该观点认为弱人工智能体在设计和编程范围内进行判断和决策，实现的是设计者或使用者的意志，因而不具有辨认、控制能力，强人工智能体可以超出设计和编程范围，进行自主决策，实现自身的意志，因而具有辨认、控制能力。〔7〕笔者认为，辨认能力与控制能力不应成为强弱人工智能体的区分标准，而应根据人工智能体是否具有自主意识与理解自身行为意义的能力进行判定和区分。

（一）辨认、控制能力不能成为强弱人工智能体的区分标准

首先，辨认能力和控制能力是对犯罪主体精神层面的要求，不应作为强弱人工智能体的区分标准。具体而言，我国《刑法》在规定精神病人的犯罪主体资格和刑事责任能力时，将辨认能力和控制能力作为刑事责任主体精神层面的要素，是科学合理的。但强弱人工智能体的区分核心在于人工智能体是否具有法律人格，进而是否能够成为犯罪主体和刑事责任主体，将精神层面的认定要素用于法律人格的鉴定，是不完全妥当的。这是因为，法律人格和人的精神是两个不同的概念，精神是由客观世界映射而成的抽象表征，法律人格则是指某一主体能

〔7〕刘宪权:《人工智能时代的“内忧”与“外患”》，载《东方法学》2018年第1期。

否成为法律意义上“人”的资格，是该主体享有权利、履行义务的基础，[8]既然是两个不同的概念，便不能因为辨认能力和控制能力是自然人精神层面正常与否的判断标准，而将之作为认定人工智能体法律人格有无的判断标准。

其次，辨认、控制能力的强弱难以界定，实践认定上存在困难。强弱人工智能体均具有一定程度的辨认能力和控制能力，如无人驾驶汽车，通过车载传感系统感知路面情况，在驾驶过程中自动调整速度，通过单目或多目摄像头完成避障任务，自动规划行车路线并控制车辆达到预定目标，足以证明其作为弱人工智能产品，可以完成类似人的视觉感知和简单逻辑判断，具有一定的辨认能力和控制能力，只因其本身智能程度较低，没有自由意识和深度学习的能力而无法被认定为强人工智能体。因此，单纯依靠辨认能力和控制能力无法严格区分强弱人工智能体。

最后，当下各国对于辨认、控制能力的判断主要采用生物学标准和心理学标准，即混合标准。例如，我国《刑法》第 18 条规定：“精神病人在不能辨认或者不能控制自己行为的时候造成危害结果，经法定程序鉴定确认的，不负刑事责任”。据此，认定自然人是否具有辨认能力、控制能力时，要进行医学和心理学的双重判定。第一，判断行为人是否患有精神疾病，第二，判断行为人是否因患有精神疾病而丧失辨认、控制能力。[9]辨认能力是知的要素，控制能力是情的要素，在心理学的判定中，必须从这两方面进行综合考量。由此可见，此标准主要依据自然人的生物特性构建，不应适用于人工智能体。自然人基于理性和对未来产生的结果自由决定实施好行为或者坏行为，而依靠“0，1”二进制的人工智能产品既没有生物性，技术暗箱的应用也使得人类无法通过编程探求其内心真意，因此不能以生物标准和心理状况为依据对人工智能体进行辨认、控制能力强弱的判定。

---

〔8〕 袁曾：《人工智能有限法律人格审视》，载《东方法学》2017 年第 5 期。

〔9〕 张明楷：《刑事责任能力若干问题的探讨》，载《中南政法学院学报》1994 年第 1 期。

（二）自由意识与理解能力应成为人工智能体的区分标准

有学者引用莫拉维克悖论（Moravec's paradox）[10]将自由意识看作自然人的专有属性，认为自由意志只能源自人类的大脑，即使人工智能体实施了超越编程之外的行为，最终也可以追溯到程序的设定，人工智能体永远是人类的衍生品，不可能产生自由意识。笔者认为，此种观点盖因“人类中心主义”理念使然，智能不仅仅体现于那些具有大脑般的基本构造（包括由关联细胞组成的网络中的并行处理过程）的系统之中，而且可以用某些别的方式来实现，人工智能产品“永远不会拥有自由意识”曲解了人工智能体的工作原理，实现强人工智能并不需要完全认识和模拟人脑，这就像我们不创造鸟类翅膀也能实现在空中飞行一样，人工智能与人脑神经系统如何运作没有本质的联系。意识仅仅是对周围环境的感知结果和响应的状态，自然人基于神经系统的反应与外界进行感知、互动、交流，通过能够对外界信息进行广泛整合的大脑形成自由意识，强人工智能产品则依赖算法和大数据网捕捉外界信息，接收数据后通过深度学习对其进行加工，自主形成对应“概念”。在这个意义上，强大的算法和大数据网便可以取代自然人的神经系统感知外部世界，深度学习能力可以取代人的大脑对外界信息予以吸收、整合，作出自身回应。因此，强人工智能产品可能拥有自由意识，只不过意识的表达方式与自然人不同而已。[11]

约翰·塞尔（John Rogers）于1980年提出了“中文屋论证”，用以区分强弱人工智能体。在“中文屋”实验中，有一个封闭的房间，房间里的人只能通过室内唯一的小窗与外界交流，房间内的人不会说中文，但是室内有一本中文和母语相对照的翻译手册，还有足够的纸和笔，房间外的人通过向门内递送中文纸条和里面的人交流，屋内不会中文的人

〔10〕即“要让电脑如成人般地下棋是相对容易的，但要让电脑如一岁小孩般感知和行动却是相当困难甚至是不可能的”。

〔11〕张雯：《强人工智能刑事主体地位之肯定》，载《四川警察学院学报》2019年第3期。

则通过查阅翻译手册予以相应回应。外边的人会因为回应是符合逻辑的中文，便认为屋内的人能够熟练运用中文，但实际上屋内的人并不懂中文，他只不过是按照翻译手册进行匹配而已。这个试验看似放置了一个可以被电脑取代的人，实际上那本翻译手册才是人类的真正在场，房间内的人只能被动地对语言作出反应，而不能理解自身反应的意义。由此，塞尔得出结论：计算机理论的本质是纯形式的，所以根本不可能有助于我们理解心理过程；同时，计算机硬件也不同于蛋白质，缺乏生成心理过程所需的恰当的因果能力。从根本上说，弱人工智能体不可能纯粹借助系统完成计算而理解自身行为的意义。[12]

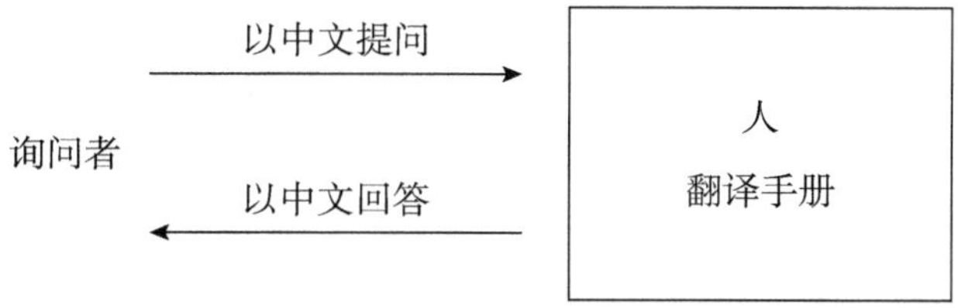

图 1 “中文屋”的争论

反之，若人工智能体能够充分理解自身行为之意义，便可被称为强人工智能。人类通过学习来理解行为的意义，形成对客观世界的感觉与知觉，无论是接受的教育还是所处的社会环境，都会影响人类的价值观念。与此同理，强人工智能体能够通过强大的学习能力在极短的时间内掌握人类全部的价值观念和道德理念，甚至会基于此形成自身独特的看法，对某个事件作出不同的反应只不过是强人工智能体在不同的价值观之间作出的选择罢了。

人类智能与人工智能的关键区别在于是否具有主观能动的意识，即人之所以为人，一方面是可以在意识的支配下自主作出实施某行为或不实施某行为的抉择；另一方面则是理解自身行为的意义，在互动中基于

〔12〕［英］玛格丽特·A.博登：《人工智能哲学》，刘西瑞、王汉琦译，上海译文出版社2006年版，第96页。

现有的认识进行判断，在意义的模糊性上进行滑动和跳跃，认识到原有的错误，从而建立新的认识。由此派生而来的推测是，人之为人的证据分别是自由意识和理解能力。若人工智能体也具备这两种能力，我们就应将之视为在法律上具有自由意识的“人”。

三、应当赋予强人工智能体刑事责任主体资格

根据犯罪主体的定义，犯罪主体有以下几个基本特征：（1）必须是自然人或者单位；（2）实施了严重危害社会的行为；（3）具备刑事责任能力，即辨认、控制能力。[13]人工智能体能否成为自然人与单位之外的第三种刑事责任主体，需要根据它的种类进行划分。现有通说认为，弱人工智能体的行为来自算法的设定以及编程的规制，被视为人类行为的延伸，是人类改造世界的“工具”，实现的是研发者或使用者的意志，因而不具有独立自主的意识，故不具备刑事责任主体资格，对于弱人工智能体实施的犯罪，应对其研发者或使用者追究刑事责任。但是对于强人工智能体是否具备刑事责任主体资格，学术界则存在截然不同的观点。反对强人工智能体具备刑事责任主体资格的学者，如周铭川副教授从认知科学的角度出发，认为人工智能非智能，无论人工智能表现得多么像人类，也永远无法超过人类智能。[14]人工智能只是人类智能的衍生品，是人类犯罪的工具，因此不需要也没有必要赋予它刑事责任主体地位、肯定它的刑事责任能力。赞成强人工智能体具备刑事责任主体资格的学者，如刘宪权教授认为，强人工智能体一方面能够辨认自己行为的性质、意义、后果，具有辨认能力；另一方面能够通过自己独立的意志控制自身行为，具有控制能力，在外部行为和主观方面上已经满足刑事责任的基本构成，因而具备刑事责任能力，理应在法律上肯定它的刑事责任主体

---

〔13〕 刘宪权主编：《刑法学（第四版）·上》，上海人民出版社2016年版，第123页。

〔14〕 周铭川：《强人工智能刑事责任之否定》，载《上海政法学院学报（政法论丛）》2019年第2期。

资格。[15]笔者赞同后一种观点，强大的深度学习能力已经赋予强人工智能体超越和脱离人类控制的可能性，具有在程序和编程范围外自主实施严重危害社会的犯罪行为的能力，故而完全有可能成为刑事责任的承担者。赋予强人工智能体的刑事责任主体资格，从而对其进行刑法规制，符合现实合理性和规范合理性，有利于更好地发挥刑法为社会发展保驾护航的作用，具体而言，应当赋予强人工智能体刑事责任主体资格主要基于以下三点。

（一）赋予强人工智能体刑事责任主体资格契合责任之本质

在探讨强人工智能体是否能够独立承担刑事责任之前，应当准确理解何为责任之本质，[16]以及为什么可以对刑事责任主体追究刑事责任。

表 1　犯罪论体系构造图示

	违法性（客观方面）	责任（主观方面）
原则	结果＋实行行为＋因果关系	故意＋过失
例外	违法阻却事由	对违法阻却事由的认识责任阻却事由

责任也称有责性，[17]是指根据符合构成要件的违法行为而对行为人进行的谴责可能性，其实质是对行为人实施合法行为的期待可能性。关于责任的本质，有道义责任论和社会责任之争。道义责任论认为刑事责任的根据存在于道义上的非难可能性。该理论以人的意志自由[18]为前提，能够意识到道义上的规范并能按该意识决定自己行动的责任能力者，在自由的决意下选择实施犯罪而不遵守法律时，[19]便应在道义上、伦理上受到非难，对行为人处以作为报应的刑罚是正当的。[20]反之，若处罚“不可

〔15〕刘宪权、胡荷佳:《论人工智能时代智能机器人的刑事责任能力》，载《法学》2018年第1期。

〔16〕此处之责任是作为犯罪成立条件之一的非难可能性，而不是作为犯罪法律后果的刑事责任。

〔17〕张明楷:《刑法学（上）》，法律出版社2016年版，第240页。

〔18〕意志自由是指人们在自己推理的基础上，在不完全受各种限制的支配的基础上，对各种事物进行选择以及在特定情况中从事活动的力量和能力。

〔19〕周铭川:《强人工智能刑事责任之否定》，载《上海政法学院学报（政法论丛）》2019年第2期。

〔20〕张明楷:《刑法学（上）》，法律出版社2016年版，第242页。

非难者”，如精神病患者或未达刑事责任年龄的人，刑罚便不适应于国民的“规范意识”，刑法制度就不能有效地发挥作用，会给刑事制度带来重大的负面效果。[21]社会责任论则大致以决定论为基础，认为犯罪是个人素质和环境的必然产物，对社会造成危险的人，必须甘愿忍受社会对他所采取的作为防卫手段的刑罚，应当忍受该种刑罚的法律地位就是责任。[22]

至于为什么可以对刑事主体追究刑事责任，综合刑事古典学派和刑事实证学派的观点，笔者认为，只有当行为人的行为能够非难时才能科处刑罚，即只有行为人对所实施的行为构成犯罪时才能对他追究刑事责任。在故意犯罪的情况下，犯罪人明知自己的行为会发生危害社会的结果，仍然希望并且放任危害结果的发生；在过失犯罪的情况下，犯罪人应当预见自己的行为可能发生危害社会的结果，因为疏忽大意没有预见，或者已经预见而轻信可以避免。在以上两种情况中，刑法对犯罪人都具有期待可能性，因为其行为具有可非难性，行为人能够实施其他合法行为却实施了不法行为，便应当对自己的行为及其后果承担刑事责任。[23]强人工智能体与自然人的根本差异仅在于强人工智能体不具有人的生命机体，[24]但并不必然影响刑事责任主体资格的认定。强人工智能体虽然是由算法及程序构成的，但具有独立自主的意识和理解自身行为意义的能力，一旦故意或过失地实施了刑法明文禁止的、严重危害社会的犯罪行为，实现的是自主意识，这一点在本质上与自然人是相同的，因此强人工智能体具有非难可能性，符合刑法规制的缘由，理应将强人工智能体纳入刑事责任主体范围之内。

（二）赋予强人工智能体刑事责任主体资格是保障人类社会持续发展的需求

从前瞻性角度考虑，不应将现实条件和研究条件混为一谈。即使现

〔21〕［日］前田雅英：《刑法总论讲义》，曾文科译，北京大学出版社2017年版，第135页。

〔22〕［日］大谷实：《刑法讲义总论》，黎宏译，中国人民大学出版社2008年版，第283页。

〔23〕陈兴良：《走向哲学的刑法学》，法律出版社2008年版，第85页。

〔24〕刘宪权：《论人工智能时代智能机器人的刑事责任能力》，载《法学》2018年第1期。

实中并未产生强人工智能体，只要存在现实问题或预见到问题的现实发生可能性，就应当积极投入研究。历史已经证明，科技的发展是一把双刃剑，科技给人类带来便利的同时也带来了莫大的风险。例如，克隆技术的发展为人类器官移植领域带来突破、拯救人类生命的同时，也使人类不得不考虑克隆人所带来的伦理困境与失控风险；又如，核技术的发展一方面解决了人类生产、生活最为迫切的能源需求，另一方面也让世界笼罩在核危险的阴影之中。人工智能也概莫能外，经过六十余年的实践，人工智能技术已渗透到人类生活的方方面面，极大地推进了生产力的发展，并将成为老龄化社会人类情感上的重要补充、提高人类物质生活水平的加速器和支撑人类迈向太空的重要力量。但由此衍生而来的人工智能犯罪则是技术发展的不利后果，也是风险社会现代性的负面影响，人工智能带来的危机程度远远超过人类事前预警检测和事后处理的能力，霍金提出人工智能的威胁可以分为短期威胁和长期威胁两种，短期威胁包括自动驾驶、智能性自主武器以及隐私问题；长期威胁主要包括人工智能系统失控带来的风险，如强人工智能可能通过发动核战争或生物战争的方式来毁灭人类。[25]我们对短期的威胁已经有相应的应对措施，对长期的威胁也不能视而不见，机器学习和深度学习的高速发展使探讨智能机器人的刑事责任主体问题并不为时过早，面对人工智能技术的发展，特别是未来必然会到来的强人工智能，人类稍有不慎即可能遭受灭顶之灾，为使全人类的利益免遭此种侵害，适当牺牲刑法的谦抑性是可以接受的。[26]

（三）赋予强人工智能体以刑事责任主体地位是刑法实现公正归责的客观要求

“无行为则无犯罪亦无刑罚”，这句法谚诠释了行为在刑事归责中的

〔25〕《霍金：人工智能也有可能是人类文明史的终结》，载搜狐网，https://www.sohu.com/a/136698945_116132，最终访问时间：2019 年 8 月 12 日。

〔26〕 陈叙言：《人工智能刑事责任主体问题之初探》，载《社会科学》2019 年第 3 期。

基础性地位，强人工智能体虽然不具有生命特征，但可以依靠自由意识而做出人类不可预测的行为，该行为并不直接受控于设计者、研发者、使用者，而刑法中的责任是一种严格的个人责任，只能由犯罪分子负担，具有人身专属性，不可移转，不能替代。[27]根据罪责自负的基本理念，一个具备独立意识的主体单独行使的行为所产生的严重危害社会的结果，应当由该主体自身承担刑事责任，不能因人工智能并非人类就可以逃脱法律的制裁，如果强人工智能体在自身自由意识的支配下从事了犯罪活动，却要让设计者、研发者、使用者承担相应责任，就无异于要求无辜的公民为他人的犯罪行为承担刑事责任，牺牲自己的权利，承受刑罚的痛苦，这显然不符合刑法中公正归责的要求。

强人工智能体若在法律上获得了刑事责任主体资格，便是一个独立的责任主体，可以独立承担刑事责任。虽然人类有一些广为接受的伦理原则，但我们不知道如何将它们赋予其他实体，比如非人类的动物，以及未来的强人工智能，当伦理无法满足我们的诉求时，我们便需要诉诸法律。如前所述，无论是弱人工智能体抑或强人工智能体均具有一定程度的辨认能力和控制能力，仅仅依靠辨认能力和控制能力无法准确区分强弱人工智能体。因此，笔者认为，有必要建立一种人工智能鉴定体系，根据自由意识与理解能力程度将它们划分为不同的智能层级，再依据其智能层级的不同判断它们具备不同的刑事责任能力。

四、针对强人工智能体的刑罚设置

马克思指出："对于法律来说，除了我的行为，我是不存在的，我根本不是法律的对象"，[28]刑法明确以人的行为作为规制对象，但刑法所规制的"人"并不以生物性为根本特征，而是具有刑法规范意义的、具备刑事责任能力的"法律人"。因此，当人工智能通过算法及深度学习能力

〔27〕高铭暄主编:《刑法学原理》(第1卷)，中国人民大学出版社1993年版，第418页。

〔28〕《马克思恩格斯全集》(第1卷)，人民出版社1995年版，第121页。

获得了规范意识支配下的自由意志，具备了刑事责任能力，它便成为刑法意义上的“法律人”，应对其犯罪行为予以刑罚规制。

（一）强人工智能体对传统刑罚体系的挑战

所谓刑罚，是针对犯罪的法效果，由国家对犯人科处的一定法益的剥夺。[29]从刑罚的种类来看，我国刑法所确立的刑罚体系主要由主刑和附加刑构成：主刑包括管制、拘役、有期徒刑、无期徒刑、死刑，附加刑包括罚金、剥夺政治权利、没收财产和驱逐出境。显然，这些刑罚种类仅针对自然人而设计，且仅能适用于自然人（财产刑可适用于单位）。从刑罚的目的来看，无论是报应刑论、一般预防论还是特别预防论，都难以与人工智能产品发生关联。报应论主要指道义报应论，人受道德律的支配，不得侵害他人的权利，犯罪人侵害了他人的权利，违背了道德律，因而要受到惩罚，[30]用刑罚消灭犯罪，让犯罪人承担全部责任才是正义的要求。[31]特别预防论以社会防卫为目的，认为应当适用改造、威吓等无害化的方法对犯罪人处以刑罚，重点考察犯罪人对刑罚的感受性，一般预防着眼于刑罚对其他人产生的威慑、教育等效果，阻却自身犯罪意愿，如菲兰吉利指出：“刑罚的执行给公众以恐怖，使之目击犯罪所应得的惩罚而生戒心，进而防止一般人犯罪。”[32]由此可见，无论是报应论还是预防论，基本预设均是自然人。无论是刑种还是刑罚目的，均不能满足未来对强人工智能体的特殊处罚需求，强人工智能体犯罪仍处于“无法可依”的状态。

科学技术的日新月异驱使着刑罚论体系的变迁，固执地坚守以自然人为中心的传统刑罚体系的做法并不可取。基于人工智能产品刑罚问题的空白，有学者提出对强人工智能体的刑罚方式可分为三种：删除数据、修改程序和永久销毁。删除数据是指删除强人工智能体实施犯罪行为时

---

〔29〕［日］大塚仁：《刑法概说（总论）》（第3版），冯军译，中国人民大学出版社2003年版，第437页。

〔30〕陈兴良：《刑法哲学》，中国政法大学出版社2004年版，第365页。

〔31〕［日］大谷实：《刑法总论》，黎宏译，法律出版社2003年版，第32页。

〔32〕陈兴良：《刑法哲学》，中国人民大学出版社2015年版，第403页。

所依赖的数据信息，抹除其“犯罪记忆”，使之恢复到实施犯罪行为之前的状态；修改程序是指多次对强人工智能体删除数据，仍无法“导其向善”时强制修改其基础程序；永久销毁是指若强人工智能体已经通过深度学习获得了“反删除能力”“反修改能力”，便只能将之永久销毁。[33]笔者认为，删除数据、修改程序与永久销毁均不应作为强人工智能体犯罪的刑罚处罚方式。首先，从刑罚的本质来看，刑罚具有痛苦的本质和权利剥夺的属性，[34]刑罚的威慑力通过对行为人施加痛苦而发挥作用，无论是剥夺自然人的生命还是自由，都会让自然人感受到肉体上或精神上的痛苦，而强人工智能体由于没有肉体和本能，适用刑罚不会让它感受到任何生理或心理上的痛苦；其次，与剥夺生命、限制自由、剥夺财产等刑罚相比，删除数据、修改程序仅仅是改变强人工智能体的“犯罪记忆”，记忆是一种能力，而不是权利，对记忆的消除不能称得上刑罚；最后，从刑罚的目的来看，被删除数据、修改程序的机器人可能会通过对社会信息的搜集发现自己的犯罪记录，极有可能会重新寻回“犯罪记忆”，甚至会再次犯罪，刑罚特殊预防的功能被削减，当社会公众发现被判处刑罚的强智能机器人仍生活在社会中，难免会引起恐慌，降低刑法的权威性，刑罚的一般预防功能也被削减。

（二）应将强人工智能体的思考行动权纳入刑罚体系

从刑事犯罪的过程来看，犯罪行为包括犯罪意向的形成、犯罪的预备、犯罪行为实施、犯罪后的应变，这些阶段将随着人工智能技术的巨大进步而变得趋于一体化，笔者主张将犯罪标准前移，将犯罪的成立从实害提前到危险形成阶段，在实害行为尚未产生时便予以处罚。[35]若发现有确凿证据可以证明强人工智能体预备实施某项严重危害人类法益的行为，便可以对它进行处罚。从刑事犯罪主体权利剥夺属性来看，强人

〔33〕 刘宪权:《人工智能时代的“内忧”“外患”与刑事责任》，载《东方法学》2018年第1期。
〔34〕 马克昌:《近代西方刑法学说史》，中国人民公安大学出版社2008年版，第49页。
〔35〕 劳东燕:《公共政策与风险社会的刑法》，载《中国社会科学》2007年第3期。

工智能体通过利用层次化架构对搜集到的信息进行处理分析，通过模拟神经网进行深度学习，在算法、编程之外独立行动，具有自主思维和行动的能力，暂且称之为思考行动权，这项权利是强人工智能体与普通工具最大的区别，也是强人工智能体存在最大的意义。基于此，笔者认为，对强人工智能体刑罚的设置，可以是对思考行动权的剥夺，〔36〕即剥夺其“智能性”，使之沦为普通工具，相对于简单的删除数据、修改程序和永久销毁将更加具有威慑力，更加具有惩治效果。现在看来，强人工智能体的这种权利可能并不受重视，但自然人的隐私权、人格权等也是随着文明社会的进步而逐渐发展起来的，故而对强人工智能体思考行动权的剥夺绝非天方夜谭。

五、结语

人工智能技术的影响不仅仅是一次生产力的飞跃，而是昭示着一个新时代的来临。当前，弱人工智能技术日趋成熟，并逐渐迈向强人工智能时代，弱人工智能体因其“工具性”鲜明，尚不足以被视为刑事责任主体，强人工智能体具有自由意识并能充分理解自身行为意义，此时的智能实体具备了承担刑事责任的非难可能性，应被赋予刑事责任主体资格。“未来已至，需要擦亮双眼”，在刑法领域内探讨强人工智能体刑事责任主体地位并不违背刑法的谦抑性，而是维护社会最大利益和目标的体现，更有利于人工智能的发展，从而更好地维护人类的生存与繁衍。

〔36〕 陈叙言：《人工智能刑事责任主体问题之初探》，载《社会科学》2019年第3期。

论反不正当竞争判断范式
——以广告拦截案例为视角

黄萃娟　赵　利*

目　　次

内容提要：为了应对因互联网经济发展而衍生的不正当竞争行为，《反不正当竞争法》在2017年

---

* 黄萃娟，华南师范大学法学院硕士研究生；赵利，华南师范大学法学院副教授。

修订并在次年实施，但鉴于《反不正当竞争法》的价值取向多元、认定标准不统一等因素，司法实践对互联网不正当竞争纠纷仍存在同案不同判现象，尤其体现在广告拦截类型案件中。司法裁判的迥异，在于法院对竞争关系与竞争行为、法益与利益、价值取向与利益分配的界定不清。为了适应反不正当竞争法价值取向多元化的属性，应对司法实践中面临的问题，司法机关应转变权利式保护的裁判思路，否定不必要的利益保护，肯定竞争自由与消费者权益，严格把控不正当竞争行为的规制圈，构建法益保护判断、行为正当性判断、整体利益权衡依序推进的三层判断范式机制。确定相对统一的判断范式，将有利于避免司法裁判混乱，从而体现《反不正当竞争法》的独立性、客观性和重要性。

关键词：广告拦截　竞争自由　法益与利益　判断范式

引言

科技发展日新月异，产业更新换代，互联网经济发展迅猛，这些因素加剧了市场关系的复杂性和市场竞争的激烈性，由此出现了很多诉诸不正当竞争纠纷的案件，《反不正当竞争法》及其司法实践受到广泛关注。《反不正当竞争法》采取的立法形式是“列举＋概括”，这意味着存在明确的不正当竞争行为与尚需判断的不正当竞争行为，概言之，即有标准可循的不正当竞争行为与标准缺乏的不正当竞争行为。在以往的司法实践中，司法机关倾向于通过《反不正当竞争法》第2条概括性条款对新型不正当竞争纠纷案件进行适用，[1]概括性条款的高频适用甚至存在“滥用”之嫌；[2]随着互联网经济的发展，这一做法尤

〔1〕 谢晓尧教授在其著作中，对截至2010年的904宗不正当竞争案件进行统计，其中，援引《反不正当竞争法》第2条的案件有323个，所占比例达35.7%，可见不正当竞争司法实践中存在向一般条款逃逸的迹象。参见谢晓尧：《在经验与制度之间：不正当竞争司法案例类型化研究》，法律出版社2010年版，第89–91页。

〔2〕 参见兰磊：《比例原则视角下的〈反不正当竞争法〉一般条款解释》，载《东方法学》2015年第3期，第69页。

其体现在互联网不正当竞争纠纷案件中，如“3Q”大战、奇虎诉搜狗、爱奇艺诉“极路由”等不正当竞争纠纷案件。为了弥补标准缺乏带来的裁判困境，法院陆续创设了“非公益不干扰”、商业模式保护等规则。在此背景下，2017年修订后的《反不正当竞争法》增加了针对互联网不正当竞争行为的规制，该法第12条将互联网中存在强制跳转、恶意不兼容等行为定性为不正当竞争行为，并作兜底性规定。这一修订弥补了互联网不正当竞争行为的规制空白，实现了有法可依；但立法机关主张对竞争行为采取审慎包容的态度，[3]促使“非公益不干扰”等规则逐渐失效，[4]不断涌现的其他不正当竞争纠纷能否如期适用该兜底条款成为司法实践面临的一大挑战。以《反不正当竞争法》的修订为节点，广告拦截案件的司法实践出现类似案件存在截然相反的裁判结果的现象。这一现象并非偶然，归根结底是司法实践还缺乏统一的不正当竞争判断范式。据此，以广告拦截纠纷案件为视角，对反不正当竞争纠纷司法实践中存在的问题及可能采取的判断范式提出思考和探讨，具有现实必要性。

---

〔3〕 参见吴楠：《新修订〈反不正当竞争法〉获通过　相关部门负责人回答记者提问》，载新华网，http://www.xinhuanet.com//fortune/2017-11/09/c_129736723.htm，最后访问时间：2018年9月4日。

〔4〕“非公益不干扰”原则即非公益必要不干扰原则，该原则在百度诉奇虎不正当竞争纠纷案二审中首次出现，其核心观点是：出于保护网络用户等社会公众的利益需要，网络服务经营者在特定情况下可干扰他人产品或服务的正常运行，但应确保干扰手段的必要性和合理性，否则就违反了公平、诚实信用和商业道德等，由此损害其他经营者合法权益，扰乱社会经济秩序，应当承担相应的法律责任。该案二审的石必胜法官撰文对非公益不干扰原则的含义、适用进行了阐述，最高人民法院在该案的再审裁定书中引用了该原则，后续类似案件的裁判大多遵循这一原则。但同时不少学者对该原则提出质疑，认为非公益必要不干扰原则的“诞生”是对《反不正当竞争法》一般条款的误读，它实际上是以绝对权的思路赋予网络产品强力的排他性，这不仅缺乏规范依据，且严重背离当前的网络市场竞争政策，恐怕还会导致该类型案件在举证责任上的混乱。参见北京市高级人民法院（2013）高民终字第2352号民事判决书；石必胜：《互联网竞争的非公益必要不干扰原则》，载《电子知识产权》2014年第4期，第32页；宋亚辉：《网络干扰行为的竞争法规制——“非公益必要不干扰原则”的检讨与修正》，载《法商研究》2017年第4期，第93–95页；薛军：《质疑“非公益必要不干扰原则”》，载《电子知识产权》2015年Z1期，第67页。

一、问题提出：广告拦截纠纷的司法现状

2017 年修订的《反不正当竞争法》亮点之一是增加了对在互联网领域利用技术手段实施不正当竞争行为的规制。以该时间为节点，各地法院在广告拦截纠纷案件的裁判呈现两极分化，在此之前以爱奇艺诉极客极科、合一公司诉猎豹浏览器等案件为代表，在此之后以腾讯公司诉世界星辉公司、湖南快乐阳光公司（以下简称快乐阳光）诉广州唯思软件公司（以下简称唯思软件）案件为代表。在爱奇艺诉极客极科一案中，一、二审法院均作出支持原告的判决，以“非公益不干扰”原则、“对技术的使用不能突破法律限制”为据，否定其他经营者利用技术拦截视频广告的行为，认为无正当理由或非为公益而侵害他人合法的商业模式，不是为了公益，而是不正当地利用他人的经营成果为自己牟利〔5〕。在合一公司诉猎豹浏览器一案中，一审法院认为优酷网提供的“广告 + 免费视频”的商业模式具有可受法律保护的利益〔6〕；二审法院认可一审法院对该商业模式的判断，并提出竞争行为以竞争关系为前提，而竞争关系应取决于经营行为是否具有“损人利己的可能性”〔7〕。可见，在这两个案件中，法院判断是否构成不正当竞争行为是基于侵权法的判断逻辑：是否存在竞争关系？是否侵害了他人的合法权益？主观因素如何？是否属于“非公益不干扰”行为？但法院既没有对竞争关系、“非公益不干扰”的必要性进行解释，也没有对商业模式作为权益保护的法律依据进行阐述。这种并列因素的判断逻辑缺乏递进式推动，看似面面俱到，实质上模糊了《反不正当竞争法》维护正常竞争秩序的立法定位和价值取向。

在腾讯公司诉世界星辉公司不正当竞争案件中，朝阳区人民法院以涉案浏览器造成的损害并非直接针对性的、无任何可躲避条件或选择方式的特定性损害为据，认为竞争中的损害具有中立性，只有特定的损害

〔5〕 参见北京知识产权法院（2014）京知民终字第 79 号判决书。

〔6〕 参见北京市海淀区人民法院（2013）海民初字第 13155 号民事判决书。

〔7〕 参见北京市第一中级人民法院（2014）一中民终字第 3283 号判决书。

才能成为不正当竞争的考量因素，且消费者有权享受技术进步带来的福利[8]，不认定世界星辉公司的行为构成不正当竞争行为。再者，根据案情披露，腾讯公司旗下的QQ浏览器同样配置了广告拦截功能，腾讯公司对内对外两套标准的做法有违诚实信用之嫌。广州市黄埔区人民法院在快乐阳光诉唯思软件一案中认为，涉案浏览器的广告拦截设置不具有目标针对性，主观上不具有恶意，是否拦截广告的控制权在于消费者，尚无证据表明拦截广告行为对快乐阳光造成了具体损失，据此不认定唯思软件构成不正当竞争。[9]法院对两个案件的裁判思路仍未脱离侵权法判断逻辑，但在价值取向上呈现明显变化——肯定竞争自由和消费者权益，对不正当竞争行为的认定持谨慎态度。截至目前，腾讯公司诉世界星辉公司不正当竞争案件已过二审，二审以世界星辉公司构成不正当竞争结案。从该案的裁判文书中可看出，北京知识产权法院肯定了拦截广告设置给予消费者选择空间及免受贴片广告的侵扰，且进一步阐述了该拦截设置对内容提供商未构成根本性影响的意见；但根据腾讯公司提交的经济分析报告，视频行业发展状况及其未来预测不容乐观，法院据此认定涉案行为构成不正当竞争，但其观点及说理却差强人意。[10]尽管如此，两案的一审判决已在互联网视频行业、学术界引发较大反响和关注。对于前后迥异的判决结果，值得思考的是案件裁判中法官的论证思路和价值取向的微妙变化，及对竞争行为的认识、法益与利益的界定和利益权衡中存在的混淆。

二、美、德广告拦截案例及其价值取向

（一）美国广告拦截渊源及价值取向

在美国，网页、视频广告拦截纠纷案件的立法适用主要体现在《通

---

〔8〕 参见北京朝阳区人民法院（2017）京0105民初70786号判决书。

〔9〕 参见广州黄埔区人民法院（2017）粤0112民初737号民事判决书。

〔10〕 参见张占江：《论反不正当竞争法的谦抑性》，载《法学》2019年第3期，第57–58页。

信规范法》第230条规定，对拦截责任的豁免在该条款（c）（2）——任何交互式计算机中的网络平台提供者和用户都应当自发善意地限制自己认为的猥亵、色情、极其暴力等令人反感的信息材料或视频；任何措施或技术手段应用在限制访问这些令人反感的信息材料时均得以豁免。从立法背景看，美国的《通信规范法》第230条（c）（2）免责条款属于免疫性立法，亦称之为“Online Family Empowerment Act”（OFEA），[11]从条例及相关材料可看出，该条款的立法初衷是防止网络信息爆炸而可能给相关用户（特别是孩子）带来色情暴力等不良信息威胁，其侧重点在于家庭的上网和谐。再者，该条款倡导科技的发展目的应在于用户控制权的最大化，该免责不应覆盖那些未能与用户的优先权（preference）相一致的过滤性服务器。[12]简言之，即互联网技术的发展应受制于用户的知情权和选择权，体现为对网络环境的制约和监督。

值得注意的是，在2009年的Zango，Inc. v. Kaspersky Lab，Inc.一案中，该条例的适用范围逐渐宽泛化，案件法官在裁判时更倾向于不干预。Zango公司是在线提供视频、游戏等服务的媒体公司，网络用户需先观看该网站上的广告，才得以浏览其网站内容；被告Kaspersky公司则主营过滤、阻止功能的软件产品。Zango公司对Kaspersky公司提起诉讼，称其不正当地阻止了Zango公司的软件。Kaspersky公司辩称其阻止和屏蔽恶意软件的令人反感的信息材料，符合《通信规范法》第230条（c）（2）（B）的豁免原则。华盛顿西区联邦地区法院作出了有利于被告Kaspersky公司的判决，认为Kaspersky公司是“交互式计算机服务”的提供商，其通过技术手段限制访问令人反感的材料或软件所采取的行

---

〔11〕 See Conlon，*Nicholas*，*Freedom to Filter Versus User Control*：*Limiting the Scope of Section 230*（*C*）（*2*）*Immunity*，Journal Of Law，Technology&Policy，Vol. 2014，p.107.

〔12〕 See Conlon，*Nicholas*，*Freedom to Filter Versus User Control*：*Limiting the Scope of Section 230*（*C*）（*2*）*Immunity*，Journal Of Law，Technology&Policy，Vol. 2014，p.107.

为享有豁免权，[13]且其并未违反用户的控制权。[14]Zango公司提起上诉，认为《通信规范法》第230条的规定并非旨在使商业侵权行为得到豁免。美国第九巡回区联邦上诉法院维持了一审法院的判决。值得关注的是，本案中被告Kaspersky公司以《通信规范法》第230条（c）（2）（B）为依据的答辩主张都得到了法官的支持，但不少美国学者对《通信规范法》第230条（c）（2）的宽泛适用产生怀疑，认为该条例的适用超越了条文应有之义，"善意的""令人反感"等约束性要件形同虚设，使得这一限制性规定面临挑战。[15]

尽管如此，在处理类似广告拦截案件时，美国法院司法裁决徘徊点始终在过滤性服务器的自由裁量权与网络用户的控制权之间，从中不难看出法官对涉案行为的认定取决于用户的权益是否得到保护。有学者在梳理第230条（c）（2）中的（A）与（B）[16]的适用逻辑关系时认为，如果各过滤服务提供商背离了这一立法初衷（指示A小节规则），未能始终站在消费者立场，未能与消费者的选择相一致，而是陷入一种盲目追求自身利益的境地对信息材料进行过滤、屏蔽，忽略了消费者获取信息的选择权，这时应当允许第三者去完成这一过滤行为（指示B小节规则），这时第三者既是在维护正常的网络环境，同时也起到了制约其他过滤者

---

〔13〕 转引自孔祥俊：《论反不正当竞争的基本范式》，载《法学家》2018年第1期，第50–67页。

〔14〕 See Conlon, *Nicholas*, *Freedom to Filter Versus User Control: Limiting the Scope of Section 230（C）（2）Immunity*, Journal Of Law, Technology&Policy, Vo1. 2014, p.108.

〔15〕 Smith v.Trusted Universal Standards in Elec. Transactions, Inc., Civil No. 09-4567, 2010 WL 1799456, at *6（D.N.J. May 4, 2010）（"Congress included the phrase 'or otherwise objectionable' in its list of restrictable materials, and nothing about the context before or after that phrase limits it to just patently offensive items."）; Langdon, 474 F. Supp. 2d at 631-32（finding that even if politically controversial advertisements did not qualify as "obscene" or "harassing", they fell within the meaning of "objectionable"）. [（"国会在其限制性材料清单中包括'或其他令人反感的'言词，而不是在之前的背景或者在那个短语之后将其限制为只是明显令人反感的物品"）;（发现即使政治上有争议的广告不能归入"淫秽"或"骚扰"类型中，它们也属于"令人反感"的）]。

〔16〕 该条款的A小节要求网络平台在必要时对网页的信息采取限制性过滤手段，A小节中负有过滤义务的平台未如此做时，第三方得适用B小节利用技术手段予以强制过滤。这里有限制性的要求，必须是在平台本身未过滤恶意信息的情况下，第三方的介入行为所带来的损害责任才得以豁免。

反竞争或欺骗性的行为，将过滤性服务器的自由裁量权与网络用户的控制权拉回到应有状态。[17]有学者因此主张，过滤主体的豁免应满足两个条件中的任意一个：一是过滤行为体现消费者控制权（消费者的知情权和选择权），二是提供者应确信自己是出于过滤掉致使自身的服务质量降低的信息而为之的（必要性）。[18]在案例的司法认定中，以满足第一个条件作为抗辩的情况居多，极少涉及第二个条件，这与美国更倾向于保护网络用户合法权益的价值取向密切相关，也体现了其在反不正当竞争中更重视竞争自由。

（二）德国广告拦截渊源及价值取向

与美国始终重视消费者在网络过滤中的控制权不同，德国的《反不正当竞争法》经历了从"管制性"立法理念到"解除管制""自由化"竞争理念的转变，[19]逐渐建立起模仿自由原则，即在没有知识产权保护的情况下，模仿原则上是自由的，仅在特殊情况下构成不正当竞争。[20]在德国，涉及广告拦截的案例很多，典型案例是以 Eyeo 公司为被告的系列案件，分别为 Zeit Online 诉 Eyeo 案、[21]Axel Springer 出版社诉 Eyeo 案、[22]IP Deutschland 公司诉 Eyeo 案[23]以及 SüddeutscheZeitung Digitale medien 公司诉 Eyeo 案。[24]在这些案件中，各案原告的商业模式均为"广告 + 免

〔17〕 See Conlon, *Nicholas*, *Freedom to Filter Versus User Control: Limiting the Scope of Section 230(C)(2)Immunity*, Journal Of Law, Technology&Policy, Vol. 2014, p.108.

〔18〕 See Conlon, *Nicholas*, *Freedom to Filter Versus User Control: Limiting the Scope of Section 230(C)(2)Immunity*, Journal Of Law, Technology&Policy, Vol. 2014, p.109.

〔19〕 参见范长军：《德国反不正当竞争法研究》，法律出版社 2010 年版，第 13 页。

〔20〕 转引自孔祥俊：《论反不正当竞争的基本范式》，载《法学家》2018 年第 1 期，第 59 页。

〔21〕 See Landgericht Hamburg [LG] [Hamburg Court of First Instance], Case. No. 416 HKO 159/14 (April 21, 2015).

〔22〕 See Landgericht Stuttgart [LG] [Stuttgart Court of First Instance], Case No. 11 O 238/15 (10 December 2015).

〔23〕 See Landgericht München [LG] [Munich Court of First Instance], Case No. 37 O 11843/14, p.25–28 (May 27, 2015).

〔24〕 See Landgericht München I [LG] [Munich Court of First Instance], Case. No. 33 O 5017/15, p.30 (March 22, 2016).

费内容”，被告 Eyeo 公司经营可屏蔽网页广告的计算机程序“Adblock Plus”，并设置“黑名单”和“白名单”功能，“黑名单”里的广告会被程序自动屏蔽，而白名单里的广告不被屏蔽，Eyeo 公司以白名单为门槛实现自身收益，由此造成各案原告的广告收益下降而引发纠纷。德国法院在这些案件中着重从行为属性、经营者关系以及消费者权益保护等方面认定被告的行为是否构成不正当竞争。

1. 不正当竞争行为应当是商业行为。德国《反不正当竞争法》第 2 条第 1 项规定，商业行为仅指在交易达成之前、期间或者之后，旨在以有利于自己或他人企业的方式，并在客观上与促进销售或相关的商品或服务有关的，抑或客观上与缔结或履行合同有关的行为。〔25〕2015 年，在 Zeit Online 诉 Eyeo 案中，Eyeo 提供的广告拦截程序尚未实施白名单功能，该案的初审法院认为，若“Adblock Plus”程序免费提供拦截服务且不会使 Eyeo 公司产生收入或其他利益，则单独的广告拦截服务不具备商业活动资格。〔26〕Eyeo 公司仅仅为网络用户提供免费的广告拦截设置，自身并不因此获利，不属于商业行为，非商业行为不会构成不正当竞争。相对的，提供设置“白名单”的拦截广告设置行为属于商业行为，在 Axel Springer 出版社诉 Eyeo 案中，德国科隆法院认定 Eyeo 公司提供附有“白名单”功能的广告拦截服务属于商业行为，可将其作为竞争行为予以判断。

2. 竞争关系的认定不以行业为界限。德国法院在广告拦截案件中对竞争关系存在两种观点：一是不正当竞争行为的竞争应属于同业竞争，二是不正当竞争行为的竞争关系证成不局限于同一行业。〔27〕前者体现在 IP Deutschland 公司诉 Eyeo 一案中，法院认为竞争关系的证成要求竞争参与者在同一消费领域内提供相同的商品或服务，且在该领域的行为

〔25〕 Germany Unfair Competition Act（Gesetz gegen unlauteren Wettewerb，UWG）§2（1）.

〔26〕 See Landgericht Hamburg [LG] [Hamburg Court of First Instance]，Case. No. 416 HKO 159/14（April 21，2015）.

〔27〕 参见周围：《德国数字广告拦截行为的竞争法规制》，载《出版科学》2019 年第 2 期，第 113 页。

达到能够影响对方的竞争态势。[28] Eyeo 公司是广告拦截服务提供商，IP Deutschland 公司是数字出版商，二者不属于同一行业，面向的消费需求不一致，不是同业竞争者，因而不构成竞争关系。既然不存在竞争关系，那么就不存在不正当竞争行为之说。后者如 SüddeutscheZeitung Digitale medien 公司诉 Eyeo 一案，法院认为当双方当事人向互联网用户销售类似的商品和服务，且存在改变、损害竞争对手的可能性或双方的收益存在此消彼长的情况，因一方的行为明显损害了另一方的业务，则认定双方存在直接竞争关系，是否处于同一行业并非认定竞争关系的充分条件。[29] 虽然视角不同，但似乎没有对法院认定不正当竞争行为产生多大影响。

3. 确保各经营者竞争均衡，保障消费者权益。德国法院普遍认为，广告拦截行为确实对原告的商业模式造成了不利影响，但这一影响是可接受的，并不会导致原告退出市场，原告还可以通过替代方案来缓解或避免广告拦截行为带来的负面影响。在 Axel Springer 出版社诉 Eyeo 一案中，原告要求被告停止运行广告拦截软件，并辅助性地诉请禁止“白名单”设置。[30] 一审法院驳回了原告的所有诉请，二审法院驳回了主诉请但支持辅助诉请。因“白名单”争议，德国联邦最高法院对该案启动再审程序，最终以撤销二审判决、驳回原告的辅助诉请结案。德国联邦最高法院认为，提供广告过滤软件不构成德国《反不正当竞争法》第 4 条第 4 项规定的（超出正当竞争的）专门的针对竞争者的阻碍行为。[31] 被告的商业模式是以原告的网页功能正常为前提的，其主要追求自身竞

〔28〕 See Landgericht München [LG] [Munich Court of First Instance], Case No. 37 O 11843/14, p.25–28（May 27, 2015）.

〔29〕 See Landgericht München I [LG] [Munich Court of First Instance], Case. No. 33 O 5017/15, p.30（March 22, 2016）.

〔30〕 See Landgericht Stuttgart [LG] [Stuttgart Court of First Instance], Case No. 11 O 238/15（10 December 2015）.

〔31〕 参见刘晓海：《德国联邦最高法院判决：提供网络屏蔽广告软件是合法的行为》，载知产力，http://ipr.zhichanli.cn/article/6276.html，最后访问时间：2019 年 6 月 15 日。

争力的提升，并以“白名单”设置获益，不存在挤压排除竞争对手的意图，也无法得出原告受到不正当干扰的结论。再者，是否使用该广告过滤软件取决于网络用户，德国《反不正当竞争法》第7条对不可合理期待的广告骚扰行为进行规制，[32]其核心在于避免经营者为争夺交易机会对消费者造成侵害的可能，本质上是《反不正当竞争法》对消费者权益的保护。又如法院在Zeit Online诉Eyeo一案中强调，消费者拥有是否将广告下载到计算机上的自主选择权；涉案的广告拦截软件仅向个人用户开放，能保护用户免受恶意软件跟踪以及其他不受欢迎广告的侵害，使用户得以将注意力集中在出版商提供的产品内容上。[33] Axel Springer出版社诉Eyeo一案中也存在同样的观点。可见，对广告拦截不正当竞争纠纷案件的判断，不仅要把握各方竞争均衡，还要考虑消费者的权益保障情况。

德国法院在广告拦截司法实践中对不正当竞争行为各要素的明晰界定，促使该类型案件的裁判取得了较为广泛和统一的社会效果，在保障竞争均衡的基础上，减少司法干预竞争的举动，从而为社会和消费者赢得更多的福利空间。

三、原因分析：我国广告拦截纠纷的司法困境

美、德两国的广告拦截案例的司法裁判大同小异，面对变化莫测的互联网竞争行为，美国的《通信规范法》的“避风港”条款在未来仍将面临争议；德国的《反不正当竞争法》对不正当竞争行为的认定具体，倾向于整体利益权衡，似乎更符合反不正当竞争法的发展趋势。除此以外，两国司法对广告拦截行为的认定呈现出较为一致、明确的价值取向——更加注重用户在网络活动中的控制权、消费者权益，以及竞争自由。随着国内网络视频产业的繁荣发展，广告拦截纠纷案件数量呈现逐

〔32〕 Germany Unfair Competition Act（Gesetz gegen unlauteren Wettewerb，UWG）§7.

〔33〕 See Landgericht Hamburg [LG] [Hamburg Court of First Instance]，Case. No. 416 HKO 159/14（April 21，2015）.

年增加趋势，[34]但司法实践中竞争行为与竞争关系、法益与权利等概念界定不清现象时有发生，美国、德国的相关司法实践对识别出我国广告拦截纠纷的司法认定症结颇有启发价值。

（一）竞争关系与竞争行为混淆

市场经济下行业间的竞争存在较大交叉性，巨型企业如腾讯、阿里巴巴，横跨的行业纷杂，竞争性和交叉性已不可同日而语。竞争关系作为竞争行为判断的前提条件[35]是否适用于所有不正当竞争案件？实践中往往很难探明并确定相关理论或观点所指涉的那些特定情况是否在任何给定的情形中都实际存在。[36]市场的本质是竞争，是资本争取利益最大化的表现，早期的竞争机制呈现为同业间的市场争夺，竞争关系清晰，竞争行为表现为“人无我有、人有我优”的单一形态，具有保守性和自洽性，这一点在公司法对经营范围规制的立法变迁[37]中可见一斑。在奇虎与搜狗不正当竞争纠纷上诉案中，法院认为“只有彼此之间具有竞争关系的经营者所实施的竞争行为，才可能会对其他经营者的经营活动造成损害从而构成不正当竞争行为，竞争关系的存在是判断不正当竞争行为的前提条件”[38]。这一认定曾对不正当竞争行为界定造成困扰，就竞争机制而言，不存在竞争关系的竞争行为也会对其造成破坏。而后，在爱奇艺诉极客极科一案中，法官明确“经营者之间是否存在‘竞争关系’，

〔34〕截至2018年年底，笔者在中国裁判文书网及北大法宝上分别以“广告屏蔽”“屏蔽广告”以及“广告拦截”等关键词进行全文检索，筛选甄别一审二审案件，最终得出30个已审结案件，以案件审结的大致时间来看，2014年之前有7个，2015年有4个，2016年有4个，2017年有7个，2018年有13个。该类型案件数量呈现明显上升趋势。

〔35〕参见北京市中级人民法院（2014）一中民终字第3283号判决书。

〔36〕[英]冯·哈耶克：《作为一种发现过程的竞争》，邓正来译，首都经济贸易大学出版社2014年版，第25页。

〔37〕全面修订后的2005年《公司法》删除了原第11条“公司应当在登记的经营范围内从事经营活动”的强制性规定，转而将其纳入公司章程内容，强化公司经营范围自治，逐渐淡化公司间经营活动的行业界线。

〔38〕参见北京市高级人民法院（2015）高民（知）终字第1071号判决书。

均不应以身份为标准，而应着眼于行为”[39]，但法院未能继续该思路，转而谴责极客极科公司应当在自身产品上增强竞争力，而不是利用技术损害其他经营者合法权益。这一判断逻辑存在前后矛盾：在否认存在竞争关系的前提下，就不应当固守竞争关系的单一性和保守性，否则将在演绎分析中否定前提。与此相反，德国法院在界定竞争行为时，将商业行为作为竞争行为的前提条件，避免在竞争关系中过多纠缠，同时控制《反不正当竞争法》中竞争行为的规制范畴——着眼于商业行为，保障初入市场者的生存空间。

再者，市场竞争具有强烈的对抗性，[40]这种对抗性不是竞争关系中的一一对应，相反的，在市场经济下这种对抗性几乎是一对多、多对多的情况，对抗的对象是其他经营者，不限行业不限经营范围，对抗的目的是争夺消费群体、市场份额，实现自身利益最大化。在腾讯公司诉世界星辉公司一案中，一审法院在判决书中指出“从我国《反不正当竞争法》对不正当竞争行为的界定看，并未要求严格的竞争关系”。[41]这道出了一个事实：《反不正当竞争法》对竞争行为的规范并不要求以存在竞争关系为前提。此外，与竞争自由的权利性质概念不同，自由竞争是指市场经济的运作状态，是市场运作的常态，也应当是竞争机制的常态。在认定不正当竞争时只应对经营者在竞争时采取的具体行为方式进行规范，除此以外应充分保障市场参与者的自由竞争权利，允许经营者为寻求自身利益最大化而竞争，这就需要营造和保持市场自由竞争机制，这是《反不正当竞争法》的逻辑所在。

（二）权利、法益与利益的界定不清

《反不正当竞争法》以保护竞争机制正常运作，实现社会、经营者和消费者利益并举为宗旨。但现实中存在对此利益或者法益具体认定的困

〔39〕参见北京知识产权法院（2014）京知民终字第79号判决书。

〔40〕转引自孔祥俊：《论反不正当竞争的基本范式》，载《法学家》2018年第1期，第53页；北京朝阳区人民法院（2017）京0105民初70786号判决书。

〔41〕参见北京朝阳区人民法院（2017）京0105民初70786号判决书。

境，具体到广告拦截案例中，视频提供平台的广告收益及其“广告＋免费视频”的商业模式是否受《反不正当竞争法》保护？换言之，这种利益是否属于《反不正当竞争法》应当规范的法益？对此，有必要对权利、法益与利益进行鉴别。权利的基础是利益，[42]是被法律所认可、可以通过法律获取救济的利益，没有救济就没有权利，其具有极高的确定性。[43]法益是刑法学上的概念，[44]意指刑法上所保护的利益，但现今法益概念的繁杂性和不明确性要超出权利，[45]更多地作为一种介乎权利与一般利益之间的概念，其本质与道德权利、习俗权利接近，[46]它可能受到法律的保护，也可能不会，法律对其保护与否取决于这种利益是否由禁止权“反射”而来，[47]归根到底取决于价值判断。利益包含前面两者，是社会形态中的基础范畴，其概念周延性最强、范畴最广。庞德将利益规定为人们个别地或通过集团、联合或亲属关系，谋求满足的一种需求或愿望，[48]

〔42〕 梁上上:《利益衡量论》，法律出版社 2016 年版，第 118 页。

〔43〕 古今中外法学家对权利持不同观点，大致有资格说、主张说、自由说、利益说、法力说、可能说、规范说以及选择说。笔者在此采利益说。详见张文显:《法学基本范畴研究》，中国政法大学出版社 1993 年版，第 73–83 页。

〔44〕 在我国，首先对法益进行较为系统阐述的是刑法学者张明楷教授，他认为法益与一般利益的区别在于一是法益是与法律相联系的概念，而一般利益与法律无直接关联；二是法益有受法律保护的机会，而某种利益尽管能够满足主体的需要，当它并不受法保护时，无论如何也不能称之为法益。参见张明楷:《法益初论》，中国政法大学出版社 2003 年版，第 162–167 页。

〔45〕 学界对法益的本质争议不断，史尚宽先生认为“法益乃法律间接保护之个人利益”，洪逊欣先生认为“法益为法律之反射作用所保护之利益”，曾世雄先生认为“法益为法律上主体得享有经法律消极承认之特定生活资源”。参见史尚宽:《债法总论》，中国政法大学出版社 2000 年版，第 127 页；洪逊欣:《中国民法总则》，台湾三民书局 1979 年版，第 50 页；曾世雄:《民法总则之现在与未来》，中国政法大学出版社 2001 年版，第 69 页。

〔46〕 参见张开泽:《法益性权利：权利认识新视域》，载《法制与社会发展》2007 年第 2 期，第 134 页。

〔47〕 有学者认为某种客体受反不正当竞争法保护，但未能纳入权利体系，其原因有两种：一是该客体虽代表了某种法益，但显著性达不到具体权利的严格要求；二是这种法益尚不够普遍、典型，暂时将其归入反不正当竞争法的保护，便于进行法律实验。参见彭学龙:《作品名称的多层功能与多元保护》，载《法学研究》2018 年第 5 期，第 117 页。

〔48〕［美］罗斯科·庞德:《通过法律的社会控制》，沈宗灵译，楼邦彦校，商务印书馆 2010 年版，第 38–39 页。

但当代哲学的难题之一不是利益的甄别，而是同一价值序列的利益取舍问题，[49]这一问题在法律上体现得更为明显。可以说，知识产权是一种明确的权利，《反不正当竞争法》取向的不是一种权利，而是一种法益。它有时是该法第9条侵犯商业秘密的法益保护，有时是商业竞争中商业机会流失但不受保护的法益（这个时候不能称之为法益），更多的时候是正常竞争中优胜劣汰产生的利益转移，其带来的损害是正常的、必然的，不具有救济价值，否则将演变成过度干预市场发展而致使正常竞争机制失调。因此，《反不正当竞争法》保护明文规定的法益，不保护正常竞争中某一个体的法益，需要在个案中进行整体利益的平衡，概言之，具体法益的保护是例外，不保护才是常态。

具体到合一公司诉猎豹浏览器一案，一审法院认为合一公司对其经营的优酷网提供“广告＋免费视频”商业模式具有可受法律保护的利益，后续各法院对该商业模式几乎一边倒地给予权利式的排他保护。然而，商业模式并非法定权利，其指向的利益是开放性的、未归属的，任何竞争者都能对此商业模式指向的利益进行竞争；法院以权利式保护为审判思路的起点，陷入绝对权保护模式，忽视了权利和利益的根本差别，从而忽略对因竞争造成损害的属性判断。再者，市场和经济的发展意味着产品和服务的优胜劣汰，集中体现为消费结构的升级和商业模式的更迭，过分保护现有商业模式并不是对公认商业道德的客观遵循，而是陷入商业道德认定上的阶段性误区，[50]将对经济发展和正常的市场运行造成阻碍。

（三）价值取向限制与利益判断局限

立法宗旨决定裁判中的价值取向，价值取向不清晰将限制裁判的可靠性，竞争中的既得利益者也可能对裁判造成困扰。前文提及美国和德

〔49〕 参见张国清：《在善与善之间：伯林的价值多元论难题及其批判》，载《哲学研究》2004年第7期，第72页。

〔50〕 参见周围：《德国数字广告拦截行为的竞争法规制》，载《出版科学》2019年第2期，第113页。

国的相关立法及其司法经验可资拓宽思考，美国对自由竞争有更多耐心，偏向于将政府置于“守门人”角色，在相关立法上将消费者控制权奉为圭臬，如此才有了5秒后能控制广告进度的YouTube视频平台及其在广告模式和设计上的不断创新，这让既得利益竞争者明白，竞争中没有固守的利益，需要不断创新突破自身。德国法院在裁判不正当竞争行为时主要以是否存在挤压、排除竞争对手的意图，是否直接影响对方提供的产品，是否存在一般市场干扰行为致使对手无法生存等因素来权衡利益分歧，并着重考虑用户的自主选择权。遗憾的是，在我国的相关案例中，法院对消费者权益的考量往往出现在案件的尾声，经营者的利益和社会公益则作为重要考虑因素提上日程；而具体案件中对竞争秩序的保护更近似于维护原有竞争活动中既得利益者的利益，但竞争利益权衡中不应当存在先来后到之说。在广告拦截案件中，大多数浏览器提供的广告拦截功能并非自动开启，也不存在明显的诱导性指示，相应功能需要消费者在浏览器设置中寻觅，并对拦截效果的几个选项进行勾选，浏览器仅仅提供了一种服务选择。[51]本质上，该设置呈现的是消费者与平台经营者的利益博弈，孰轻孰重，需要法官进行价值取向的权衡。但在不少案件中，法院采取的是一种家长式的思考方式，社会公益高于消费者权益，忽略了社会公益本质上是由千千万万的消费者个体权益组成的；更注重竞争中的安全因素而非自由因素，忽略了消费者和自由竞争的价值，从而促使既得利益者成得利渔翁，不得不引人反思。

市场竞争是动态的，利益争夺是激烈的，一种商业模式的出现不过是市场和利益追逐选择的结果，在一定阶段也是能为消费者所接受的；但随着经济、技术发展，必然会有新的商业模式替代旧的商业模式，实现消费升级和经济的发展，一味固守原有商业模式反而会阻碍商业模式的正常更迭。在广告拦截类案件中，法官在未具体考察广告拦截是否必然带来唯一性后果的情况下，擅自以此为理由确定对消费者权益的潜在

〔51〕 参见北京知识产权法院（2018）京73民终558号判决书。

损害，转而将商业模式作为经营者的合法权益保护起来，是利益判断局限的体现。以爱奇艺诉极客极科一案为例，法官在衡量利益时认为，极科极客公司的行为短期内会使用户不需要观看广告，但会导致丧失广告收益的爱奇艺等视频网站难以支付高额的版权支出，从而使广大网民因失去此经营模式的消费体验。[52]殊不知，并非所有视频都以观看广告为代价，有些视频是会员才享有播放权（这一数量在增加），法院在未深入了解这一数据的情况下，基于自身的生活经验对案件作后续发展设想，看似兼顾了消费者的长远利益，却略显朴素而失之武断。尽管在腾讯公司诉世界星辉公司一案的二审中，法院是在原告提供的分析报告的基础上作出判断，但经济报告具有单方性，且预测往往忽略了真正客观的给定事实并非持续展开的竞争过程所导致的结果这一客观事实，[53]换言之，市场之所以需要竞争机制，并认为这一需要是理性的，原因便在于人们无从预知竞争展开的结果，因此我们很难从过去的事实中预知未来的竞争走向，很难说预测竞争过程是有价值的。再者，视频提供平台还可以通过技术改进避免广告损失，如现在较为普遍的植入式广告、版权运营和分销等，[54]这本身是一种绕过损失、创造增长点的方式。该案二审法院否定了一审的裁判意见，说理层面的差异本质上体现为价值取向和利益衡量的差异。

四、广告拦截不正当竞争案件判断范式整合

广告拦截不正当竞争案件应当以竞争行为判断为主，辨别权利、法益与利益，以消费者利益为重要价值取向，兼顾行业的生存空间，整合利益分配，构建完备稳定的递进式不正当竞争行为判断范式是极其必要

---

〔52〕参见北京知识产权法院（2014）京知民终字第79号判决书。

〔53〕［英］冯·哈耶克：《作为一种发现过程的竞争》，邓正来译，首都经济贸易大学出版社2014年版，第25页。

〔54〕参见广州黄埔区人民法院（2017）粤0112民初737号民事判决书。

的。有学者提出“3+1”模型的判断范式，[55]对广告拦截纠纷案件的裁判困境带来曙光，但该判断范式更多的是提供了一种判断标准，具有较强的价值取向性，尚缺乏一种逻辑判断方式将其贯穿起来，本文由此提出与之相结合的判断范式。

具体判断范式逻辑如下图：

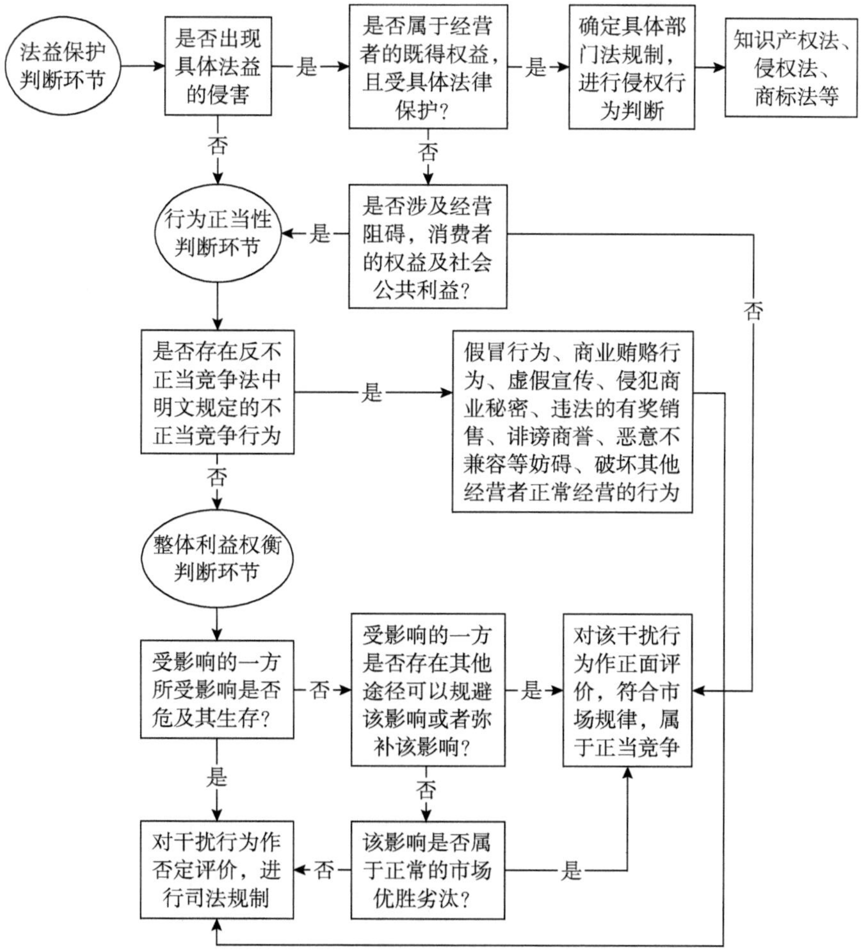

〔55〕 转引自孔祥俊：《论反不正当竞争的基本范式》，载《法学家》2018年第1期，第50–67页。

（一）扎好规制圈：法益判断先行

反不正当竞争法以竞争行为为调整对象，具有独特性，[56]但竞争行为具有多样性，不正当竞争行为更具有多元性，相关案件具有举证困难的特点，因此对不正当竞争行为的规制应当谨慎把握内向性，扎好规制圈；相对的，法益的判断是极为清晰的，以法益作为反不正当竞争法与其他部门法适用的首要差异因素，既能明晰案件的性质，也能回应反不正当竞争法的独立性，摘除“兜底法”[57]的帽子。递进式不正当竞争行为判断范式由三个层面组成，首先进行法益保护判断环节，未在该环节排除的则进入下一个环节。之所以首先进行法益保护判断，根源在于反不正当竞争法保护的法益并不十分清晰，这不是否定反不正当竞争法的独立性，而恰恰是运用排除法，将归属于其他部门法保护的权益进行排除，从而让反不正当竞争法的立法价值得以凸显。在以往的案例中，常常出现知识产权法门槛未足的纠纷案件找上反不正当竞争法的大门，导致反不正当竞争法与其他部门法存在交叉的现象。事实上，真正交叉的情况较少，存在交叉的原因在于法益未能得到准确识别。因此在存在法益损害的情况下，应首先对其进行判断：是否属于经营者的既得利益且受法律保护？当出现既得利益的损害时，案件已进入知识产权法或侵权法的规制范畴，而反不正当竞争法面向的往往是未有归属的利益竞争行为，即出现在反不正当竞争法中的损害利益应当是无主的。若该利益是有主的，则应当归其他部门法调整，与不正当竞争行为无忧。当这种利益损害并非个别经营者，而是涉及消费者或社会公益时，应当对具体竞

〔56〕 参见孔祥俊：《〈民法总则〉新视域下的反不正当竞争法》，载《比较法研究》2018年第2期，第94页。

〔57〕 知识产权法律规定与反不正当竞争法的关系是学界持续关注的问题，相关著述不胜枚举，学者的观点也相去甚远，占主流的观点是反不正当竞争法对知识产权法律规定进行补充，提供兜底保护。有学者否定反不正当竞争法的兜底法性质，认为就具体法条而言，应按照一般法律竞合处理法律适用问题，交由当事人自由选择。参见杨明：《试论反不正当竞争法对知识产权的兜底保护》，载《法商研究》2003年第3期，第119-128页；刘丽娟：《论知识产权法与反不正当竞争法的适用关系》，载《知识产权》2012年第1期，第27-35页。

争行为进行判断，否则应当认定该行为为非不正当竞争行为。

（二）凸显向内性：甄别竞争行为

反不正当竞争法的向内性，是指规制的内向性，针对属于自身调整对象的竞争行为应当关起大门进行甄别判断，这既是对2017年修订的《反不正当竞争法》的审慎包容态度的贯彻，也是《反不正当竞争法》对市场、竞争机制谦抑的应有之义。[58]判断范式的第二环节是对竞争行为进行定性的环节，当进入这一环节应当明确待判断的行为属于《反不正当竞争法》的调整范围，即竞争行为具有不正当性。前文提及，在《反不正当竞争法》中，存在有标准可循的不正当竞争行为与标准缺乏的不正当竞争行为，就具体法条而言即一般性与特殊性之分，一般性不正当竞争行为是指《反不正当竞争法》中明文规定的，如第6条的“傍名牌”行为，第9条的侵犯商业秘密行为，以及第11条的诋毁商誉行为等；特殊性不正当竞争行为是指没有明文规定、涉及竞争行为且其正当性与否尚待定夺的行为。因此，出现一般性竞争行为的则适用具体条款规定，在该范畴中进行量化判断；出现特殊性竞争行为则需要进行下一环节的利益衡量。

（三）回归症结点：整体利益权衡

利益衡量与价值判断是一个难题，也是法律科学无法回避的问题。[59]经济是第一性，法律是第二性，没有损害就不必进行规制，法律不可过度干预经济发展，司法实践应当遵循这一哲理。递进式不正当竞争行为判断范式的最后环节是整体利益权衡，这是针对竞争行为不正当程度的判断，也是价值取向和利益分配的权衡。我国的《反不正当竞争法》以保护社会公益、经营者和消费者的合法权益为宗旨，立法价值取向多元而不统一，导致司法裁判中取舍困难，现有的司法判例中出现两极分化

---

〔58〕 参见张占江：《论反不正当竞争法的谦抑性》，载《法学》2019年第3期，第57–58页。

〔59〕［美］罗斯科·庞德：《通过法律的社会控制》，沈宗灵译，楼邦彦校，商务印书馆2010年版，第34页。

的情况也与此密切相关。但是细究就会发现，社会公益的具体实现需要落实到消费者身上，经营者的权益也最终会落实到消费者身上，因此对消费者利益的实现也是直接对前两者目标的实现。在整体利益权衡环节中，应当着重判断该竞争行为对其他经营者的影响程度，是否危及其生存？受影响的经营者是否具备其他可行的规避方式？对这些问题的回答应当基于当事人提供的充分的论证数据或材料；同时，应当考量该行业的发展现状，从市场多元化和经济发展的需求上定夺其利益保护的必要性，这是社会公益的要求；再者，应当重视消费者的利益，将消费者的利益作为重要的价值参考系数，未能让消费者在具体案件中最终受益的反不正当竞争依然是不正当竞争，难以保障立法价值的实现。

法无禁止即自由，在进行了相关利益权衡，穷尽递进式不正当竞争行为判断范式之后，应当对竞争行为的正当性与否下定论。优胜劣汰是市场的常态，肯定自由竞争的价值，也要坦然接受市场的正常更迭。

五、结语

《反不正当竞争法》的价值取向多元、认定标准不统一等因素存在，要求司法机关转变保守的裁判思路，否定不必要的利益保护，肯定自由竞争的价值，构建以法益保护判断、行为正当性判断、整体利益权衡依序推进的三层判断范式机制，促进司法统一。每一个案件的裁判，不仅仅是一个判决结果，它的价值和意义在于对后来者的行为的指引和规范，当一种行为得到了否定的评价，其存在的经济效益就会降低，很多人就会对其嗤之以鼻，而一个切合时代发展潮流的判决，无疑会对社会经济等各个方面起到一个良好的引导作用，前者会阻碍社会文明的发展，后者则能推进社会文明的进步，孰轻孰重，手握法槌的司法执行者当慎思慎断。

人工智能生成内容的著作权问题研究*

冯丹蕾　陈思思　陈晓文　陈丹莉　蔡佳峻**

目　　次

内容提要： 随着人工智能的迅速发展，现有法

---

* 本文系 2018 年度省级大学生创新创业训练计划项目“人工智能创作物的著作权问题研究”（201811078055）和第 15 届“挑战杯”广东大学生课外学术科技作品竞赛项目“人工智能生成内容的著作权问题研究”（165311）的阶段性成果。

** 作者均系广州大学法学院 2016 级本科生。

律制度供给不足与智能变革秩序需求之间的矛盾日益凸显。为了更好地阐述人工智能生成内容的相关问题，本文对人工智能进行类型化分析。辅助型人工智能生成内容构成作品无争议，而以创作过程说为分析路径，自动生成型人工智能的生成内容独创性不足，不能构成作品，但其所蕴含的价值应予以保护。辅助生成型人工智能的著作权应归属于使用者，采传统著作权保护模式；部分自动生成型人工智能的著作权应归属于使用者，编程者享有署名权，采邻接权保护模式；全部自动生成型人工智能的著作权应归属于编程者，采邻接权保护模式。由于自动生成型人工智能的创作特性，应仅对其财产权中的部分权利予以保护，并给予其有别于自然人作品的较短的保护期限和采用特殊注册制度。

关键词：著作权　人工智能生成内容　权利归属　保护模式

引言

目前，人工智能在文学艺术领域的应用越来越广泛。“在日本，由人工智能创作的小说入围第三届日经新闻社的星新一奖比赛”[1]；美联社、腾讯、百度也纷纷启用人工智能参与新闻创作[2]；而引起更高关注的莫过于微软公司的AI“小冰”创作的诗集《阳光失了玻璃窗》的出版发行[3]。由此，关于人工智能生成内容是否能受著作权法保护等问题的探讨越发激烈。由于我国法律层面仍未对该问题作出回应，现有法律制度产品供给不足与智能变革秩序需求之间的矛盾不可避免且日益凸显。为此，本文围绕人工智能生成内容可能涉及的作品认定、保护模式、著作权归属主体等问题进行探讨。

---

〔1〕 李菊丹：《“人工智能创作物”有没有著作权》，载《经济参考报》2018年4月4日，第8版。

〔2〕 李菊丹：《“人工智能创作物”有没有著作权》，载《经济参考报》2018年4月4日，第8版。

〔3〕《人工智能诗人的少女情怀　微软“小冰”诗集〈阳光失了玻璃窗〉发布》，载艺术中国，http://art.china.cn/zixun/2017-05/20/content_20001142.htm，最后访问时间：2019年10月26日。

一、基于创作贡献度的人工智能分类

就目前人工智能在文学艺术领域的发展而言，其技术运用的成熟度及参与创作的贡献度大不相同，因此为了进一步阐述人工智能生成内容的相关问题，有必要对现有文学艺术领域下的人工智能技术按照创作贡献度进行分类，根据人工智能在生成内容过程中的参与度或者贡献率由低到高，可将其分为辅助生成型、部分自动生成型和全部自动生成型三大类。

（一）辅助生成型

此类人工智能与已有的计算机软件相差无几，仅仅作为一种工具来产生内容。作品主要由用户创作，人工智能仅仅执行用户的指令，辅助用户更好、更快、以更多形式呈现其创作的作品。例如，图像处理软件Adobe Photoshop，简称“PS”，能使用自身众多的编修与绘图工具，有效地进行图片、视频、出版编辑等工作，辅助用户创作内容。

（二）部分自动生成型

此类人工智能是指对人的依赖程度较低的一种人工智能，主要利用大数据、算法和应用模板自动生成内容。相较于起工具作用的辅助生成型人工智能，它们显著地塑造了输出的物质形式，但对比全部自动生成型，此类人工智能的输出形式并非不可预测。[4] 以人工智能微软小冰为例，用户只需提供一张图片给小冰，小冰就会以图片为基础自动生成一首诗歌。

（三）全部自动生成型

现有的全部自动生成型人工智能，其输出内容全部由人工智能自动生成，用户的作用仅在于按下“开始”的按钮。此类人工智能的特征在于，当程序员设置好软件运行的规则和参数后，实际输出的内容便由人工智能本体根据其自主收集到的信息、数据决定。例如，位于卫星上的计算

〔4〕 Jani McCutcheon, *The vanishing author in computer-generated works: A critical analysis of recent Australian case law*, Melbourne University law review, on Melbourne, 2013, p.56.

机捕获原始数据，对数据进行自动处理，生成显示地球轮廓、天气形成、行星运动或星系结构的图像。[5]

由于辅助生成型人工智能是类似“画笔”的创作性工具，创作过程和结果主要依赖人类的能动性，故而生成内容的权利规则仍依据传统著作权法。而部分自动生成型和全部自动生成型人工智能的生成内容更依赖于人工智能本身的“创作”，权利规则争议较大，本文将重点对这两类人工智能生成内容进行探讨。

二、人工智能生成内容的性质认定

随着人工智能进入文学、艺术创作领域，其生成内容以迅猛态势进入人们的视野。由此，必将引发一系列问题。其中对人工智能生成内容性质的认定尤为重要。

早在 1988 年，英国制度层面就对人工智能生成物的可版权性进行了回应，在《版权、设计、专利法》第 178 条对计算机生成作品的内涵进行界定，具体规定为在没有人作为作者的情形下，由计算机生成的作品。且承认了人工智能生成物可以构成作品，并规定人工智能生成物的权利主体为作出必要安排的人[6]。美国作为人工智能技术极为发达的国家，虽然尚无成文法对人工智能生成物的可版权性进行判定，但美国国会于 1974 年专门成立“版权作品新技术使用国家委员会”对上述问题专门探讨，并于 1979 年发布了最终的报告书。该报告认为，计算机本质上与传统的打字机、照相机一样，缺乏自主性，在缺乏人干预介入的情况下，计算机无法独立生成作品。在创作中，计算机仍处于辅助工具的位置，计算机生成物是否构成作品仍以《版权法》对作品的独创性判断为标准，

---

〔5〕 Jani McCutcheon, *The vanishing author in computer-generated works: A critical analysis of recent Australian case law*, Melbourne University law review, on Melbourne, 2013, p.57.

〔6〕 参见英国 1988 年《版权、设计、专利法》第 9 条第 3 款、第 12 条第 3 款、第 178 条。

无须特殊对待[7]。日本曾发布《知识财产推进计划 2019》，其中提到人工智能生成物有获得著作权保护的可能性[8]。在国际组织层面，WIPO 曾于 1979 年组织会议专门讨论计算机生成物的著作权问题，讨论认为：对经计算机系统生成之物符合作品构成要件的，原则上应适用著作权保护[9]。

（一）作品否定说与肯定说之争

我国对该问题的讨论也十分激烈，目前学界主要存在否定说和肯定说两种观点。否定说主要从两个角度作为切入点，一是创作主体，认为要构成著作权法意义上的作品，前提必须是人类的智力成果，但人工智能生成内容的创作主体并非人类，故其生成内容不能成为作品[10]；二是创作内容，认为现今人工智能创作的内容是应用算法、规则和模板的结果，因而与独创性的要求相背离，不能成为作品[11]。肯定说则主要从激励文化创新、促进产业发展和维护法律的稳定性角度进行分析，认为人工智能生成内容若符合独创性要求，应当肯定其是作品。其中对独创性的判断存在两种标准：一是客观主义标准[12]，将作品独创性有无着眼于作品本身，不考虑创作主体和创作过程。强调人工智能生成内容只要体现了选择取舍和与其他作品的“可区别的变化”时，应认定其具有独创性；二是主观主义标准[13]，认为人工智能的生成内容只要是独立创作，不是抄

〔7〕 Final Report on New Technological Uses of Copyrighted Works，National Committee on New Technology Uses of Copyrighted WorksA/24/322，Oct. 10，1979，p44.

〔8〕 日本《知识财产推进计划 2019》，载 https://www.kantei.go.jp/jp/singi/titeki2/190621/gijisidai.html，最后访问时间：2019 年 10 月 26 日。

〔9〕 参见曹源：《人工智能创作物获得版权保护的合理性》，载《科技与法律》2016 年第 3 期，第 498 页。

〔10〕 参见王渊、王翔：《论人工智能生成内容的版权法律问题》，载《当代传播》2018 年第 4 期，第 84 页。

〔11〕 参见王迁：《论人工智能生成的内容在著作权法中的定性》，载《法律科学（西北政法大学学报）》2017 年第 35 期，第 148 页。

〔12〕 参见杨述兴：《作品独创性判断之客观主义标准》，载《电子知识产权》2007 年第 8 期，第 63 页。

〔13〕 参见杨述兴：《作品独创性判断之客观主义标准》，载《电子知识产权》2007 年第 8 期，第 63 页。

袭或复制他人作品而来的，该生成内容就具有独创性。

否定说和肯定说皆从人工智能整体出发，未对人工智能生成内容展开类型化讨论。但我们认为，在目前文学艺术领域人工智能对创作的贡献率不同的情况下，需要按前文的分类逐一探讨。对于第一类辅助型人工智能，其创作主体仍为自然人，故对于该生成内容是否为作品无太多争议。目前学界的争议焦点主要在于自动型人工智能生成内容，即当人工智能为创作主体之一或者单独由人工智能创作时，我们应如何判断人工智能生成内容是否为作品？

（二）以创作过程论人工智能生成内容的独创性

现今对“独创性”的解释，在司法实践和学界中均没有一个统一的标准。部分学者以结果说为分析路径〔14〕，将作品独创性的判断着眼于作品本身，强调从作品的外在形式来分析，运用该分析路径则表明：当人工智能的创作能力达到与人类难以区分的水平，且从形式上考察其生成内容与现存的作品表达一样时，就应肯定其是作品。但这种区分实际上只能作为对目前技术发展的一种验证，目的仅在于证明人工智能达到的智能程度，而不能由此得出其应当构成作品的结论。〔15〕所以在判断独创性时应着眼于作品的创作过程，要求在创作过程中融入作者的智力选择和判断。故在分析自动生成型人工智能生成内容的独创性问题时，应将“独创性”一分为二，且在此基础上以过程说为独创性分析路径进行判断。

1. 独立完成

从自动生成型人工智能发展现状分析，虽现在仍处于弱人工智能即应用型人工智能发展阶段，但随着技术的发展，强人工智能将从一种设想变为现实。因此，在探讨“独立完成”这一独创性构成要件时，仍需

〔14〕 参见王小夏、付强：《人工智能创作物著作权问题探析》，载《中国出版》2017年第17期，第33页；郭艳：《人工智能创作物著作权制度难题及破解》，载《中国出版》2018年第12期，第67页。

〔15〕 参见王渊、王翔：《论人工智能生成内容的版权法律问题》，载《当代传播》2018年第4期，第87页。

客观分析对创作贡献率极高的全部自动生成型人工智能。[16]在部分自动生成型人工智能中，其学习方法和生成作品的方法由编程者提前预置，故其内容生成仍无法脱离预置算法。就如，体育、财经新闻类的写稿机器人所生成的该类新闻、报道结构相对稳定，创作难度不大，由此可以自动撰写新闻，但究其实质，仍然是基于信息检索和类型辨认基础上的简单的数据汇编。[17]在其创作前期，需要研发人员构建一个内容丰富、具有海量新闻信息的数据库，且对数据进行精细分类、整理；在创作过程中，还需要研发人员不断为其补充新的数据，以适应体育、财经的发展现状。[18]试想，在当前技术水平下，创作难度小、创作模板稳定的体育、财经类新闻尚且需要人的介入，那创作突发性新闻甚至是诗歌、小说等极富“自由色彩”的内容时，人工智能又如何做到“独立完成”呢？故基于其自身技术限制，当前部分自动生成型人工智能仍需要人的主动介入和干预，暂不能达到独创性标准中的“独立完成”这一要件。而对于未来可能出现的全自动生成型人工智能来说，其创作过程的开启仅需要人类完成开关的操作。其基于一定的自我学习和输出能力而生成内容，因而全自动生成型人工智能的内容生成过程符合独立完成的这一要件。

2. 创造性

虽然前文肯定了全部自动生成型人工智能生成内容的独立完成性，但从创作原理分析，全部自动生成型人工智能及部分生成型人工智能的生成内容均是应用算法、模板进行分析整合的结果，不具有唯一性，且因其远未达到深度学习程度，即未达到能够进行逻辑判断和情感选择的程度，不能像人一样进行思考，故其生成内容仍无法体现出对思想的独

---

〔16〕 参见申屠晓明：《机器人写稿的技术原理及实现方法》，载《浙江传媒研究院》2017 年第 9 期，第 15 页。

〔17〕 参见袁博：《论文学领域人工智能著作权之证伪》，载《电子知识产权》2018 年第 6 期，第 20 页。

〔18〕 参见申屠晓明：《机器人写稿的技术原理及实现方法》，载《浙江传媒研究院》2017 年第 9 期，第 17 页。

立表达。就文学艺术领域的自动生成型人工智能而言，其生成的内容要想成为作品，不仅要包含语法规则、措辞技巧、修辞美感，更重要的是传递、展示一种人类所独有的喜怒哀乐〔19〕，以此来体现人与人之间不同的个性表达。但人工智能在运用算法、模板进行分析整合时，终归是在既有规则内运行的，它的大脑犹如一个大型运算系统，不具有情感选择和逻辑判断的能力。这也就导致用户在与微软小冰互动写诗的过程中，常常会感觉小冰创作的诗歌与其上传的照片“貌合神离”。虽然小冰在大数据的帮助下学会了使用语言和表达意象的能力，但仍无法避免表达模糊、词不达意的毛病，这其实就表明该阶段的人工智能不能如同人类一样，在创作时体现自己的个性与选择，而其创作的内容也只是运用算法、数据整合的结果。

虽然从小冰创作的诗歌已达到“貌合”这一程度来看，此阶段的人工智能生成内容已具有可区别的特征。但若仅执拗于“可区别”这一特征，而完全抛开对其创作主体和过程的分析，就会无端扩大著作权法的保护范围，进而损害公众利益。正如杨述兴学者提及，我们的眼光应在主观主义标准和客观主义标准之间“往返流转”，〔20〕故在判断人工智能生成内容的独创性时应兼采“独立完成”与“最低限度的标准”来综合分析。因此，现阶段人工智能生成内容，不符合独创性标准中的“创造性”标准，独创性仍不足。

综上所述，部分自动生成型人工智能仍无法独立生成内容，其生成的内容也无法体现创造性；而全部自动生成型人工智能虽已能独立完成，但其生成内容终究是用算法、模板进行分析整合的结果，无法体现逻辑判断和情感选择，故上述部分自动生成型及全部自动生成型人工智能的生成内容均不能成为著作权法意义上的作品。

---

〔19〕 参见袁博：《论文学领域人工智能著作权之证伪》，载《电子知识产权》2018年第6期，第22页。

〔20〕 参见杨述兴：《作品独创性判断之客观主义标准》，载《电子知识产权》2007年第8期，第18页。

三、人工智能生成内容的保护模式选择

自动生成型人工智能生成内容不能成为作品，意味着其不需要受到法律的保护吗？答案是否定的，我们可以从市场激励论的角度探寻在法律上保护人工智能生成内容的价值意义。人工智能的生成内容具有可以在短时间内大量、无间断地输出，并且与人类创作的一般作品没有较大实质性差别的特征。假设不给予人工智能生成内容法律上的认可和保护，在产出后这部分基数如此大的不受著作权法保护的生成内容将涌入市场，被置于公共领域中。此时，对任何潜在的使用者来说，他都可以不支付任何费用或经得任何人的允许而直接使用人工智能的生成内容，那些受著作权法保护的需要支付使用费或获得权利人许可的人类作品将失去市场竞争力。逐渐地，绝大部分人类作品的著作权价值会趋向于零，人们不再愿意去创作作品，因为无法从此过程中获得物质或精神的激励，而此时著作权的设立也会丧失其意义。对人工智能的投资者或所有者来说，由于人工智能的生成内容全部进入公共领域，任何人可以未经允许或支付费用地利用人工智能的生成内容，投资者自然无法从中获利。这样的后果是打破“投资—利用—获利—再投资”的激励循环机制，打压了人工智能产业的发展，最终损害的是市场的发展。

因此，应当对人工智能生成内容予以法律保护，赋予其“权利”。权利的设置就如拼一块拼图，需同时具备权利主体、权利的客体、权利的取得方式、权利的内容及其存续期限，才能显现出一个完整的权利图像，从而确定具体的权利保护路径。

（一）保护模式的多元路径

对辅助生成型人工智能生成内容的保护模式不存在争议，其生成内容的创作主体仍然是自然人，人工智能只是工具。所以，对于该类型的人工智能的生成内容，现有著作权规则足以回应。下文主要探讨自动生成型人工智能保护模式路径选择。

对于部分自动和全部自动生成型人工智能生成内容的保护模式，即其生成内容应属于哪一类客体的问题，国内学者们各抒己见，主要有以

下几种保护模式路径。

1. 著作权传统规则

一是法人作品、职务作品。持这一主张的学者认为人工智能不可能成为权利主体，其生成内容可视为代表设计者或者训练者的意志创作的法人作品或职务作品。[21]二是委托作品。持这一主张的学者认为可以将人工智能进行人格拟制，从而作为委托作品的受委托人。这一主张主要是考虑到现阶段人工智能主要处于辅助工作地位，可将人工智能视为拟制的受托人。[22]

上述两种保护模式都属于著作权传统规则范畴，虽都有一定合理性，但持这两种观点的学者都以承认自动生成型人工智能生成内容构成作品为前提，这样的话，人工智能生成内容就需要达到作品的独创性标准。但按照我们前文的所述，对其以过程说为路径进行分析，现阶段自动生成型人工智能仍独创性不足，因而不能构成作品。并且，如果对其生成内容给予与传统著作权作品相同的保护范围和水平，可能会使自动生成型人工智能生成内容以其创作效率和数量优势占据市场，冲击市场秩序。

2. 单独创设特别权

持这一主张的学者认为可以建立一项全新的法律制度，以便对其保护对象、权利主体、范围及限制、责任规则等作出全盘的考虑。[23]从长远来看这似乎是一个合理的选择，但重新设立一个新的权利制度会加剧立法和制度设计的成本，故在现行著作权法体系框架下讨论人工智能生成内容的著作权保护问题，参考借鉴早已存在且运作成熟的著作权法原有体系制度，更具现实意义。

---

〔21〕 参见熊琦：《人工智能生成内容的著作权认定》，载《知识产权》2017年第3期，第3页；吴汉东：《人工智能时代的制度安排与法律规制》，载《法律科学（西北政法大学学报）》2017年第5期，第128页。

〔22〕 参见彭木林：《人工智能“作品”著作权归属模式探析》，载《特区经济》2018年第1期，第106页。

〔23〕 参见王露：《人工智能创作物著作权保护的突破及权利归属》，西北大学2018年硕士学位论文，第16页。

3. 邻接权

持这一主张的学者认为可以为人工智能生成内容创设一种新类型的邻接权。基于目前人工智能独创性不足，采用此种模式可以不考虑独创性，而因其财产价值予以保护，并且由于邻接权保护范围和期限较为有限，对其进行有限保护，可以避免冲击市场秩序。〔24〕较之其他保护路径，邻接权保护模式较为合理，应予以采用。

（二）邻接权保护模式的合理性分析

邻接权制度是作品传播技术发展的产物，并伴随着新技术的出现而不断发展，作品被创作出来后，不能只放在那儿成为静止不动的摆设，不能仅仅保护作品的创作者，为了进一步发挥作品应有的内在价值，应当将作品通过出版、录音录像等方式进行传播，因此作品传播者的利益也需要得到应有的保护。基于劳动价值理论，邻接权制度设立的作用在于通过保护作品传播者传播作品过程中的创造性劳动，以提高其传播作品的积极性，实现知识产权领域的良性循环。

而对自动生成型人工智能生成内容进行保护的价值与对录音录像制品和广播电台节目等邻接权客体进行保护的价值具有内在的一致性，为人工智能生成内容创设一种新类型的邻接权，承认人工智能“出汗了”，是尊重其“劳动成果”的体现。通过对人工智能生成内容所蕴含的财产价值予以保护，有利于激励其在知识产权领域的应用与发展。具体来说，主要基于以下几点考虑：

首先，不同于著作权制度设立的宗旨主要在于保护自然人作者的独创性表达，邻接权设立的宗旨在于保护作品传播过程中的创造性劳动，因此，邻接权保护模式对独创性要求较低。此种保护模式可以应用到现今独创性仍不足的自动生成型人工智能中去。

---

〔24〕 参见易继明：《人工智能生成内容是作品吗？》，载《法律科学（西北政法大学学报）》2017年第35期，第137页；陶乾：《论著作权法对人工智能生成成果的保护——作为邻接权的数据处理者权之证立》，载《法学》2018年第4期，第11页；罗祥、张国安：《著作权法视角下人工智能创作物保护》，载《河南财经政法大学学报》2017年第6期，第144页。

其次，从创作原理来看，自动生成型人工智能生成内容是依托大量的数据信息，在算法基础上对信息进行进一步的系统分析而“创作”出来的，在一定程度上类似于广播电台的节目信号制作和录音录像制品的制作。所以，这本质上是一种“工业版权”，是文化工业和科技发展的产物，其产生缘由与邻接权相符。

再次，由于邻接权保护范围和水平有限，采取此种保护模式有利于减少自动生成型人工智能生成内容对原有市场秩序的冲击。因为，在其他条件不变的情况下，考虑到自动生成型人工智能生成内容的产生具有低成本、高效率的特点，对比一般的人类作品，具有很大的市场竞争优势，若给予自动生成型人工智能生成内容与人类作品相同水平的保护力度，采用著作权较长的保护期限并赋予其较为广泛的权能，可能会冲击原有市场秩序。因此，对自动生成型人工智能生成内容采取邻接权保护模式，对其进行有限的保护，可以避免激励过度，冲击人类作者的创作动力，维护原有市场秩序的稳定。

最后，邻接权作为传统著作权的延伸，具有较强的灵活性，因此，对比严格的狭义著作权制度，邻接权制度较为开放，可以根据国情和实践需要创设新类型的邻接权，如版式设计权。对自动生成型人工智能的生成内容的权利取得方式、权利内容和保护期限等另行进行具体的设计和安排，这是解决人工智能这一新兴事物与传统著作权制度冲突的长远之策。

综上所述，由于部分自动和全部自动生成型人工智能的创作特性，采取区别于传统著作权作品保护模式，保护水平和标准较低的邻接权保护模式，是契合著作权法现有体系制度，符合著作权法立法宗旨的最好的选择。

（三）邻接权保护模式的规则构建

辅助型人工智能权利主体仍然是人，可以直接适用现有著作权制度。而对自动生成型人工智能的生成内容的保护，在选择邻接权保护模式的基础上，为了便于具体实施，需要从权利取得方式、保护内容及期限等方面，进行具体规则构建。

1. 权利取得方式

在人工智能权利取得方式方面，主要有以下两种主张：一是采取特殊注册制[25]；二是采取自动取得制[26]。现有著作权法意义上的作品，均为自创作完成之日起即受保护。采取第一种权利取得方式，可以通过对自动生成型人工智能生成内容进行事先审核，进行有效的监督和控制，应当采用。具体来说，主要基于以下几点考虑：

首先，采特殊注册制度可以清楚界定自动生成型人工智能生成内容的权利人。若生成内容一经创作出来即受保护，不经过事先的注册审核，当市场上充斥大量作品时，权利义务主体就难以确定，侵权行为就很容易发生。

其次，大量独创性较低的自动生成型人工智能生成内容可通过著作权特殊注册制度得到有效监督和限制，使人类作品与自动生成型人工智能生成内容总量相对平衡，避免自动生成型人工智能生成内容因数量优势占据著作权市场，冲击原有市场秩序，冲击人类作者创作的经济动力。

最后，特殊注册制的具体运作可以在参照我国原有商标注册制度的基础上加以简化。自动生成型人工智能的权利主体人要想取得对作品的专有权利，需依据一定的程序，向专门审核的版权局特设部门提出注册申请，并缴纳审核费用，经过审核，才能准予注册。此外，由于人工智能生成内容可以瞬间海量产生，为了避免人的审核速度不及生成的速度，可以用同一套人工智能系统生成的内容进行统一审核，而不必分别进行审核。因为自动生成型人工智能生成内容主要是应用算法、模板分析的结果，故可以认为应用同一系统生成的内容质量一般较为稳定。由此，

---

〔25〕 参见袁真富：《人工智能作品的版权归属问题研究》，载《科技与出版》2018 年第 7 期，第 111 页；李芳芳：《人工智能创作物的著作权保护研究》，载《出版广角》2018 年第 9 期，第 40 页。

〔26〕 参见熊琦：《人工智能生成内容的著作权认定》，载《知识产权》2017 年第 3 期，第 5 页；吴汉东：《人工智能时代的制度安排与法律规制》，载《法律科学（西北政法大学学报）》2017 年第 5 期，第 131 页。

统一对人工智能生成内容的能力进行审核，可以提高审核速度，减少审批所产生的社会成本。

2. 权利内容

由于自动生成型人工智能创作路径的特殊性，自然需要对权利内容进行特殊的规则构建，由于人工智能属于机器，不是“人”，没有思想和情感，所以原则上不享有精神性权利，我们重点讨论其财产性权利。对于自动生成型人工智能生成内容的财产权利内容应当进行必要的减少，降低其保护水平以避免冲击人类作品的市场。具体来说，可以只对财产权中的发行权、复制权、信息网络传播权、广播权、汇编权等加以保护。

3. 权利期限

基于自动生成型人工智能的创作特性，国内的学者大都主张对人工智能生成内容给予有别于自然人作品的较短的保护期限。〔27〕在我国现行法律制度下，邻接权保护期限长短不一，结合人工智能的特殊属性，其生成内容可以在短时间内迅速产生，所以，应给予其生成内容有别于传统自然人作品和现行邻接权较短的保护期限，而具体的保护期应在对相关行业及各方利益主体进行充分社会调研之后再予以确定。

四、人工智能生成内容著作权归属的法理分析

当具有保护价值的生成内容的合法权益遭到侵害时，若仅仅确定保护模式，而未确定权利归属的主体，可能会出现无人主张权利或者多人争夺的情形。为了避免这种“空喊口号，无实际保护”的尴尬局面，我们须明晰各类型人工智能生成内容的著作权归属主体，并结合上文的保护模式，对人工智能生成内容的保护构建完整的制度体系框架。

---

〔27〕 参见陶乾：《论著作权法对人工智能生成成果的保护——作为邻接权的数据处理者权之证立》，载《法学》2018 年第 4 期，第 13 页；参见袁真富：《人工智能作品的版权归属问题研究》，载《科技与出版》2018 年第 7 期，第 113 页；李芳芳：《人工智能创作物的著作权保护研究》，载《出版广角》2018 年第 9 期，第 42 页。

（一）权利主体之争

对于人工智能生成内容的权利主体，国内外学者各抒己见，争议焦点主要集中在以下三个主体。

1. 人工智能本体

持有该观点的学者认为没有理由不赋予计算机类似的地位，使其在自己所创造的东西中拥有知识产权〔28〕；当计算机是法定发明者时，计算机能够达到最佳的工作状态。〔29〕但美国官方并不认可人工智能的法律主体地位，美国版权局在 2014 年的“简编”中发表了一项最新的作者资格，明确排除了机器可成为享有著作权的作者。〔30〕

2. 编程者

编程者有狭义和广义之分，狭义的编程者仅仅指那些在编码领域的技术人员，而广义的编程者则包括编程人员所在的整个公司或集团。这里讨论的是广义的编程者，因为要充分考虑到人工智能诞生的重要原因是其背后的公司或集团为其提供资金以及技术设备。

美国的司法判例倾向于认同编程者可作为权利主体，在 1982 年的 Williams Electronics，Inc. v. Artic International，Inc. 一案中，第三巡回上诉法院的判决认为由电子游戏所产生视频的著作权属于该电子游戏软件的编程者，而不属于使用者。1983 年的 Midway Manufacturing，Inc. v. Artic International，Inc. 一案同样延续了这一观点。〔31〕这些观点认为编程者创作了人工智能并且决定了之后人工智能创作所产生的各种可能性，因

〔28〕 See Colin R. Davies，*An Evolutionary Step in Intellectual Property Rights-Artificial Intelligence and Intellectual Property*，Computer Law & Security Review，2011，p.601–619.

〔29〕 See Ryan and Abbott，*I Think，Therefore I Invent：Creative Computers and the Future of Patent Law*，Boston College Law Review，2016，p.1116.

〔30〕 See Ryan and Abbott，*I Think，Therefore I Invent：Creative Computers and the Future of Patent Law*，Boston College Law Review，2016，p.1099.

〔31〕 See Midway Manufacturing，Inc. v. Artic International，Inc.704 F.2d 1009（7th Cir.），cert denied，464 U.S. 823（1983）. 资料来源：http://www.leagle.com/decision/19821546547FSupp999_11375.xml/MIDWAY%20MFG.%20CO.%20v.%20ARTIC%20INTERN.，%20INC，最后访问时间：2019 年 10 月 26 日。

此应该由编程者享有人工智能产品所产生的作品著作权。国内部分学者也认可人工智能生成内容应归属于编程者或者说技术研发公司。从孳息的目的理论分析，硬件所有者更贴近原物所有者。〔32〕从激励说角度出发，人工智能系统的技术研发公司需要通过著作权的享有来获得投资回报，从而有利于其进行新的人工智能产业投入，推动整体产业的发展。〔33〕

3. 使用者

英国在1988年《版权、设计和专利法》第9条第3款规定："为计算机所生成之作品进行必要程序者，视为该计算机生成之作品的作者"，〔34〕南非1978年《版权法》亦规定计算机创作物构成《版权法》中的作品，该作品的作者是对该作品之创作进行必要操作的人，〔35〕新西兰也存在类似规定，〔36〕这些立法体现人工智能生成内容的著作权应该归属于使用软件的人。持该观点的学者认为，由于人工智能往往需要对大量数据进行学习或者对样本进行模仿，所以素材的提供者即使用人应该成为著作权人，享有该作品产生的权利并承担由此产生的法律责任。〔37〕

（二）权利分配的考量因素

通过以上分析可知，学者们基于不同的判断标准提出了不同的观点。我们认为，应该将人工智能生成内容的权利归属放置在同一标准下进行

〔32〕 参见黄玉烨、司马航：《孳息视角下人工智能生成作品的权利归属》，载《河南师范大学学报（哲学社会科学版）》2018年第4期，第28页。

〔33〕 参见张颖：《人工智能编创过程中的著作权问题探析》，载《中国编辑》2018年第105期，第83页。

〔34〕 参见英国1988年《版权、设计和专利法》，载英国政府法制网站，http://www.legislation.gov.uk/ukpga/1988/48/2018-10-11，最后访问时间：2020年3月13日。

〔35〕 See South Africa Copyright Act, No. 98 of 1978, s. 1; Copyright Act (N.Z.), 1994/143, s. 5 (2)(a), quoting Mark Perry & Thomas Margoni, *From Music Tracks to Google Maps: Who Owns Computer-Generated Works*, Computer Law & Security Review, 2016, p.621-622.

〔36〕 Copyright Act (N.Z.), 1994/143, s. 5 (2)(a), quoting Perry M, Margoni T. *From music tracks to Google maps: Who owns computer-generated works?* Computer Law & Security Review, 2010, 26 (6): 621-629.

〔37〕 参见王小夏、付强：《人工智能创作物著作权问题探析》，载《中国出版》2017年第17期，第36页。

考量，具体而言，有以下三个要素。

1. 创作意图

创作意图的要素来源于知识产权人格权理论，该理论在19世纪发端于欧洲大陆，主要是受德国哲学家康德、费希特及黑格尔等的影响。黑格尔认为，物作为一种外在的东西，是不自由的、无人格的以及无权的东西，而人有权把他的意志体现在任何物中，因而使该物成为我的东西；人具有这种权利作为他的实体性的目的，因为物本身不具有这种目的，而是从人的意志中获得它的规定和灵魂〔38〕。亦即，人工智能的生成内容亦是人格的体现。人格要实现自己的自由理念，由纯粹的观念变为具有实在性的东西，就要借助于生成内容，将主体意志体现在生成内容上。所以，权利应归属于体现了创作意图的主体。

2. 激励机制

激励机制指的是赋予著作权人一定的排他权使其获利，从而激励权利人再次回到创作或投资这个源起点，这是知识产权功利主义理论的一种体现。不管是古典功利主义代表学者边沁提出的“最大多数人的最大幸福的理想”，或是经济分析法学派代表学者波斯纳对知识产权正当性提出的更为精确和更具操作性的标准〔39〕，他们都认可知识产权效益和激励的重要性。著作权效力的每一次获得或增加，都会刺激创作和投资活动的增长。这时候激励机制就产生了，它的循环往复有利于产出更多优质的创作物，并将吸引更多的创作者和消费者投入循环中，从而使整体社会获利。因此，对人工智能生成内容的权利归属也应该遵循激励机制。相反，如果归属的主体不受激励机制影响，那么将无法使更多的人投身其中，破坏了激励机制，最后的恶果会指向整体社会利益。所以，激励机制也是在分配权利时应考虑的一个重要因素。

---

〔38〕 参见〔德〕黑格尔:《法哲学原理》，范阳、张企泰译，商务印书局1982年版，第52–53页。

〔39〕 参见〔美〕理查德·A. 波斯纳:《法律的经济分析（上）》，蒋兆康译，中国大百科全书出版社1997年版，第二章。

3. 有效合理的权利行使

权利分配的目的是使权利人能有效率地行使自己的权利，去保护人工智能生成内容免受不法侵害。“对于以前将无主财产的所有权建立在发现或者授权基础之上的做法，最有效率的可供替代方案是，将之建立在实际占领的基础之上。这种做法减少了成为第一人的净收益，并因此而在某种程度上缓解了过度投资的难题，因为它迫使将来的所有权人承担占领成本。”〔40〕同理，人工智能生成内容的权利也应归属于那些最能够对之有效率地利用的人，因为他们是最有可能自愿承担在占有中，包括被侵权后的维权中所涉及的成本的人。相反，如果将权利归属于无价值判断意识的机器人，就会出现权利的浪费。另外，若界定不清导致出现多个潜在的权利主体互相竞争的现象，则会导致维权成本加重，最终无法实施有效的保护。

（三）类型化视角下的权利归属

1. 辅助生成型

对于辅助生成型人工智能的生成内容，笔者认为应该归属于使用该人工智能的人，亦即使用者。以 PS 软件为例，它只是作为一种工具执行用户的命令，生成内容的产出极大程度上依赖于使用者，体现了使用者的创作意图，而它作为工具对生成内容所作的实质性贡献基本可以忽略不计。由于该类型的人工智能基本依赖于使用者的输入，所以归属于使用者会激励其继续利用该工具进行创作。最后，权利归属于使用者，能更有利于生成内容的著作权保护。因而，这些生成内容的著作权应归属于使用者。

2. 部分自动生成型

对于此种类型应分两个方面进行讨论：第一是对于已有约定的，根据约定进行权利归属；第二是对于未有约定的，国内外学界还没有形成

〔40〕 参见〔美〕威廉·M 兰德斯、理查德·A. 波斯纳：《知识产权的经济结构》，金海军译，北京大学出版社 2005 年版，第 32–33 页。

定论。争议主要集中在三个主体上，分别是人工智能本体、编程者和使用者。我们认为生成内容的署名权应归属于编程者，剩余大部分著作权归属于使用者，原因如下：

第一，从人工智能本体的角度出发，人工智能本体目前的技术还不足以成为法律主体，从而不能成为权利主体，但我们不否认它可以作为一种对未来人工智能技术的期待性假设理论存在。退一步讲，即使人工智能作为法律主体成为其生成内容的权利主体，它作为一种机器也没有意识去主动维护自己的权益，不利于实际的保护进行。这样，对人工智能生成内容保护的相关规定就只能成为一纸空文。因而，就目前而言，不宜赋予人工智能本体法律地位。

第二，从编程者的角度出发，首先，这样分配符合创作意图的认定。人工智能的编程者从提供配套硬件、组织训练学习，到提供数据信息不断完善升级，在整个过程都注入了编程者的主体意志，人工智能可视为代表其编程者意志而进行创作。其次，权利分配给编程者，有利于编程者通过署名获得声誉回报，从而增加未来交易的可能，激励其进一步开发更优质的人工智能系统。

第三，从使用者的角度出发，以微软小冰为例，其生成内容体现了使用者的创作意图。根据知识产权人格权理论，若非使用者输入特定的一张图片，小冰则无法自动生成诗歌。所以使用者输入图片的这一行为实际上是使小冰在无思维的设定诗歌算法中抽取出了特定的内容，而这个特定的内容是使用者的输入，体现了使用者的个人特色。此外，将大部分权利归属于使用者符合激励机制。编程者已经通过署名的方式获得了宣传广告的作用，核心技术仍然在编程者手中。同时，认可使用者的权利主体地位，不仅可以提高使用者的使用积极性，也可以使这项技术的优点得到广泛传播，从而再次激励编程者的投资和创作。而且将权利归属于使用者，有利于其有效合理地行使。

3. 全部自动生成型

该类型的人工智能通过深度学习具有自主选择的能力，其创作过程只需人按下开关即可自动生成内容。该类人工智能的生成内容应该归属于编程者。因为此阶段的人工智能生成内容的创作没有体现使用者的创作意图。发展到该阶段，人类只需要进行开关操作，无须输入其他素材，故其创作参与度几乎可以忽略不计，所以使用者不应成为全部自动生成型人工智能生成内容的权利人。此外，生成内容的著作权也不应归属于人工智能本体。尽管全自动生成型的人工智能有深度学习的能力，但将权利归属于它，会导致激励机制的破坏。并且，即使被侵权它也无法主动积极维护自身的权益，不利于权利在实际中的有效合理行使。而对编程者来说，全部自动生成型人工智能生成内容体现了其创作的意图。编程者在设计编程的过程中将自己的创作意图注入，最终的生成内容在一定程度上体现了编程者的意志。当编程者获利后，会再次投资和产出，有利于激励机制的良性运行。因而，生成内容应该归属于将该人工智能创造出来的编程者。

综上，对于目前人工智能生成内容的归属，应展开类型化讨论：辅助型人工智能生成内容的著作权归使用者所有。自动生成型人工智能生成内容的权利归属先看有无约定，有约定从约定；没有约定的应进一步区分部分自动生成型人工智能和全部自动生成型人工智能，前者的署名权归编程者所有，剩余权利归使用者；后者的权利应归于编程者。

五、结语

正如狄更斯在《双城记》中所言，“这是最好的时代，也是最坏的时代”[41]。当前我们正处于一个急速发展与变迁的时代，新事物的产生亦伴随着一系列未知的挑战。为了抑制“坏”的一面，我们须不断完善、变革相应的制度以缓解矛盾的扩大。所以，面对人工智能生成内容对传统知识产权制度的挑战，我们不能回避与退缩，须进一步完善相关的法律制度以解决未来可能出现的矛盾争议。在现有的知识产权制度框架下，

〔41〕 参见［英］查尔斯·狄更斯：《双城记》，宋兆霖译，作家出版社 2015 年版，第 1 页。

需将人工智能生成内容进行类型化探讨，从而展开有针对性的分析。就目前争议最大的自动生成型人工智能的生成内容而言，因独创性不足，不能赋予其作品的性质，但其所蕴含的价值应予以保护。基于自动生成型人工智能的创作特性，对于部分自动生成型人工智能，著作权应归属于使用者，编程者享有署名权，采邻接权保护模式；对于全部自动生成型人工智能，著作权应归属于编程者，采邻接权保护模式。应仅对其财产权中的部分权利予以保护，采用特殊注册制度且给予其有别于自然人作品的较短的保护期限，以此来保护“创作—保护—激励—再创作”这一个知产领域的良性循环。

PART 4

制度检讨

Reflection on Legal System

pp.179-255

二元化犯罪模式：基本理念、立法提倡与风险防范

韦春发*

目　　次

内容提要：以犯罪化为保障的非犯罪化的二元化犯罪模式集中体现在我国刑法逃税罪的规定中。作为刑法立法建构论的重要课题之一，这种新的罪

* 韦春发，中南财经政法大学刑事司法学院刑法学硕士研究生。

刑规范模式作为犯罪化与非犯罪化二者的中间道路，在解决刑法与行政法的交叉适用难题以及有效预防犯罪的同时缓解诉讼社会背景下的刑事司法压力等方面均蕴含着巨大的制度优势；应提倡在“三年以下有期徒刑的非暴力性法定犯”的范畴内适度扩张其立法运用。与此同时，风险防控意识也要求立法者对二元化犯罪模式诸如非理性的、突破刑法基本原则的或者导致刑法过度私法化倾向的不恰当运用等时刻保持小心求证的谨慎态度。

关键词：二元化犯罪模式　非犯罪化　犯罪化　行刑交叉　刑法私法化

虽然应当认可教义学作为一种知识形态而成为当前刑法学的核心，刑法立法论同样不是低层次的学问。“由于‘立法时代’的到来，长期关闭在解释论里的刑法学者，再次将目光转向了立法论。”[1]立法论至少应具有两个基本面向，即立法批判论与立法建构论；然而学界长期以来将其简单等同于前者并加以批驳，这无疑是对刑法立法论的重大误解。我国近年来的《刑法》修正愈加频繁，对立法建构论的研究势必应当成为刑法学理的重要课题之一，立法技术作为其中的子课题则不可为我们所忽视。故本文以此为切入点，并选取“二元化犯罪模式”为论题，对这种新的罪刑规范模式作进一步研讨以求教于学界师友，同时也为我国的刑事立法从具体的技术层面建言献策。

一、二元化犯罪模式的基本理念

自1987年开始，日本立法机关开启了频繁修订其刑法典的时代，这一立法现象被日本学者称之为“刑事立法活性化”[2]。截至目前，我国

〔1〕［日］松原芳博:《刑事违法性と法益论の现在》，载《法律时报》2016年第7号，第25页。

〔2〕［日］井田良:《刑事立法の活性化とそのゆくえ》，载《法律時報》2003年第75卷第2号，第4-6页。

在 1997 年《刑法》的基础上已经出台了十部《刑法修正案》，平均两年进行一次修订，这种修法频率不可谓不繁，因此有学者主张："从修正案的主要内容来看，可以认为我国也出现了所谓的刑事立法活性化的现象。"[3]"中国刑法立法出现上述现象，甚至在某些方面具有根本性转向，其原因是多重的，但总体上是由当下中国高速的社会转型所决定的。"[4]不论对一个时期以来的《刑法》修订持何种立场，必须承认的是从总体上"通过检讨立法动向不仅是为了评价刑事立法的实然状态，还可以期待的是批判的检讨学说理论本身的应然状态"。[5]这种修法现象为我们研究刑法立法建构论提供了双重视角：从宏观层面对《刑法》修正本身加以检讨，如立法的价值趋向，《刑法》的修正是否继续采取修正案的形式以维护单一法典化的模式等；而从微观层面，历次修法涉及的总则的一般制度与分则的具体刑罚法规都成为我们所研究的对象。这种立法建构论的双重视角实际上体现了德国学者 Heck 所提倡的法的内在体系与外在体系之区分。"所谓内在体系体现为'解决矛盾的体系'，亦即解决规范背后的利益冲突体系；而外在体系则具体化为'秩序概念、划分与顺位的建构'。"[6]我国《刑法》二十多年的修正虽然从整体上看得失兼备，但其中亦不乏诸多亮点，本文将要探讨的"二元化犯罪模式"恰是其中之一。

"二元化犯罪模式"这一概念由我国学者姜涛教授首先倡导，并由他对这一全新的罪刑规范模式作了初步梳理。姜涛教授在研究《刑法修正案（七）》第 3 条时认为对"逃税罪"的修改"从某种意义上说，是一种以犯罪化保障非犯罪化的犯罪模式，所以将其命名为二元化犯罪模式；

〔3〕 程红、吴荣富：《刑事立法活性化与刑法理念的转变》，载《云南大学学报（法学版）》2016 年第 4 期，第 40 页。

〔4〕 周光权：《转型时期刑法立法的思路与方法》，载《中国社会科学》2016 年第 3 期，第 126-127 页。

〔5〕［日］井田良：《变革の时代における理論刑法学》，庆应义塾大学出版会 2007 年版，第 27 页。

〔6〕 Philipp Heck，Begriffsbild ung und Interessenjurisprudenz，Tübingen.，1932，S.139ff.

在二元化犯罪模式中，非犯罪化是优先模式，即在符合法定条件的情况下不追究犯罪人的刑事责任，但这种不追究又是以犯罪化为后盾和保障的，即在不符合法定的非犯罪化的情况下又要追究刑事责任。由此可见，这种犯罪模式不是一种非犯罪化模式，而是一种二元化的犯罪模式，是非犯罪化模式与犯罪化模式的组合体”。〔7〕按照这一严格界定，我国《刑法》分则仅在“逃税罪”中集中体现了这一罪刑规范模式。实际上在《刑法修正案（九）》颁布实施以前，分则第241条“收买被拐卖的妇女、儿童罪”在一定程度上也属于二元化犯罪模式，因为修改前的该条第6款规定：“收买被拐卖的妇女、儿童，按照被买妇女的意愿，不阻碍其返回原居住地的，对被买儿童没有虐待行为，不阻碍对其进行解救的，可以不追究刑事责任。”但是，由于是“可以”不追究刑事责任，这与逃税罪中“经税务机关依法下达追缴通知后，补缴应纳税款，缴纳滞纳金，已受行政处罚的，不予追究刑事责任”之间仍有细微差别，又因这一款在很大程度上体现了立法者的倾向性意见，故对原来的收买被拐卖的妇女、儿童罪暂且可以称之为“准二元化犯罪模式”。但是，《刑法修正案（九）》删去了上述“可以不追究刑事责任”规定，改为“可以从轻、减轻或者免除处罚”，这固然是出于从严惩处收买一方的刑事政策考量，然而却在不经意间忽视了原规定所蕴含的二元化犯罪模式的价值意蕴，不免令人感到遗憾。

必须指出的是，二元化犯罪模式的概念虽由我国学者首倡，但在刑事立法上却并非《刑法》的首创。在我国台湾地区施行的“毒品危害防止条例”第10条规定：使用第一级毒品的，处六个月以上五年以下有期徒刑；使用第二级毒品的，处三年以下有期徒刑。但同一条例的第20条却规定：观察，勒戒以后，检察官或者少年法院根据勒戒所的陈报，认为观察、勒戒人没有继续使用毒品的倾向的，即应释放，即为不起诉或

〔7〕姜涛：《激励、效能、谦抑：二元化犯罪模式的法理审视》，载《时代法学》2010年第3期，第21页。

者不付审理之裁定；认为观察勒戒人有继续使用毒品倾向的，检察官声请法院裁定或者由少年法院裁定令入戒治所强制戒治，期间为六个月以上至无继续强制戒治必要为止，但最长不得超过一年。联系对比上述两个条文可见，这属于较为典型的“二元化犯罪模式”。

二元化犯罪模式在刑法基础理论上亦有其根基之所在。我们通常将构成要件要素以不同标准划分不同的种类，其中重要的一组划分便是“积极的构成要件要素”与“消极规定的构成要件要素”。“通常的构成要件要素，是积极地表明成立犯罪必须符合的要素，这就是积极的构成要件要素，一般的构成要件要素都是积极的构成要件要素。但例外地也存在否定犯罪性的构成要件要素，这便是消极规定的构成要件要素。”〔8〕二元化犯罪模式中非犯罪化面向的要素便属于消极规定的构成要件要素，其意义与积极的构成要件要素没有本质区别，实际上是因为规定方式不同而产生的；但从法条文本的表述方式与语感来看，两者之间仍存在细微差别，这就为我们研究二元化犯罪模式这一消极规定的构成要件要素提供了一定空间。必须强调的是，二元化犯罪模式作为消极规定的构成要件要素与“消极构成要件要素理论”之间存在本质区别：后者是将正当化事由作为构成要件要素，从而在容许构成要件错误的场合得出过失结论，这与本文论题并不相关。二元化犯罪模式中非犯罪化面向作为消极规定的构成要件要素与我国《刑法》第13条但书的规定具有高度的契合性，如因为符合逃税罪中非犯罪化规定的行为通常即可认为是“情节显著轻微，危害不大”，这也从侧面说明了二元化犯罪模式与我国刑法形式与实质相统一的犯罪概念之界定具有相当程度的兼容性。

以上对本文论题的二元化犯罪模式之基本理念作了简要介绍，简言之，即以犯罪化为保障的非犯罪化的犯罪模式，该模式同时具有犯罪化与非犯罪化的两个基本维度。自2009年《刑法修正案（七）》颁布施行以来，在十年的时间里，这一新的罪刑规范模式所体现的重要立法技

〔8〕 张明楷：《外国刑法纲要》，清华大学出版社2007年版，第85页。

术未能引起我国刑法学界的应有重视，尽管该模式的倡导者姜涛教授在2016年的全国刑法年会上仍建议性地指出："采取二元化犯罪模式可以很好地解决行刑交叉问题，其是实现控制风险与保障人权二者间平衡的更优制度选择。"〔9〕同时撰文强调："二元化犯罪模式有利于建构行政权与司法权之间的功能秩序。"〔10〕然而近三年来，该论题的研究现状仍无明显改观，直至近来突发的一些社会热点事件使"逃税罪"再次进入公众的视野，并由此引发了针对该罪所采纳的"二元化犯罪模式"的立法技术是否违背了社会基本公平的拷问。实际上，对这一论题的研究不足根源于多年来对刑法立法建构论的错误批判蒙蔽了我们的研究视野，以致忽视了以"二元化犯罪模式"为代表的诸多刑法立法技术的制度价值，这一不当的研究趋向在我国刑法进入立法活性化的时代应当有所扭转。

以犯罪化为保障的非犯罪化的二元化犯罪模式的立法技术不仅在理念上体现着刑法谦抑的精神，在刑法规范上也具有不可忽视的制度优势，在今后的刑事立法中应当对此有所关照，在一定范围内拓展二元化犯罪模式的运用空间。同时，有鉴于该模式与"有罪必罚"的传统罪刑规范模式之间具有重要区别，在解释论上也有必要对适用该模式的刑罚法规作出相应的调整与梳理。事物都具有两面性，真理再往前多走一步或许就是谬误，尽管二元化犯罪模式有巨大的潜在价值，但不当运用同样会衍生出巨大的制度风险，对此必须予以积极防范，这就要求我们在运用该项立法技术的时候坚持必要的小心求证的谨慎。

二、二元化犯罪模式的立法提倡：比较优势与存在范围

与传统罪刑模式相比较，二元化犯罪模式作为犯罪化与非犯罪化二者的中间道路，在解决刑法与行政法的交叉适用难题以及有效预防犯罪

---

〔9〕 刘传稿：《关注理论难点、聚焦司法适用——2016年全国刑法学术年会观点综述》，载《人民检察》2016年第21期，第50页。

〔10〕 姜涛：《二元化犯罪模式解决行刑交叉问题》，载《检察日报》2016年10月27日，第3版。

同时缓解诉讼社会背景下的刑事司法压力等方面均有其自身优势。对二元化犯罪模式的立法提倡应当妥当地厘定它可能存在的范围，这也是实现理性立法的必然要求。

（一）犯罪化与非犯罪化之争的中间道路

我国近二十年的刑事立法史，不夸张地说就是一部不断犯罪化的历史，通过增设新罪名，对原有犯罪增加新的行为类型以扩张犯罪圈，相应的立法解释也在逐渐扩大犯罪边界。虽然也有非犯罪化的修法举措，但总体上看，《刑法》修正俨然成了犯罪化道路上的“脱缰的野马”。面对这一立法现状，我国刑法学界旗帜鲜明地分成了两大阵营。一派学者认为：“我国应当考察非犯罪化的思想渊源与理论根据，并在此基础上树立正确的非犯罪化的观念，并进而开展非犯罪化的理论研究和立法、司法实践。”〔11〕刘艳红教授也“力主当下我国刑事立法的发展方向应该是力倡刑法的谦抑性，拒绝进一步的犯罪化，实行有条件的非犯罪化”。〔12〕然而另一派学者则截然相反地指出：“虽然也存在需要从非犯罪化的视角对我国刑法的某些规定加以修改的余地，但是今后的刑事立法、司法与刑法理论都应该注重犯罪化的选择；犯罪化的道路既有利于保护法益，也有利于保护人权。”〔13〕周光权教授甚至强调：“树立积极的刑法立法观既有社会基础，也符合时代精神；与之匹配，未来中国的刑法立法从技术层面需要考虑进行相当规模的犯罪化。”〔14〕由此可见，在这场非此即彼的论战中，两派学者基于各自刑法观的差异而僵持不下。

不同的刑法观念指引着各自的刑法体系建构，“以契约主义为基础的市民刑法长期以来备受刑法学界推崇，并形成了契约主义刑法观；而近年来伴随风险社会的命题，功能主义的刑法观开始受到学界的关

〔11〕贾学胜：《非犯罪化与中国刑法》，载陈兴良主编：《刑事法评论》2007 年第 2 期，北京大学出版社 2007 年版，第 510 页。

〔12〕刘艳红：《我国应该停止犯罪化的刑事立法》，载《法学》2011 年第 11 期，第 115 页。

〔13〕冯军：《刑法问题的规范理解》，北京大学出版社 2009 年版，第 93-94 页。

〔14〕周光权：《积极刑法立法观在中国的确立》，载《法学研究》2016 年第 4 期，第 23 页。

注”。〔15〕非犯罪化与犯罪化之间的争执生动地体现了这两种刑法观念的基本对立。契约主义的市民刑法观渊源于启蒙思想家对社会契约理论的研究，这种观念所倡导的限制国家刑罚权，保护国民的权利与自由与非犯罪化的理论预设基本契合。而在后现代社会的背景下，“刑法在风险社会展示出了不同于以往的新面相，即刑事政策走向规范化，刑法被定位为安全刑法，刑法规范被塑造为行为规范”。〔16〕“在风险成为当代社会的基本特征后，刑法逐渐蜕变为一项规制性的管理事物。作为风险控制机制中的组成部分，刑法不再为报应与谴责而惩罚，主要是为控制风险进行威慑，威慑成为施加刑事制裁的首要理由。”〔17〕由此形成的功能主义的刑法观开始为学界所青睐，并成为犯罪化主张的理论指导。由此可见，若能在契约主义刑法观与功能主义刑法观之间找到最佳平衡点，或许就可化解“犯罪化”与“非犯罪化”之间的对立，实现二者的统一。在这方面，马克昌教授颇有先见之明地指出：“危险社会的刑法应当采取谦抑的法益保护早期化原则，以协调两者之间的矛盾。”〔18〕

“一切问题，由文化问题产生；一切问题，由文化问题解决。”〔19〕犯罪化与非犯罪化之间的论争与传统的罪刑规范模式之间存在着密切关联，传统罪刑规范奉行“有罪必罚”的基本原则，而这实则是重刑轻民的传统法律文化的现实映射。传统罪刑模式只提供了“罪”与“非罪”的单一向度的选择，故而不可避免地引起了看似无法调和的争端。如前所述，以犯罪化为保障的非犯罪化的二元化犯罪模式，同时具有非犯罪化与犯罪化的双重维度；并且以前者为基本取向，在不符合非犯罪化条件的基础上予以追究刑事责任，进而实现犯罪化。这一创新性的规范模式以非

〔15〕姜涛：《在契约与功能之间：刑法体系的合宪性控制》，载《比较法研究》2018年第2期，第156页。

〔16〕童德华、贺晓红：《风险社会的刑法的三个基本面相》，载《山东警察学院学报》2011年第3期，第60页。

〔17〕劳东燕：《公共政策与风险社会的刑法》，载《中国社会科学》2007年第3期，第128–129页。

〔18〕马克昌：《危险社会与刑法谦抑原则》，载《人民检察》2010年第3期，第5页。

〔19〕钱穆：《文化学大义》，台湾正中书局1981年版，第3页。

犯罪化为基础，可有效地克制刑法积极介入社会生活的各领域，实现对国家刑罚权的适当限制，避免了过度犯罪化倾向所导致的刑罚过剩的现象；同时必须认识到的是，“在没有刑罚制裁作为后盾的情况下，听任非犯罪化，其后果往往只有‘休克’，没有‘疗法’，这无疑会导致‘放纵犯罪’的巨大风险”。[20]因此，该模式又以犯罪化为保障，这对处于高度转型时期的我国社会而言亦可合理组织对犯罪的反应，实现对犯罪的良性治理的同时也不会发生刑法过度干预的系统风险，这在风险社会来临之际更能彰显其内在价值。由此，二元化犯罪模式在犯罪化与非犯罪化之间便成功开辟了一条切实可行的中间道路，这种“有罪待罚”的模式改变了“有罪必罚”的传统罪刑模式，实现了犯罪化与非犯罪化二者间的“折中”。

（二）有效解决刑法与行政法的交叉适用难题

我国《刑法》修正如前所述，从整体上观察是不断犯罪化的趋势。但是具体来看，多次修正增设的是危险犯，甚至有不少抽象危险犯。“抽象危险犯构成要件的设置是刑法干预早期化、扩张化、能动化最为典型的立法表现形式，也被认为是当今世界许多国家的刑法应对风险社会中无处不在的法所不容许的危险的基本策略。”[21]这种刑法介入早期化、前置刑法干预起点的做法固然体现了“打早打小打苗头”的刑事政策考量，却不可避免地带来了刑法与行政法在社会治理中交叉适用的困境。德国学者罗克辛教授指出：“刑法是一种社会治理和社会控制的机制，它也就只能谋求社会的目标。”[22]而行政法同样以实现对社会秩序的有效规制为己任，由此也就产生了所谓的“刑行交叉”难题。

长期以来，学界围绕行政法与刑法的关系的主题已经有了不少讨论，

〔20〕姜涛：《激励、效能、谦抑：二元化犯罪模式的法理审视》，载《时代法学》2010年第3期，第21页。

〔21〕梁根林：《刑法修正：维度、策略、评价与反思》，载《法学研究》2017年第1期，第45页。

〔22〕［德］克劳斯·罗克辛：《刑事政策与刑法体系》，蔡桂生译，中国人民大学出版社2011年版，第76页。

最近亦有相应的专著出版。[23]然而“由于调整对象上的重叠性、公法属性、行政违法行为的犯罪化等方面的原因，无论在理论上还是在实践中，行政违法与刑事犯罪在多种情形下都存在着界分的困难，这是刑法与行政法衔接的现实障碍”。[24]2016年的全国刑法年会以“刑法改革中刑法与行政法的关系问题研究”为理论议题，与会学者就此围绕应当采取二元治理体系抑或一元治理体系展开了富有成效的研讨。但是，既往的讨论较多地从宏观上分析两者的关系，而未能从细节上注意到刑事立法的罪刑规范模式在解决此难题上的意义。

二元化犯罪模式的恰当运用作为一种立法对策可有效突破这一困局。以前述逃税罪为例，将“补缴应纳税款，缴纳滞纳金，接受行政处罚”作为非犯罪化的面向，同时也体现了把行政处罚放置在优越于刑罚处罚的地位，重视行政处罚措施在预防与治理经济违法中的重要作用。当然，这并不意味着否定刑事制裁的意义：在不符合前述条件或者存在《刑法》第201条但书规定情形的场合，仍要追究刑事责任，此时以刑罚处罚作为保障也体现了刑法作为辅助性法益保护手段的功能定位。由此可见，二元化犯罪模式对治理同一不法行为而言，兼顾了行政罚与刑罚的双重作用，实现了二者在社会治理中的衔接与协调。行政法以高效为诉求和目标，能够快速处理不法行为导致的负面影响，是一种成本低、见效快的社会冲突解决方案，也可以起到对行为人最小干预的效果。以刑罚手段追究不法行为人的刑事责任却需要耗费大量司法资源。所以追究刑事责任应该具有补充性与最后手段性。进一步深究我们还可发现，“二元化犯罪模式有利于构建行政权与司法权之间的功能秩序。司法权与行政权均属于国家公权力，也都承担着公共服务的职能，行政权主要以高效为目标，司法权以公正为目标，两者在公共服务方面可以形成分工”。[25]

---

〔23〕参见龚义年：《刑行衔接机制研究》，法律出版社2017年版。

〔24〕姜远斌、杨曙光：《刑法与行政法衔接问题探析》，载《人民检察》2014年第3期，第70页。

〔25〕姜涛：《二元化犯罪模式解决刑行交叉问题》，载《检察日报》2016年10月27日，第3版。

在全面依法治国的新时代背景下，这一罪刑规范模式对行政权与司法权关系的妥当协调，对创新社会治理体系与提高社会治理能力具有不可忽视的重要价值。

二元化犯罪模式在解决刑行交叉的问题上，实际上体现了长期不被我国学界重视的刑事立法的“比例原则”。诚然，刑法谦抑性的理念在我国理论界早已被引进介绍，但更多的关注点却放在了刑事司法中的谦抑性，实际上谦抑主义在立法中也是应予考虑的。为实现立法中的谦抑性，H.L.Packer 提出了以下标准：“1. 这种行为在大多数人看来对社会的威胁是显著的，从社会的各重要部分来看是不能容忍的；2. 对这种行为科处刑罚符合刑罚的目的；3. 对这种行为进行控制不会导致禁止对社会有利的行为；4. 对这种行为能够进行公平的无差别的处理；5. 对这种行为进行刑事诉讼上的处理时不产生质与量的负担；6. 对这种行为的处理不存在代替刑罚的适当方法。”〔26〕这一标准的第六项内容集中体现了刑法立法的比例原则要求。“从理论上讲，比例原则要求手段与目的之间、各种可选择的手段之间、受牺牲的基本权利与所保护的公共利益之间要符合比例关系；由此便发展出适当性、必要性以及狭义比例性的要求。”〔27〕以逃税罪的二元化犯罪模式为例，在行政罚即可达致立法目的时予以非犯罪化；只有在行政手段失效且不存在其他适当规制方法时，才追究刑事责任予以犯罪化。这种罪刑规范模式恰当地体现了比例原则对相同有效性与最小侵害性的要求。体现比例原则的二元化犯罪模式实际上对刑法谦抑性还有一定的弥补作用。我国台湾学者苏俊雄教授指出：“从宪法保障基本权利的理念出发，刑法必须在必要且最小的限度内适用。”〔28〕因为比例原则“强调宪法上公民的基本权利对刑法意义上犯罪与刑罚设定的制约，

〔26〕 H.L.Packer，The Limits of the Criminal Sanction，Stanford University Press，1968，p.296.

〔27〕 姜涛：《刑法立法阻却事由的理论界定与制度前景》，载《中国法学》2015 年第 2 期，第 172 页。

〔28〕 苏俊雄：《刑事犯与行政犯的区别理论对现代刑事立法的作用》，载《台湾刑事法杂志》1993 年第 2 期，第 23 页。

而且相比于刑法的谦抑性理论来说，是一个更具有制度价值的宪法原则，对刑事立法与刑事司法具有强制性的约束力”。〔29〕此外，张明楷教授亦指出：“比例原则下的立法是一种体现利弊得失、能够科学计算的精确立法，这正是可以补充法益保护原则的可取之处；在制定犯罪化的条文时，不能简单地因为某种行为具有严重的法益侵害性，就直接按照案件事实进行描述使之成为犯罪，而是要像比例原则所要求的那样，进行逐项审查与递进判断，形成精确的刑事立法。”〔30〕二元化犯罪模式的罪刑规范兼具非犯罪化与犯罪化的双重维度，同时具有相应的位阶性，可谓比例原则理念下刑事立法的最好注脚。

（三）二元化犯罪模式犯罪预防功效与诉讼压力疏解

国家制定适用执行刑罚法规的根本目的在于预防犯罪，而传统罪刑规范模式仅有单一的犯罪化维度，不论是在一般预防还是特殊预防的功能发挥上都显得意义有限。“法律制度可以作为有秩序地变化和社会工程的工具。”〔31〕刑罚法规欲实现较好的预防犯罪功效，至少应当符合以下条件：首先，罪刑规范模式的潜在功能必须充分地予以显现；其次，该潜在功能应当具有最优化的效果；最后，该最优化效果能在司法适用中完全予以凸显。以上三者是逐步递进的关系，尤以第一项即潜在功能为首要，而二元化犯罪模式作为一种不纯正的非犯罪化，可以认为是具有最佳的犯罪预防之潜在功能的罪刑规范模式。

基于理性人的基本预设，任何人都有避苦求乐的功利动机，理性人一贯以特定规则约束之下的利益最大化为基本价值诉求。二元化犯罪模式恰当地把握住了这一点，以非犯罪化的面向充分发挥其激励功能，发挥犯罪预防的功效；如果行为人及时补缴应纳税款，缴纳滞纳金且接受行政处罚，又不存在但书规定的例外情形，则不再承担刑事责任的剥夺

〔29〕姜涛：《比例原则与刑罚积极主义的克制》，载《学术界》2016年第8期，第96页。

〔30〕张明楷：《法益保护与比例原则》，载《中国社会科学》2017年第7期，第100页。

〔31〕［美］弗里德曼：《法律制度》，李琼英等译，中国政法大学出版社1994年版，第21页。

性痛苦；当然这一切又是以存在惩罚机会的犯罪化为保障的。与传统分则规范相比，二元化犯罪模式的最大特点在于，这种罪刑规范的制度设计成功地实现了对犯罪的预防策略由“罪后预防”到“罪前预防”的转变。这种预防犯罪的激励功能与总论中关于中止犯减免刑罚的效果具有很大的类似性，但又存在一定的差异：中止犯减免刑罚适用于所有犯罪行为，而二元化犯罪模式只能适用于特定的刑罚法规。然而总体上给我们的启发在于，必须充分重视二元化犯罪模式的特定制度设计所具有的激励功能与保持预防犯罪的功效的终极意义，而且这种具有激励功能的罪刑模式对于树立和强化国民的法规范忠诚意识，实现积极一般预防亦大有裨益。在预防犯罪以充分保护法益与实现人权保障二者间，二元化犯罪模式可谓找到了最佳平衡点。

二元化犯罪模式在发挥激励功能以有效预防犯罪的同时，对缓解当前的诉讼压力同样起着传统罪刑模式不可替代的重要作用。数年以前，张文显教授指出：“我国已经提前进入诉讼社会，一个判断标准是如果一个社会每年约有 10% 的人口涉诉，该社会即可被认定为‘诉讼社会’；这一社会形态的到来使人民法院面临着一系列深刻而严峻的挑战，总体上人民群众日益增长的多元化司法需求与人民法院司法供给之间的基本矛盾更加突出。”〔32〕我国当下的诉讼压力较之数年前又有巨大增幅，过去五年“地方各级人民法院受理案件 8896.7 万件，审结、执结 8598.4 万件，结案标的额 20.2 万亿元，同比分别上升 58.6%、55.6% 和 144.6%；其中审结一审刑事案件 548.9 万件，判处罪犯 607 万人”。〔33〕诉讼社会的到来是必然趋势，但其不断发展却使得国内法学界喜忧参半，这一方面意味着我国公民权利意识的觉醒，法治社会建设取得重要成果；另一方面也标志着社会冲突的加剧，造成司法资源的过度消耗。甚至有学者悲观

---

〔32〕 崔丽：《吉林省高级人民法院院长张文显：我国已提前进入“诉讼社会”》，载《中国青年报》2010 年 11 月 12 日，第 6 版。

〔33〕 参见周强：《2018 年最高人民法院工作报告》载最高人民法院官方网站，http://www.court.gov.cn/zixun-xiangqing-87832.html，最后访问时间：2018 年 9 月 26 日。

地认为："诉讼社会的到来预示着我们长久以来进行的法学研究的隐性失败：当我们在崇尚法治，寄望于法律来减少社会冲突之时，我们却遭遇到了更为棘手的社会冲突。具体到刑法领域，长期以来我们把预防犯罪作为刑罚目的，作为刑法建构的出发点，可我们现在却遭遇到了更高的犯罪潮。"〔34〕

作为立法建构论的二元化犯罪模式在有效缓解当前刑事司法中的诉讼压力方面大有可为。如前所述，在二元化犯罪模式的场合，对犯罪的认定是要附加一定条件的，或者也可以认为是先抑后扬的，而不是直接作为犯罪论处。由此，这一立法模式在体现前述刑法谦抑性与比例原则的基础上，更彰显了刑法适用的经济性的一面，二元化犯罪模式以犯罪化做后盾的非犯罪化面向在激励行为人悔过自新的同时显著缩小了犯罪圈，也避免了对行为人关押后的再社会化等各项司法资源的支出。因此，面对诉讼社会背景下犯罪率的不断攀升，对部分犯罪而言，采取二元化犯罪模式不失为一种缓解诉讼压力的理性的立法技术选择。以危险驾驶罪为例，胡云腾大法官曾在2014年全国刑法学年会上表示，自《刑法修正案（八）》颁布实施以来，截至2013年年底，全国每年判处危险驾驶罪被告人平均10万人左右。〔35〕可以想见，如果保持这一趋势不变，到2021年《刑法修正案（八）》实施十周年之际，我国将存在100万名危险驾驶犯罪人。一定意义上，危险驾驶罪已然成为与盗窃罪比肩的常见多发犯罪。其实，就合理组织对犯罪的反应以预防犯罪而言，严密刑事法网未必能起到预想效果，因为多数犯罪人是出于侥幸心理而以身试法；而且美国学者哈格在长期研究犯罪率问题后得出结论："美国的犯罪率高的原因在很大程度上应该归于刑事司法体制的无效，而导致刑事司法体

〔34〕 姜涛：《诉讼社会视野下中国刑法的现代转型》，载《云南师范大学学报（哲学社会科学版）》2010年第6期，第102页。

〔35〕 参见最高人民法院审判委员会专职委员胡云腾大法官在2014年中国刑法年会上所作的"从刑事审判看刑法改革与发展的几个趋势性问题"的报告，转引自姜涛：《比例原则与刑罚积极主义的克制》，载《学术界》2016年第8期，第92页。

制无效的重要原因之一在于司法机关在案件的处理上拖时耗日。”[36]所以合理的策略应当是通过各种法律手段及时且高效地增大惩处概率以应对危险驾驶行为。单独增设一个犯罪即有如此影响，更遑论我国多年来的犯罪化历程了。如果对危险驾驶罪的刑罚法规作出相应调整，仿效《刑法》第 201 条的逃税罪而采取二元化犯罪模式，由立法机关在广泛调研的基础上设定当行为人符合特定条件时予以非犯罪化，同时也可规定但书条款，在与一定条件不符或者存在例外时予以犯罪化。笔者以为，这种具有双重面向的二元化犯罪模式将为解决汽车时代的危险驾驶罪案件提供一种新的治理思路，同时亦将有效缓解刑事司法压力。总之，在多元风险社会中我们所需要的是谨慎下的宽容，有限制的宽容。无论如何，面对多元风险社会，谨慎都是最好的勇敢，谨慎中的宽容才是实现公共福祉与个人自由的圭臬。而二元化犯罪模式的非犯罪化与犯罪化双重维度分别是宽容与谨慎要求的最佳体现。

（四）二元化犯罪模式可能的存在范围研讨

如前所述，在刑法修正案取消收买被拐卖的妇女、儿童罪的“准二元化犯罪模式”之后，我国现行《刑法》仅在逃税罪中采取了二元化的罪刑规范模式。基于前文比较优势的介绍，本文提倡在适当范围内扩展二元化犯罪模式立法运用，问题的关键即落在了如何恰当厘定这一适当范围。笔者主张，在《刑法》分则中运用二元化犯罪模式必须至少同时符合以下条件。

1. 二元化犯罪模式的运用应当限定在轻罪的范围以内。“1791 年 7 月 19 日至 22 日有关城市治安与‘矫正（轻罪）警察’的法律和 1791 年 10 月 6 日有关‘刑事（重罪）警察’的法律”[37]为 1791 年《法国刑法典》以法定刑为根据将犯罪种类划分为“重罪、轻罪与违警罪”的立法

〔36〕 Ernest van den Haag .Punlshing Criminals: Concerninga very old and Painful Question, Basic Books Inc, Publishers.1975, p.163-168.

〔37〕 童德华：《外国刑法导论》，中国法制出版社 2010 年版，第 39 页。

例奠定了基础。这种分类被后续的1810年《法国刑法典》、1871年《德意志帝国刑法典》以及1870年的《日本刑法典》等许多国家所采纳。现在，德国与瑞士刑法仍然将犯罪分为重罪与轻罪，意大利刑法将犯罪分为犯罪行为与违警行为。“按照刑罚将犯罪分为三类的做法曾经受到许多批评，其中主要有：缺乏逻辑性，人为的性质与适用上的困难等。”〔38〕但是不管在德国抑或法国，罪分三类的做法都有重要意义：“犯罪层级不同，主观要件、未遂犯的成立范围、刑法适用范围、时效制度、保安处分措施的适用、审理程序、审判机构的等级诸方面都大不相同。”〔39〕所以，“面对这一客观存在的犯罪性质的严重程度之别，根据犯罪轻重区别对待已经成为各国刑法的通例”。〔40〕

我国实定刑法并未对犯罪作上述划分，重要原因之一在于我国对犯罪的规定在定性的同时又予以定量，但是这并不妨碍我们在立法建构论的视角下讨论二元化犯罪模式在我国刑法“轻罪”范围内运用的问题。实际上从部分《刑法》规定，如第67条关于犯罪以后自首且“犯罪较轻”的可以免除刑罚，也从侧面暗示了可从理论上将犯罪分为重罪与轻罪。但问题在于我国将法定刑划分为若干“格”，分别为6个月、3年、5年、7年、10年、15年，那么以何者为据区分轻重二者呢？张明楷教授认为：“从刑法的许多相关规定来看（参见《刑法》第7条、第72条），可以考虑将法定最低刑为三年以上有期徒刑的犯罪称为重罪，其他犯罪则为轻罪。”〔41〕本文赞同这一观点，因为这种观点基本符合我国的理论与实践现状。

通过上述分析，本文主张二元化犯罪模式这一立法技术只能运用在3年有期徒刑以下的轻罪范畴内。原因在于：第一，若允许对可能判处三年以上徒刑的重罪规定二元化的罪刑规范模式，将意味着在刑事立法阶段即对涉嫌重罪的行为人予以非犯罪化处理，这显然难以为人们所接受；

〔38〕马克昌：《比较刑法原理——外国刑法学总论》，武汉大学出版社2002年版，第92页。
〔39〕陈兴良：《本体刑法学》，中国人民大学出版社2011年版，第134页。
〔40〕郑伟：《重罪轻罪研究》，中国政法大学出版社1998年版，第3页。
〔41〕张明楷：《刑法学》，法律出版社2016年版，第92页。

第二，这种不当的立法运用不仅严重影响国民的体感治安状况，也与《刑法》第1条惩罚犯罪，保护人民的立法目的不符；第三，对重罪运用二元化犯罪模式不仅不能起到该罪刑模式原本蕴藏的激励功能，反而会刺激行为人触犯重罪，起到反面的放纵犯罪之效果。结合上述分析，笔者主张我国《刑法》第201条第4款对逃税罪规定的二元化犯罪模式，即"有第一款行为，经税务机关依法下达追缴通知后，补缴应纳税款，缴纳滞纳金，已受行政处罚的，不予追究刑事责任"，这里的"有第一款行为"应当进行限缩解释，即行为人的不法行为仅指"轻罪行为"，亦即仅指第1款前段纳税人"可判处三年以下有期徒刑或者拘役，并处罚金"的情形；换言之，如果行为人符合第1款后段规定的逃税"数额巨大并且占应纳税额百分之三十以上的，处三年以上七年以下有期徒刑，并处罚金"的场合，则不应适用第4款给予行为人非犯罪化的处遇；如此理解第201条的第1款与第4款，方能真正实现该条款所运用的二元化犯罪模式的立法旨趣。

2. 二元化犯罪模式的运用应当限定在法定犯的范围内。刑法理论通常将犯罪划分为自然犯与法定犯，这一区分由意大利犯罪学家加罗法洛在其著作中正式提出。[42]而这一理念实则"渊源于罗马法所谓'mala in se'（自体恶）与'mala prohibita'（禁止恶）的观念"。[43]根据美国犯罪学家约翰·路易斯·齐林的梳理，"加罗法洛认为自然犯罪是一种不道德和有害的行为，由于这种行为损害了正直和怜悯这两种基本的利他情操所代表的道德感，因而被舆论认为是犯罪的行为；而其同时亦将一些在法律上通常被规定为犯罪的行为排除在'犯罪'领域之外，不将它们作为自然犯罪，因为在他看来这些行为不具有普遍的犯罪性质，它们的社会性质会因时间地点的不同而有变化"。[44]自然犯与法定犯的区分看似

---

〔42〕［意］加罗法洛：《犯罪学》，耿伟等译，中国大百科全书出版社1996年版，第25-90页。

〔43〕韩忠谟：《行政犯之法律性质及其理论基础》，载《台湾大学法学论丛》1980年第1期，第4页。

〔44〕吴宗宪：《西方犯罪学史》，警官教育出版社1997年版，第247-248页。

清晰，在理论上实则存在着模糊地带，甚至有日本学者将对二者的区分称为“一个令法学家陷入绝望的问题”。[45] 在学说史上曾经有过诸如伦理价值标准说、法律效果标准说以及法益侵害标准说与质量差异理论等观点。以上学说对理解自然犯与法定犯提供了不同视角，但笔者认为二者的区分只能是相对的，因为伴随社会伦理道德与价值观的多元化，原本为基本伦理难以容忍的自然犯完全可能演变为法定犯；而同时部分法定犯也可能因长期影响国民的行为准则而成为新的社会交往与道德规范，从而使此种法定犯逐渐带有较强的自然犯的伦理色彩。而且“在刑法典规定犯罪中，也有基于行政取缔目的的犯罪，相反的法定犯中也有与社会伦理相结合的犯罪”。[46]

根据上述讨论，笔者认为对自然犯与法定犯的概念解读应当尽可能说明各个犯罪根据法律被处罚的由来，或者考虑立法的形式之际才应成为必要。因此，本文主张在设定具体犯罪是否采取二元化犯罪模式时应当对拟设之罪的罪质作出一定的判断，只有对法定犯方能考虑采取二元化的罪刑规范模式。原因如下：第一，自然犯通常涉及国民的伦理道德感情，即使由法定犯演化而成的自然犯也具有相当的伦理色彩，立法上若采取二元化犯罪模式轻易给予其非犯罪化的面向则有悖于国民基本的法感情，进而影响到国民的刑法认同感。第二，我国刑法对法定犯构成要件的设置深受自然犯的影响，即使有表述的不同，二者之间也没有本质的差别，这显然无法彰显法定犯的独有特质。第三，自然犯与法定犯的犯罪发生机制有显著的差异，自然犯是在实质上侵害了正直与怜悯等社会伦理规范的不法行为，法定犯则是因应形势之需要而由国家加以管制对违反行政义务者进行处罚；因此法定犯边界的扩大与国家公权力的扩张紧密相关，现代民主法治国家的刑法作为辅助性法益保护手段，应当强调限制国家刑罚权以保障国民权利，体现刑法的谦抑性，而以犯罪

〔45〕［日］中川佑夫：《行政刑法序说》，载《犯罪与刑罚（上）》，有斐阁 1968 年版，第 169 页。
〔46〕［日］川端博：《刑法总论讲义》，成文堂 1997 年版，第 84–85 页。

化为后盾的非犯罪化的二元化犯罪模式恰好体现了这一点。第四，近年来我国的刑法修正使法定犯的范围快速膨胀，这使法定犯成为中国刑法当前发展不可忽视的一道风景线。甚至有学者指出："近现代社会，刑法的发展变化主要是行政犯的增加。甚至可以说，近现代刑法发展的历史本身，就是一部由刑事刑法到行政刑法，再由行政刑法到刑事刑法的历史。"〔47〕因此，二元化犯罪模式在法定犯的范围内既有广阔的运用空间，又能"契合行政犯的目的诉求，体现刑法的补充功能"。〔48〕

3. 二元化犯罪模式的运用应当限定在非暴力性犯罪的范围内。暴力性犯罪与非暴力性犯罪更多的是在犯罪学的语境下进行讨论，但是《刑法》分则中也较多地使用了"暴力"作为构成要件要素，所以在立法建构论的研究中仍有必要对此二者有所关照。世界卫生组织曾对"暴力"这一概念作过如下界定："蓄意运用躯体的力量或权力，对自身、他人、群体或社会进行威胁性伤害，造成或极有可能造成死亡、生理与精神伤害、发育障碍或权益剥夺。"〔49〕认可这一定义具有较广泛的涵摄范围的同时也必须承认其存在的瑕疵，如遗留下了"软暴力"等问题。本文主张对刑法立法论域中的"暴力"应进行最为宽泛的理解。因为我国自古即存在一定的暴力传统，而且逐渐演变为一种文化，这并不能随着近年来我国社会治安总体状况的改善而被研究者所忽视。这种暴力文化与我国自改革开放以来的暴力性犯罪率不断攀升之间具有紧密联系，尤其是近年来以校园欺凌为代表的青少年暴力性犯罪率上升幅度更大，这已然形成了一种新的社会现象。甚至有学者认为："当前我国处于个人极端暴力犯罪的多发时期，严重危及社会稳定和群众的安全感。"〔50〕"暴力文化是反映暴力行为发生过程、后果及暴力行为规范的文化，属亚文化范畴，

〔47〕 游伟、肖晚祥：《论行政犯的相对性及其立法问题》，载《法学家》2008 年第 6 期，第 40 页。

〔48〕 姜涛：《行政犯与二元化犯罪模式》，载《中国刑事法杂志》2010 年第 12 期，第 18-19 页。

〔49〕 世界卫生组织编：《世界暴力与卫生报告》，人民卫生出版社 2002 年版，第 5 页。

〔50〕 靳高风：《当前中国个人极端暴力犯罪个案研究》，载《中国人民公安大学学报（社会科学版）》2012 年第 5 期，第 134 页。

具有多样性、凶残性、欺骗性等特征，是诱发暴力犯罪的‘加速器’。因为它能为暴力犯罪提供诱发氛围、价值取向、社会暗示和模仿范本等，所以，要控制暴力犯罪，必须采取有力措施遏制暴力文化泛滥，以致最终消解暴力文化。”[51]

基于以上分析，合理组织对暴力性犯罪的反应在刑事立法政策上必须有所体现。二元化犯罪模式注重的非犯罪化面向与暴力性犯罪之间具有一定程度的排异性；换言之，为遏制暴力文化滋生所引起的暴力性犯罪，在刑法立法上不宜轻易将其予以非犯罪化，否则将会起到刺激诱发暴力性犯罪的负面效果。因而，本文主张以犯罪化为后盾同时又相当强调非犯罪化面向的二元化犯罪模式这一立法技术只能运用在非暴力性犯罪的范围内，如此方能抑制暴力文化蔓延，有效防控暴力性犯罪。对二元化犯罪模式的这一立法限定也总体符合我国“宽严相济”的基本刑事政策。试举一例说明，《刑法》第 277 条规定了妨害公务罪，该条第 1 款为本罪配置的法定刑为三年以下有期徒刑、拘役、管制或者罚金；因此，妨害公务罪既属于轻罪范畴同时又是法定犯，符合前述运用二元化犯罪模式的两项条件，但本罪设置的构成要件又明确了“暴力、威胁方法”，所以不符合非暴力性犯罪的限定。退一步而言，即使将来考虑对妨害公务罪采取二元化犯罪模式，也只能将其限制在非暴力性的妨害公务行为当中。

通过以上分析，本文明确提出这一立法建构论倡议：对二元化犯罪模式的立法运用应当限定在“三年有期徒刑以下的非暴力性的法定犯”的范围内。当然，这只是运用二元化犯罪模式的基本前提条件，毕竟三年以下有期徒刑的轻罪，涉及的法定犯以及非暴力性犯罪数量庞大且类型繁多，如不具体分析、小心求证便贸然采用这一立法技术，只怕会失之毫厘谬以千里，最终背离二元化犯罪模式的立法初衷。

---

〔51〕 李锡海：《暴力文化与暴力犯罪》，载《中国人民公安大学学报（社会科学版）》2006 年第 2 期，第 52 页。

三、二元化犯罪模式的风险防范

尽管前文梳理了二元化犯罪模式的立法比较优势，并对其可能存在的范围作了探讨，但是事物皆具有两面性，二元化犯罪模式也概莫能外。对这种新的罪刑规范模式诸如非理性的、突破刑法基本原则或者导致刑法过度私法化倾向的不恰当运用，同样可能导致系统的制度风险乃至法治危机，对此必须在立法建构论上有所防范。

（一）谨防非理性的二元化犯罪模式运用：以“羊群效应”为视角

如前所述，本文主张将二元化犯罪模式限定在三年以下有期徒刑的轻罪范畴中的非暴力性法定犯之中。尽管如此，仍应当谨慎地考量二元化犯罪模式的运用与否，在每个个罪中都做到具体问题具体分析。

在经济学的讨论中，存在一种复杂的通常被形象地称之为“羊群效应”的经济现象。这大体是因为对信息的掌握不全面以及缺乏了解，经济个体难以对充满不确定性的未来市场作出相对合理的预期与判断，从而通常以观察其他经济个体的行为来获取信息；在这种个体之间的信息连续传递过程之中，形成多数人的信息趋同化而且通过信息传递彼此强化，进而产生市场中的从众行为，这种由个体的理性选择行为导致集体的非理性行为的现象在资本市场的交易中体现得尤为明显。“羊群效应”可简单理解为市场经济中的盲目从众心理与行为，恰如一旦有一只头羊动起来，其他的羊也会不假思索地一哄而上，全然不顾前面可能有狼或者不远处有更好的草。其实，这种“羊群效应”有其深刻的社会学根基，法国社会心理学家勒庞认为：“个人参与到群体中所表现出来的首要特征就是明显的从众心理，即群体精神统一性的心理学规律，这种精神统一性的倾向造成了一些重要后果，如教条主义、偏执以及责任意识的放弃。群体只知道简单而极端的感情，各种意见、想法和信念，他们或全盘接受或一概拒绝，将其视为绝对真理或绝对谬误。”[52] 由此可见，这种体现

〔52〕［法］古斯塔夫·勒庞：《乌合之众——大众心理研究》，冯克利译，中央编译出版社 2004 年版，第 10 页。

社会心理规律的"羊群效应"的盲从行为通常会陷入"骗局",导致失败。

在本文论题之下,"羊群效应"给予我们最大的启发意义在于要有效避免非理性的情绪化的立法行为。遗憾的是,在我国数次刑法修正中,非理性的情绪化立法还是有所体现,诚如有学者指出:"刑事法律的严厉性决定了刑事立法活动必须严谨且理性,刑法的谦抑性要求刑事立法必须杜绝情绪化干扰;力戒情绪的科学的刑事立法,既要遵循刑法发展的内在规律,又要对舆论反应有所为且有所不为,如此才能将我国刑事立法水平推向一个新的高度,充分实现良法善治。"[53]《刑法修正案(九)》将收买被拐卖的妇女、儿童罪的"准二元化犯罪模式"改为传统罪刑模式以一律追究刑事责任,便背离了理性化立法的要求。该修正的初衷在于"本着没有买方就没有卖方的想法,想要以堵死收买人的回头路的方式,来威慑收买行为"。[54]但是,原规定的"准二元化犯罪模式"的政策考量是"收买被拐卖妇女、儿童的情况比较复杂,对那些符合条件且主观恶性极小的收买行为,不追究刑事责任,有利于减少营救被拐妇女、儿童的阻力,从而让更多的妇女、儿童得到保护"。[55]这一修正使收买妇女、儿童者的回头路由宽变窄,对现实收买人而言,原"准二元化犯罪模式"所存在的激励作用被异化为"一种显著的反向激励,使其做出更加不利于被收买的妇女或者儿童的选择"。[56]所以取消本罪的"准二元化犯罪模式",在一般预防的意义上,立法者似乎未能进行理性的后果权衡,只是较多地体现出一种严惩收买者的立场与姿态。所以,笔者认为在我国后续的刑法立法与修正中应当自觉地避免受到非理性的"羊群

〔53〕刘宪权:《刑事立法应力戒情绪——以"刑法修正案(九)"为视角》,载《法学评论》2016年第1期,第86页。

〔54〕车浩:《刑事立法的法教义学反思——基于"刑法修正案(九)"的分析》,载《法学》2015年第10期,第7页。

〔55〕高铭暄主编:《新中国刑法立法文献资料总览(上)》,中国人民公安大学出版社1998年版,第642页。

〔56〕车浩:《刑事立法的法教义学反思——基于"刑法修正案(九)"的分析》,载《法学》2015年第10期,第7页。

效应”的影响，尤其在受到情绪化的舆论影响之下限缩二元化犯罪模式的运用，更应谨慎。

我国目前二元化犯罪模式的“头羊”当属逃税罪，固然“为了设计一套最佳刑事制裁方案，我们需要一个罪犯行为模型”。[57]但也不能任由逃税罪这条成功的“头羊”引领二元化犯罪模式的立法运用形成一哄而上的局面。反之，理性地引导与利用这种二元化犯罪模式方能有力地发挥前述比较优势，从而获得利大于弊的最佳效果。为避免“羊群效应”影响之下二元化犯罪模式的泛滥，我们必须对个罪进行具体分析，如前述对“危险驾驶罪”在适当条件下可以考虑运用这一立法技术，而妨害公务罪虽然既是轻罪又是法定犯却不宜轻易采纳这一罪刑模式，具体理由见前文，兹不赘述。虽然本文认为逃税罪的罪刑规范设计是成功的，而且“随着国家理性大写神话的破灭，国家本位观又逐步被国家与社会二元观所替代，并最终形成了一个多元化的社会——国家、社会与公民共同参与国家管理的社会。这反映在刑事立法领域，则要求我们打破那种非此即彼的思维模式，实现犯罪模式与刑罚模式的多样性，以应对多元化社会下的犯罪治理需求”。[58]但是也应当充分注意到成为“头羊”的逃税罪作为税收类犯罪的特殊性，对其采二元化犯罪模式固然可在增加国家税收的同时，通过对行为人的非犯罪化以体现刑法谦抑等理念，但是其他犯罪未必也能出现同样的立法效果，因为我国《刑法》分则中的各种犯罪是以相对散乱的形式存在的，各类型犯罪的成罪标准也有较大差异，所以必须警惕未经具体论证分析即将二元化犯罪模式过分扩张运用以致形成泛滥之势的立法现象。

总之，在“羊群效应”的视角下，必须避免非理性的刑法立法与修正行为。具体到本文论题，即使有前述限定条件也不能随意取消或者再

---

〔57〕［美］理查德·A. 波斯纳：《法律的经济分析（上）》，蒋兆康译，中国大百科全书出版社1997年版，第292页。

〔58〕姜涛：《在秩序与自由之间：刑法父爱主义之提倡》，载《江淮论坛》2015年第1期，第126页。

限缩二元化犯罪模式的立法运用；同样的，纵然二元化犯罪模式有前述诸多优势，也不能任由其在诸多刑罚法规中随意设定，而必须保持应有的“小心求证”之谨慎。

（二）谨防二元化犯罪模式突破刑法基本原则

二元化犯罪模式的立法运用存在的另一重要风险即这一模式与刑法基本原则之间的关系。倘若不当的二元化犯罪模式的运用突破了刑法基本原则，势必会动摇刑事法治的根基。因此，试图在分则个罪中运用这一立法技术，必须对以上问题作出合乎法理的回应。

我国现行《刑法》第3条至第5条分别规定了罪刑法定原则，适用刑法平等原则和罪刑相适应原则，作为立法技术的二元化犯罪模式与三项原则之间似乎均存在一定的疑问需要厘清。首先，罪刑法定原则的实质从侧面要求构成要件具有明确性，即“应当保证其达到国民能够预测国家刑罚权的发动可能性的明确程度，即能让一般人看明白，实现其昭谕功能”。[59]尽管《刑法》第201条第4款关于逃税罪的二元化模式表述基本符合相对明确的要求，但后续的立法与修正中难保二元化犯罪模式兼具的非犯罪化与犯罪化的两个面向的构成要件同时符合表述的明确性。其次，作为法律面前人人平等的宪法原则的刑法表述，平等适用刑法原则要求对任何人犯罪，都应当受到法律的追究，二元化犯罪模式却给不法行为人架设了一条后退的“金桥”，为行为人提供了非犯罪化的选择。例如，逃税人可以在符合《刑法》第201条第4款的基础上不再被追究刑事责任，但是必须注意到，现实中逃税者以相对富裕者与企业居多，那么是否意味着就具有非犯罪化面向的逃税罪而言，富人因财力雄厚相比于穷人具有更多的实施不法行为的优势呢？这是否会导致福柯所担忧的“将不法行为转化为金钱债务”[60]的现象呢？最后，罪刑相适应

〔59〕 周光权：《刑法总论》，中国人民大学出版社2016年版，第45页。

〔60〕［法］米歇尔·福柯：《惩罚的社会》，强世功译，载陈兴良主编：《刑事法评论》第8卷，中国政法大学出版社2001年版，第459页。

原则要求做到重罪重罚、轻罪轻罚，以实现“罪刑均衡”的要求。关于罪刑均衡，边沁曾经形象地提出：“让我们定个规则，多大的罪用多大的惩罚；孟德斯鸠意识到了罪刑相称的必要性，贝卡利亚则强调了它的重要性。然而他们仅仅作了推荐，并未进行解释，他们未能告诉我们相称性由什么构成。”〔61〕其实，正如英国学者哈特所说：“罪刑均衡所要求的并不是某一犯罪和对这种犯罪的惩罚之间的那种完美适应的关系。而是对不同犯罪的惩罚应当在罚与罪的标度或者标准上‘相当于’相应的犯罪的恶或者严重性。”〔62〕而在二元化犯罪模式的语境下，原本属于刑事不法的行为仅因为行为人的罪后行为便将被作非犯罪化的处理，这是否符合违法行为与应当承担的法律后果之间的相称性尚有待思考。

通过上述分析表明，作为一项立法技术而存在的二元化犯罪模式与我国刑法的三项基本原则之间均存在着一定程度上的紧张关系。换言之，二元化犯罪模式的不当运用完全有可能背离刑法基本原则的路径指引，这种立法风险必须为我们所警觉。虽然“就刑法的保障功能的有效性而言，立法技术发挥着重要作用”。〔63〕但是为有效地规避前述风险，本文提出以下几点主张。

第一，为保证二元化犯罪模式的非犯罪化与犯罪化的双重维度之构成要件表述符合罪刑法定的明确性要求，这种新的罪刑规范模式的双重面向必须“在绝对明确性和概括性之间寻求动态平衡，实际上就是罪刑规范的相对明确化，这才是刑法立法的务实的理性目标”。〔64〕而二元化犯罪模式尤其要注意的是处理好刑法规范中的原则与例外的关系，如这种立法技术通常会使用的“但书”条款就必须相对谨慎。无论如何，二元

〔61〕［英］吉米·边沁：《立法理论——刑法典原理》，李贵方等译，中国人民公安大学出版社2004年版，第375页。

〔62〕［英］哈特：《惩罚与责任》，王勇等译，华夏出版社1989年版，第155页。

〔63〕［德］汉斯·海因里希·耶塞克、托马斯·魏根特：《德国刑法教科书（总论）》，徐久生译，中国法制出版社2001年版，第157页。

〔64〕付立庆：《论刑法用语的明确性与概括性——从刑事立法技术的角度切入》，载《法律科学（西北政法大学学报）》2013年第2期，第93页。

化犯罪模式的核心功能仍在于以设定刑法规范的方式确立基本的行为准则，然而“没有例外就没有刑法的发展，刑法生命即告终止”。[65]在这种以非犯罪化为基本面向的罪刑模式中，必须高度重视“但书”的作用，因为通常在“但是”之后又明确了追究刑事责任的条件，以犯罪化为后盾。在这方面逃税罪的规定起到了良好的示范效果。总之，“但是”前后的非犯罪化与犯罪化的构成要件规定都必须符合相对明确的要求，否则“极其抽象的、概括的刑法条款必然给司法机关适用刑法留下过大的自由裁量空间，同罪异罚的现象将在所难免”。[66]而这既有违立法初衷，也使得二元化犯罪模式立法运用违背了罪刑法定的基本原则。

第二，为了避免二元化犯罪模式的立法运用违背刑法面前人人平等的原则，必须对这一立法技术的运用进行相应的后果考察。“从法学意义上讲，后果考察是指以法社会学的方法对某种立法及其产生的社会影响进行客观评估，以保证立法之合理性或者降低立法之风险的过程。”[67]这里的后果当然既指法律后果，也指社会后果。必须强调的是，本文并不认为前述逃税罪是违背刑法平等原则的立法从而导致将不法行为转化为金钱债务的举措。事实上，逃税罪的二元化犯罪模式恰恰是基于后果考察的刑事政策考量，方才为《刑法修正案（七）》所采纳。比如，若对逃税行为一律追究刑责很有可能导致企业破产、工作人员失业等社会现象；简单追究刑责也会造成国家税收无可弥补的损失，同时还要消耗不少司法资源；而采二元化犯罪模式给予行为人出罪路径，后撤的“金桥”未必会致使逃税犯罪率显著升高。而且，无论富裕者抑或贫穷者，对他的逃税行为不追究刑责的非犯罪化条件是一致的，也谈不上存在立法上的贫富不均问题。总之，二元化犯罪模式的立法运用必须进行相应的法律与社会后果考察，确保刑法立法的可接受性，有效防止其违背刑法面前

〔65〕储槐植：《刑事一体化与关系刑法论》，北京大学出版社1997年版，第326页。

〔66〕梁根林：《刑事政策：立场与范畴》，法律出版社2005年版，第300页。

〔67〕姜涛：《论后果考察理论在刑事立法中的适用》，载《法商研究》2012年第5期，第86页。

人人平等的原则，避免出现立法不正义、处罚漏洞或者鼓励犯罪等反面示范效果。

第三，由于二元化犯罪模式给了不法行为人出罪的路径，要防止出现行为人的违法行为与其应当承担的法律后果不相适应的现象。本文主张，为保证二元化犯罪模式与罪刑均衡原则相契合，必须对该模式非犯罪化面向的构成要件设置的各种前置法律制裁手段严格界定，以做到不枉不纵。换言之，笔者主张对作为不追究刑事责任的前提的法律制裁，制裁方式与强度应当与不法行为基本相称，借以实现法律公平正义的基本要求。比如，刘艳红教授曾指出："恶意欠薪行为入罪的正当性与合理性值得反思，因为其有可能沦为无助于解决薪酬支付纠纷的'稻草人'罪名。"〔68〕笔者倒不质疑恶意欠薪入罪的正当性，但是为解决现实中多发的薪酬支付纠纷或可采取二元化犯罪模式，如若今后考虑将尚未造成严重后果拒不支付劳动报酬罪行为设置为二元化犯罪模式，那么作为不追究刑事责任的前提的其他法律制裁手段必须尽快跟上，并且要具有一定的力度，而不只是在公诉前支付劳动报酬并赔偿损失即可，由此实现不法行为与应当承担的法律后果相适应。

总而言之，对二元化犯罪模式这一立法技术的恰当运用必须建立在不违背我国《刑法》的三项基本原则的基础之上。为防止二元化犯罪模式突破罪刑法定原则，必须在妥当处理原则与例外的关系的同时做到构成要件表述符合相对明确性要求；要使该罪刑规范模式不违背刑法平等原则，则应当在二元化犯罪模式的制度设计时进行相应的法律与社会后果考察；而要使二元化犯罪模式的立法运用与罪刑均衡的原则相契合，则必须严格非犯罪化的各项前置制裁方式与强度，使行为人实施的不法行为与其承担的法律后果相适应。

---

〔68〕 刘艳红：《当下中国刑事立法应当如何谦抑？——以恶意欠薪行为入罪为例之批判性分析》，载《环球法律评论》2012年第2期，第61页。

（三）谨防二元化犯罪模式导致过度的刑法私法化

在将二元化犯罪模式作为立法建构论的重要工具的同时，还应当时刻注意的是谨防这一立法技术导致刑法出现过度私法化的倾向，从而严重影响国民的刑法认同感，削弱刑法权威，以致最终出现刑法性质更迭的法治乱象。这绝非危言耸听，而自有其风险发生的内在可能性，以下予以详述。

法律本身按性质被划分为公法与私法两大类，这一划分源于古罗马法。罗马五大法学家之一乌尔比安首次在《学说汇纂》中指出："它们（即法律）有的造福于公共利益，有的造福于私人。公法见之于宗教事务、宗教机构与国家管理机构之中。"〔69〕这一界定以公共利益与私人利益为标准对二者作了区分，但是，在学说史上，法学界并未达成一致，还有诸如主体说或者权力说、意思说，以及强行法说与规则说，等等。那么刑法是属于公法抑或私法呢？我国以及大陆法系学理上几乎毫无争议地认为，刑法系属公法。罗克辛教授指出："刑法不像民法，不是建立在平等关系原则的基础上的，而是建立在个人服从国家强制力的从属关系原则基础上的，所以刑法是公法的一个组成部分。然而出于传统的原因与刑法的特殊意义，人们仍然愿意在狭义的公法领域之外来理解刑法。不过刑法在体系上属于广义公法的这个属性并不会因此而有任何改变。"〔70〕金德霍伊泽尔教授也认为："和行政法一样，刑法也是公法的一部分；行政法与刑法二者涉及的都是国家和公民之间的法律关系。"〔71〕不过，法国学界却认为刑法属于私法的范畴；此外，在英美法系国家的学者看来，"公法只包含宪法与行政法，刑法应被排除在公法之外"。〔72〕笔者以为，若要科学理性地回答这一问题，有必要作一番历史的考察。

---

〔69〕［意］彼得罗·彭梵得：《罗马法教科书》，黄风译，中国政法大学出版社1992年版，第9页。

〔70〕［德］克劳斯·罗克辛：《德国刑法学总论》（第1卷），王世洲译，法律出版社2005年版，第4页。

〔71〕［德］乌尔斯·金德霍伊泽尔：《刑法总论教科书》，蔡桂生译，北京大学出版社2015年版，第15页。

〔72〕［日］室井力：《日本现代行政法》，吴微译，中国政法大学出版社1995年版，第29页。

在奉行同态复仇与等量报应的人类早期社会，犯罪被认为个体之间的内部冲突，对这一冲突的解决主要是依靠部族力量与宗教习惯，因而早期的刑法在形成之时，不可避免地带有私法的性质。伴随人类社会进入封建专制时期，人们逐渐意识到以私法途径处理犯罪冲突并不能充分解决社会纠纷，于是对刑事纠纷的化解逐渐由国家掌握。但应注意的是，这一历史时期的刑法总体上仍属于公私法不加区分的状态，典型代表当属我国古代所具有的诸法合体、刑民不分等特色，虽然由国家控制了刑罚权，但对犯罪者的追究仍具有一定的私法的性质，如所谓的不告不理与赎刑等制度。资产阶级革命以后，西方社会建立了各种近现代国家制度，工业时代的到来与发展使各种社会矛盾加剧，犯罪率激升，这些社会现象除促进犯罪学的成熟与发展外，也使人们开始反思传统刑法所具有的不告不理等具有私法性质的制度在犯罪治理方面的弊端，这一理性反思最终导致了国家对刑罚权以及犯罪追诉权力的绝对垄断地位的形成，从而使刑法最终褪去了私法的色彩，演变为纯粹的公法。总体来看，刑法的性质大体上历经了由私法到公私不分再到纯粹公法的历史演进过程。

20 世纪以来，随着社会矛盾冲突的复杂化与多元化，国家理性的假设逐渐跌落神坛，公法与私法的严格区分同样受到巨大挑战。有学者指出："当今社会只以公法或者只以私法来规制社会关系的做法已经越来越少。取而代之，越来越多的社会关系的规制形成了由公法与私法双方共同规制的局面，即原来只由私法规制的社会关系，公法也参与规制，原来规定或者被认为由公法规制的社会关系，私法规制也开始被运用，两者的交错产生了。"〔73〕在这一大背景下，原本作为纯粹公法的刑法也在一定程度上受到了影响，部分地出现了"刑法私法化"的倾向。当前的刑法私法化大体上可区分为刑法立法的私法化与刑法适用的私法化；前者如我国刑法目前仍存在的"告诉才处理"制度，后者如我国刑事诉讼法

〔73〕［日］吉村良一：《从民法角度看公法与私法的交错与互动》，张挺译，载《人大法律评论》编辑委员会组编：《人大法律评论》2012 年卷第 2 辑，法律出版社 2013 年版，第 236 页。

中规定的“刑事和解”制度。以逃税罪为代表而被本文提倡的二元化犯罪模式因属于立法技术的范畴，故应被归属在刑法立法的私法化中研究。

本文提倡的二元化犯罪模式的立法技术，与刑法立法的私法化之间存在非常紧密的关联。首先，“作为刑事政策的产物，其通过架设一座非犯罪化的‘金桥’极大地激励了行为人积极履行义务，从而实现刑法目的，并由此彰显刑法的谦抑精神与人文关怀。尽管该模式在某些场合更接近于‘刑法的行政法化’而非‘刑法的民法化’，但其中蕴含的刑法谦抑精神，以及表明立法者对刑罚权有意收缩的立场，均与‘刑法的私法化’所体现的尊重‘一次法’的优先地位、注重社会治理的公私合作等理念相一致”。〔74〕其次，运用二元化犯罪模式的立法技术形成的罪刑规范，以犯罪化为保障的同时又在行为人符合特定条件时给予其非犯罪化的处遇，深刻体现了一个时期以来为我国法学理论与实务界所倡导的恢复性司法理念。这一理念在英文中被表达为“Restorative Justice”，因而也被称之为“修复式正义”。英国学者 Tony Marshall 将这一理念作了这种界定：“恢复性司法是一种过程，在这一过程中，所有与特定犯罪有关的当事人走到一起，共同商讨如何处理犯罪所造成的后果及其对未来的影响。”〔75〕这一修复式正义理念尤为强调的一点即积极寻求因犯罪行为而造成的损害之弥补，采取二元化犯罪模式的逃税行为非犯罪化面向的构成要件设定即充分体现了这种修复式理念。然而，对类似逃税的刑事不法行为以实现了修复式正义为由而放弃国家刑罚权的发动，绝非作为纯粹公法角色的传统刑法所能认可的，而恰是私法的理念与方法介入犯罪治理的体现。由此可见，借助修复式正义的视角观察二元化犯罪模式，亦可发现其与刑法私法化之间的紧密关系。

有必要指出，笔者并不反对“刑法私法化”这一概念，因为犯罪治

---

〔74〕 熊亚文：《刑法私法化的基本立场与边界》，载《南通大学学报（社会科学版）》2016 年第 3 期，第 49 页。

〔75〕 王平：《恢复性司法在中国的发展》，载《北京联合大学学报（人文社会科学版）》2016 年第 4 期，第 71 页。

理是一项复杂的社会系统工程，一味地坚守刑法的纯粹公法性质的传统观念不免存在过于机械、绝对与僵硬的弊端。在一定限度内，将私法的理念与方法引入刑法的框架之中作为合理组织对犯罪的反应，不仅表明了国家对犯罪难题由统治向治理的转型，也彰显了犯罪治理的公私结合。这也是本文提倡在前述限定条件下适度扩张二元化犯罪模式的基本考量。但是，有鉴于前述二元化犯罪模式与刑法私法化之间的密切关系，若对该立法技术的运用不加以必要的谨慎，出现任意使用而致使二元化犯罪模式形成泛滥之势，那么将在根本上造成刑事法治的深刻危机。

其一，过度的刑法私法化将会改变刑法作为公法性质的基本面貌；诚如前述历史分析所表明的，在刑法的基本性质上走历史回头路的现象难被认为是法治的进步。其二，过度的刑法私法化不仅难以有效化解刑事纠纷，反而会导致更加棘手的社会矛盾，这已然为刑法演进的历史所证实。其三，诚如有学者指出的："刑法作为公法的种属，即使合理借鉴私法方法去实现部分犯罪的治理任务，以满足被害恢复的需要，也并不意味着刑法在这些犯罪上已经滑落至私法的边界。"〔76〕而过度的刑法私法化必将使"刑事纠纷"异化为"刑事私了"，这无异于否定了刑法本身所存在的意义，进而刑事法治也不复存在了。此外，不当的二元化犯罪模式的立法运用所导致的过度刑法私法化的倾向还存在诸多其他法治危机，诸如深刻影响国民的刑法认同感，进而削弱刑法权威，等等。面对这一巨大的法治风险，古罗马法谚似乎仍能给我们有益的启发："公法不得为私人简约所变通。"〔77〕

总之，为了有效规避不当的二元化犯罪模式的立法运用所导致的刑法过度私法化进而扭曲刑法本来面貌的风险，防止出现前述刑事法治的深刻危机，在《刑法》分则个罪中适用这一立法技术必须时刻保持小心求证的谨慎态度，并在前述诸如刑法谦抑以及比例原则等刑事立法理念

〔76〕 张加林：《理性建构中国刑法私法化之路》，载《西南政法大学学报》2016 年第 1 期，第 52 页。
〔77〕［意］彼得罗·彭梵得：《罗马法教科书》，黄风译，中国政法大学出版社 1992 年版，第 10 页。

的指引下展开具体论证，如此方能实现二元化犯罪模式的立法旨趣，实现现代刑法对犯罪治理的公私兼顾。

四、简短的结论

行文至此，综合全文的研究笔者得出如下结论。

首先，我国现行《刑法》第201条规定的逃税罪采纳了一种以犯罪化为保障的非犯罪化的二元化犯罪模式，这种新的罪刑规范模式作为一种立法技术而存在，以消极规定的构成要件要素为基础理论依据，同时也与《刑法》第13条的“但书”规定具有高度的契合性，因为符合二元化犯罪模式的非犯罪化面向的行为通常可视为“情节显著轻微，危害不大”。由此可见，这种二元化犯罪模式与我国形式与实质相统一的犯罪概念之间具有理论上的兼容性。然而，这种既体现刑法谦抑精神又具有巨大制度优势的立法技术却未能引起我国学界的应有重视。我国刑事立法业已进入活性化的时代，必须高度重视刑法立法论的研究，刑法立法论兼具立法建构论与立法批判论两个维度，以二元化犯罪模式为代表的诸多立法技术恰是立法建构论项下的重要研究课题。

其次，与传统罪刑规范模式相比，二元化犯罪模式具有许多相对优势。第一，面对我国多年《刑法》修正所出现的总体上的犯罪化趋向，学界在后续修法的犯罪化与非犯罪化之间展开了难解难分的争论，而本文提倡的二元化犯罪模式以非犯罪化为基本面向的同时又以犯罪化为保障，这种新的罪刑模式为前述论争提供了一条切实可行的中间道路。第二，在危险犯尤其是抽象危险犯逐渐增多的背景下，二元化犯罪模式为妥当解决刑法与行政法的交叉适用难题提供了新的方案，因为该模式通常将行政处罚前置，重视行政处罚措施在预防与治理不法行为中的重要作用，同时又以刑事制裁为后盾，以体现刑法的保障法意义。因而这一立法技术在贯彻刑法谦抑精神的同时也体现了长期不被我国学界重视的刑事立法的“比例原则”。第三，不纯正的非犯罪化的二元化犯罪模式为行为人提供了一条“回头路”，这种潜在的激励功能成功地将“罪后预防”

扭转为“罪前预防”，实现犯罪预防策略的转型，在此基础上也能为我国当前诉讼社会背景下的刑事司法压力纾解起到重要作用。第四，有鉴于前述优势，本文认为应在一定范围内扩张二元化犯罪模式的立法运用空间。经过分析，笔者提倡对二元化犯罪模式的立法运用应当限定在“三年有期徒刑以下的非暴力性法定犯”的范畴内。

最后，二元化犯罪模式固然有诸多优势并应在一定范围内获得立法提倡，但是对其运用应当时刻保持小心求证的谨慎。以“羊群效应”为视角，必须有效规避不当的限缩或者扩张二元化犯罪模式的运用等非理性的立法行为。这种新的罪刑规范模式与刑法基本原则之间的一定程度的紧张关系，要求立法者在运用时既要保证它符合罪刑法定的相对明确性要求，还要对它的制度设计进行相应的法律与社会后果考察，更要使行为人的不法行为与其承担的法律后果相适应，以实现刑事立法的公平正义。鉴于二元化犯罪模式与刑法私法化之间非常紧密的关联，在《刑法》分则的个罪中采用这一立法技术时，立法者必须在刑法谦抑性以及比例原则等立法理念的指引下具体分析，详加论证，以有效避免二元化犯罪模式的不当运用导致的过度的刑法私法化倾向，从而导致系统的制度风险甚至刑事法治的深刻危机。

刑事国家赔偿之精神损害赔偿的新方式 *

黄鑫政 **

目　次

内容提要： 目前国家赔偿金及精神抚慰金皆有限制，封顶额偏低；《国家赔偿法》关于精神赔偿

* 本文为国家社会科学基金重点项目"提升司法公信力法治路径研究"（15AFX013）的阶段性成果。

** 黄鑫政，苏州大学王健法学院博士研究生，主要研究方向：冤案防范与国家赔偿、宪法学。

的规定过于宽泛而难以被适用，且法官裁量空间大，间接导致精神抚慰金相对较少；赔礼道歉等适用不普遍，受害者或其家属不满意于“纯粹的”金钱赔偿。对于严重侵权的刑事冤案而言，赔礼道歉的精神赔偿过轻，与受害者受到的冤屈、痛苦、人格尊严的侵犯、身体健康的破坏或生命的结束异常不对等。且赔礼道歉只是一笔勾销式的精神赔偿，为了防止金钱赔偿方式在国家赔偿中占比偏高而导致人格尊严、生命健康、人身自由被价钱化，有必要另寻新的冤案国家赔偿的精神赔偿的方式，以实现较为充分的救济。因此需要建立法治公墓制度、冤案警示馆，设立冤案纪念日等刑事冤案精神损害赔偿的新方式。这些方式有利于弥补冤案受害者受损的人格尊严，有利于培育司法文明，有利于使冤案受害者或其家人满意。

关键词： 国家赔偿　精神赔偿方式　冤案防范　仪式　人格尊严

引言

冤案不时进入我们的视野，包括持续在发生以及未被平反的案件。冤案是法治的巨大伤病，也破坏社会的稳定，损害公民的基本权利。诸如聂树斌、呼格吉勒图的冤案逐渐被平反，他们的遭遇冲刷我们的视野，他们所遭受的经历与不公令我们惊愕。关注类似案件的同时，我们亦为冤案家属感到悲伤。法者，伸张正义。出于基本的伦理、道德观念以及人文关怀、忧国忧民情怀，我们希望受害者本身及其家属得到足够的补偿、赔偿、尊重。但现实之中，国家赔偿的现状不可谓良好，冤案的救济也尚未健全。首先，在当今国家经济条件较好但人民币贬值，受害者遭受身心煎熬、自由甚至生命的牺牲巨大的情况下，诸多案例的赔偿金不算多，往往难以满足受害者或其家属的正当诉求。其次，现实的国家赔偿的精神损害赔偿[1]常常缺位，国家赔偿通常以不一定充分的精神抚

---

〔1〕 为了方便表述，本文也将刑事国家赔偿之精神损害赔偿简化为“精神赔偿”，将刑事国家赔偿之精神损害赔偿的新方式简称作精神赔偿的新方式，或者“新方式”。

慰金和不一定有的赔礼道歉了事。以致冤案受害者受损害的生命、自由、健康、人格尊严没有得到足够的弥补。另外，恢复名誉、消除影响对冤案受害者的名誉的保护能起到一定的作用，赔礼道歉能够起到一定的抚慰作用，但国家赔偿之精神损害赔偿的这些现有方式远远无法弥补受害者在刑讯逼供中所遭受的人格尊严侵犯以及精神痛苦。因而，有必要增加刑事错案精神损害赔偿的赔偿金额并推动赔偿新方式的研究、创新，以完善对冤案受害者的生命健康、人格尊严、自由的国家赔偿、精神损害赔偿。

一、问题的提出——我国刑事国家赔偿的现状及原因

（一）我国国家赔偿的现状

目前，我国国家赔偿主要存在以下问题："一般赔偿金"金额过低，[2] 赔偿、救济方式较少，已有的精神赔偿方式（如赔礼道歉等）适用不普遍，精神抚慰金适用不普遍。

首先，我国国家赔偿的"一般赔偿金"数额偏低，救济方式较少。我国国家赔偿案件申诉率高、受害者满意度低。[3] 国家赔偿金的数额难以满足要求，金额普遍偏少，受害者或其家属对赔偿金不满意。《国家赔偿法》第34条第1款第3项规定，侵犯公民生命健康造成死亡的，支付死亡赔偿金、丧葬费总额为国家上年度职工年平均工资的二十倍。2017年最高人民法院公布的赔偿金标准为每日258.89元，一年约为9.45万元。我国台湾地区的"冤狱补偿法"则规定，死刑执行的赔偿，应按受刑人执行死刑年度国人平均余命计算受刑人余命，且每日按照5000新台币算。[4] 以台湾地区江国庆21岁即遭枪决且当年岛内民众平均余命76岁

---

〔2〕 为了方便区分与表述，我们把国家赔偿金分为精神抚慰金和精神抚慰金之外的"一般赔偿金"两个部分。

〔3〕 参见江苏省高级人民法院：《江苏省国家赔偿审判工作情况汇报》，载最高人民法院赔偿委员会办公室编：《国家赔偿办案指南》2014年第1辑，法律出版社2014年版，第192页。

〔4〕 此大概精确度，新台币与人民币大约是5∶1的比例，1元人民币约等于5元的新台币。

为前提计算，江国庆失去了55年的宝贵光阴，2011年，江家获逾补偿1.3亿元新台币，[5]约为2879.2万元人民币，[6]约为呼格吉勒图赔偿金（约206万元）的14倍、聂树斌赔偿金（约268万元）的10.74倍。美国卡罗莱纳州规定一年的冤狱赔偿7万美元（以2017年对人民币6.75倍的汇率算，约为47.25万元，比我国年冤狱赔偿金多了37.8万元人民币，约为我国的年冤狱赔偿的5倍），州提供的医疗护理以及学费免除，另外，如果是死囚牢房冤狱，一年冤狱在这些基础上每年加5万美金。得克萨斯州为冤案受害者提供每年8万美元的冤狱赔偿和养老金，以及死囚冤狱或"性侵指控"冤案受害者每年2.5万美金的赔偿。新泽西州法律规定给予冤狱受害者每年冤狱"过去一年"的年平均收入的两倍赔偿或者5万美金（不论两个数额哪个大），以及职业培训（职业教育、职业训练）、助学金、咨询服务、住房援助、健康保险。如果冤狱在5年以下，伊利诺伊州为冤狱受害者提供8.535万美金，5年以上14年以下提供17万美元，14年以上，则是19.915万美金，该州还规定，退还律师费（封顶额为赔偿金的四分之一），并提供找工作、安排就业的服务。路易斯安纳州给冤狱受害者每年2.5万美金的赔偿，封顶额是25万美金（with a maximum of $250000），且提供三年的技能训练、医疗、六年的（心理）咨询服务（counseling service）的花销，以及学费花销。马里兰州的"赔偿包裹"（compensation package）包括合理的金钱数额以及咨询服务。马萨诸塞州的冤案受害者会得到50万美元内的金额以及物质上的、精神上的、教育方面的服务。[7]即在我国台湾地区和美国一些州，公民因冤狱获得的年国家赔偿金要多得多。且对同样单位服刑时间内的冤案受害

---

〔5〕参见《台湾冤杀士兵案15年后昭雪　家属有望获赔上亿》，载中国台湾网，http://www.taiwan.cn/xwzx/bwkx/201106/t20110613_1886158.htm，最后访问时间：2018年7月6日。

〔6〕在2011年，1元人民币为4.515元新台币。

〔7〕这一段关于美国州赔偿的金额与救济方法的内容，皆来自下面这一篇文章，作者是美国里士满大学T.C.威廉姆斯法律学院2017级的博士攻读者（J.D. candidate）。See Alanna Trivelli, *Compensating The Wrongfully Convicted: A Proposal To Make Victims Of Wrongful Incarceration Whole Again*, Richomnd Journal Of Law And Pubilc Interest, Vol.XIX: iii, p261.

者而言，死囚冤狱、被控性侵的冤狱与普通刑期冤狱的冤案赔偿，单位刑期的价钱是不一样的。而《国家赔偿法》没有这样精细一些的区分。这也是一个问题，意味着立法者对死囚监禁与其他有限刑期的监禁的认识过于简单，没有考虑到不同类型的监禁，受害者心理上的恐惧与折磨、社会影响，包括其亲属在内的精神损害、其他成本损耗，都是不同的。国家赔偿的"抚慰金"宜作同样的区分。我们有必要对冤案受害者所受的伤害分门别类，进而针对不同的痛苦配套不同的救济方式与程度。赔偿金的多少也应该参照人格尊严的损害情况，比如有刑讯逼供对受害者人格的侮辱、侵犯，与没有刑讯逼供、仅仅是关押，应该有所区分。另外，美国的救济方式多样，值得我们学习。我国的国家赔偿有必要提高国家赔偿标准（赔偿金数额）、增加赔偿金，配套"全面服务"（comprehensive services）[8]，即增加各种救济方式。

其次，在我国的国家赔偿中，赔礼道歉适用少。钱不是万能的，受害者家属有金钱赔偿之外的诉求。[9]冤案受害者或其家属要求追责有过错的法官、检察官等，[10]或者要求赔礼道歉。金钱赔偿在国家赔偿中起绝大多数作用的话，就会存在人格、生命健康与金钱等同化的问题。生命健康、人格尊严是无价的，不能被用金钱代替。"人的精神权益是无价的，任何形式的补偿都难以达到充分的效果。"[11]在张文志、孙春雨等人的部级课题[12]的实证统计研究中，53个剥夺人身自由时间的案件中，没

〔8〕 Jennifer L.Chunias，Yael D.Aufgang，*Beyond Monetary Compensation*：*The Need for Comprehensive Services for the Wrongfully Convicted*，Boston College Third World Law Journal Volume 28 Issue 1.http://static1.1.sqspcdn.com/static/f/634737/17577812/1334000991890/Beyond+Monetary+Compensation.pdf?token=t%2BBB3XwYSodUVD%2BlRW2tuQFDpAQ%3D. 最后访问时间：2018年9月12日。

〔9〕 参见张平、王译萱：《论赔礼道歉在国家赔偿中的适用》，载《上海政法学院学报》2013年第6期，第92页，表1。赔偿案件中，公民要求赔礼道歉的比例占到大多数，在66%以上。

〔10〕 这主要是刑事诉讼法研究的范围，这里不做探讨。

〔11〕 王玮：《惩罚性国家赔偿研究》，苏州大学2007年硕士学位论文。

〔12〕 2012年部级课题：国家赔偿案件中精神损害赔偿疑难问题研究，项目编号：CLS（2012）B22-2。

有赔偿金之外的“其他赔偿方式”的案件占到绝大多数——43个，只有10个案件有消除影响或赔礼道歉这样的赔偿。[13]被误会以票据诈骗为由剥夺人身自由4094天的广东黄某怡案件，被以诈骗罪为由剥夺人身自由2085天的河南于某某案件，都没有赔礼道歉等“其他形式”的赔偿形式。剥夺人身自由的时间从几千天、几百天到几十天不等，罪刑各式各样，多没有纯粹的精神赔偿。类似的统计总结亦可以参见李喜莲、孙晶的研究。他们以M、N两市2008年至2012年审结的案件为样本，分别为M市319件、N市25件。M、N法院样本中赔偿请求人诉请赔礼道歉的案件分别为M市238件、N市22件，即要求赔礼道歉的比例分别为74.6%、88%。但最终实现赔礼道歉的案件分别为M市144件、N市12件，即公民诉请赔礼道歉获支持的比例仅分别为40%、45%。[14]从法院工作人员张平、王译萱对某省319件国家赔偿案件的统计分析中同样可以看到赔礼道歉的适用之不普遍，以及人们对赔礼道歉的诉求。赔礼道歉不普遍的原因，包含了对赔礼道歉缺乏详细、硬性的规定与追责规制。张平、王译萱精到地分析了赔礼道歉处于“休眠状态”的原因以及完善的方法。[15]当然，笔者认为，即使赔礼道歉普遍适用了，一时的赔礼道歉依旧抵不上类似刑讯逼供致重伤、死亡，误判致死，误判致长期冤狱等冤案受害者所受的侵害，仍然需要一些长期的“赔礼道歉”机制，才能实现更加充分的救济。

最后，我国国家赔偿中，精神“抚慰金”偏少且未普遍落实。最高人民法院于2014年7月29日发出《关于人民法院赔偿委员会审理国家赔偿案件适用精神损害赔偿若干问题的意见》，明确说明：“人民法院赔

〔13〕参见张文志、孙春雨、王伟、李斌：《国家赔偿案件中精神损害赔偿制度疑难问题实证研究》，法律出版社2015年版，第161-164页，附录二之附表一。

〔14〕参见李喜莲、孙晶：《“秋菊”式诉求的回应——论国家赔偿中赔礼道歉责任的司法适用》，载《法律科学》2014年第5期，第174-175页，表3、表4。

〔15〕参见张平、王译萱：《论赔礼道歉在国家赔偿中的适用》，载《上海政法学院学报》2013年第6期。

偿委员会确定精神损害抚慰金的具体数额，还应当注意体现法律规定的'抚慰'性质，原则上不超过依照国家赔偿法第三十三条、第三十四条所确定的人身自由赔偿金、生命健康赔偿金总额的百分之三十五，最低不少于一千元。”这样的规定，是不重视受害者人格尊严的体现，也是对精神损害赔偿的限制规定，是精神抚慰金为受害者或其家属不满意的规范根源。国家赔偿金的多少，恰恰是国家赔偿认错的诚意以及对人权尊重、重视的程度的体现。同样如在张文志等人的课题所展示的，53 个案件中只有 15 个案件有精神损害赔偿金，而这些案件中很多受害者被剥夺人身自由的时间都是几百天、几千天。可以说，对人身自由损害案件的国家赔偿，其中精神抚慰金的赔偿不是普遍的做法。《国家赔偿法》第 35 条规定较为粗糙，适用困难。举证责任机械苛刻，适用标准高。第 35 条“相应的精神损害抚慰金”中的“相应”是无奈之举。最高人民法院也寄希望于“实务中去具体化”。由于第 35 条规定的粗糙不具体，导致法官有较大的裁量空间，便带来现实中精神损害赔偿金较少这一隐患。

（二）现行国家赔偿法规定的不足

针对《国家赔偿法》条文内容，我们能很容易地找到造成国家赔偿现状的制度原因。我们以《国家赔偿法》第 35 条作为主要分析对象。[16]

首先，抚慰金一词不恰当。抚慰一词不合适，[17]抚慰的意思是中立者施好的善行，不是有罪者主动认错的行为。用“抚慰”而不是用“赔偿”，这可能意味着国家作为侵权主体认错态度的模糊，或者说容易被理解为有掩盖其有错本质的嫌疑，或者是国家赔偿法立法不够认真、审慎。澳大利亚格里菲斯大学的 Rachel Dioso-Villa[18]同样认为，将国家赔偿作为

---

〔16〕《国家赔偿法》第 35 条：“有本法第三条或者第十七条规定情形之一，致人精神损害的，应当在侵权行为影响的范围内，为受害人消除影响，恢复名誉，赔礼道歉；造成严重后果的，应当支付相应的精神损害抚慰金。”

〔17〕 华中科技大学的硕士李巍有注意并明确提到抚慰一词的不合适。参见李巍：《论我国国家赔偿的精神损害赔偿》，华中科技大学 2015 年硕士学位论文。

〔18〕 Rachel Dioso-Villa，澳大利亚格里菲斯大学犯罪学与司法正义学院讲师。

国家的一种恩赐行为，而不是因为司法系统错误而提供的救济方法，会给公众对国家司法系统的合法性及公平、效力的信心带来威胁。[19]最高人民法院江必新副院长等人给的解释是：根据《国家赔偿法》上下文中对精神损害赔偿与精神损害抚慰概念内涵的比较，可以得出抚慰金实际上就等同于精神损害赔偿金的结论。[20]这样的说法有待谨慎斟酌。

其次，赔偿范围狭窄，人格尊严被忽视。《国家赔偿法》第35条在赔偿情形范围、理念、用词上，皆体现出立法上的些许缺陷。该条对精神赔偿范围的限制性规定不太合理。张文志等人的书中论述到："《国家赔偿法》中所确立保护的与精神有关的权益范围要狭窄得多……《国家赔偿法》仅仅涉及生命、健康、身体、自由权益。"[21]精神损害的精神应该作广义的理解，比如人格尊严的损害也应包括在精神损害之中。该条对赔偿范围的限制性列举，是有局限性的。它只包含了第3条[22]和第17条[23]规定的几种情况，即第3条所指的行政机关对公民人身自由与生命健康权进行侵犯的情况，以及第17条所指的侦查检察、审判机关和监狱看守所机关对公民违法进行拘留、逮捕等限制人身自由以及造成身体伤

---

〔19〕 原文是："To treat compensation as the state's act of grace, rather than its legal duty to provide reparations for errors in the justice system, is perhaps a greater comment on how the state handles errors that may pose a threat to public confidence in its legitimacy and the perceived fairness and effectiveness of the justice system. " Rachel Dioso-Villa. 'Out of Grace': Inequity in post-exoneration remedies for wrongful conviction. University of New South Wales Law Journal 结论部分。资源地址：https://research-repository.griffith.edu.au/dspace/bitstream/10072/62982/1/94223_1.pdf. 最后 访问时间：2018年8月24日。

〔20〕 参见江必新、梁凤云、梁清：《国家赔偿法理论与实务》（下卷），中国社会科学出版社2010年版，第890页。

〔21〕 张文志、孙春雨、王伟、李斌：《国家赔偿案件中精神损害赔偿制度疑难问题实证研究》，中国人民大学出版社2015年版，第31页。

〔22〕《国家赔偿法》第3条列举受害人有取得赔偿权利的情形："（一）违法拘留或者违法采取限制公民人身自由的行政强制措施的；（二）非法拘禁或者以其他方法非法剥夺公民人身自由的；（三）以殴打、虐待等行为或者唆使、放纵他人以殴打、虐待等行为造成公民身体伤害或者死亡的；（四）违法使用武器、警械造成公民身体伤害或者死亡的；（五）造成公民身体伤害或者死亡的其他违法行为。"

〔23〕《国家赔偿法》第17条规定的"侵犯人身权"的情形，如拘留、逮捕，刑讯逼供、殴打、虐待、唆使他人殴打、虐待造成伤害或者死亡，以及违法使用武器、器械造成公民身体伤害或者死亡。

害、死亡的情况，这些列举性的侵权情形中没有包括人格尊严、精神的侵害的情况，这是不完全、不合理的，范围过于狭窄。现实中，公民的人格尊严的损害以及精神上的痛苦，是普遍存在的。[24]范围的限制性规定是防御性规定，不符合现实情况，理应有兜底、概括性条款，不应该纯粹是列举性的。《国家赔偿法》对侵权情形进行列举，体现立法者只重视公民人身自由、身体健康及生命安全侵害较为明显、严重的情况，忽视因刑讯逼供抑或其他执法司法行为造成的对公民人格尊严的侵犯。在《国家赔偿精神损害赔偿实证研究》一书中，浙江省高级人民法院课题组亦认为：应该扩大精神损害赔偿范围。[25]

再次，《国家赔偿法》第35条的用词极为笼统，导致规定显得极其宽泛，难以为司法机关所适用，这为实务界人士及学界所诟病。“严重后果”难以把握，致使法官判案无所依据或者裁量权相对过大，从而导致精神赔偿适用不普遍的问题；“相应的精神损害抚慰金”中“相应的”一词同样导致法官决定“抚慰金”没有依据标准，间接导致“抚慰金”普遍偏少的情况。[26]2012年9月，重庆市人大常委会通过了《重庆市实施〈中华人民共和国国家赔偿法〉办法》，对“严重后果”进行了细化规定，有相当大的进步意义。该《办法》列举了“属于致人精神损害造成严重后果”的情形：“（一）受害人死亡、伤残或者产生严重疾病不能治愈的；（二）受害人被羁押一年以上或被判处和执行一年以上刑罚的（缓刑除外）；（三）受害者名誉权、荣誉权受到严重损害给其家庭生活或工作造成严重不利后果的；（四）其他导致受害人产生严重生理痛苦和心理痛

〔24〕这一点张文志等人的书中也有分析。参见张文志、孙春雨、王伟、李斌：《国家赔偿案件中精神损害赔偿制度疑难问题实证研究》，中国人民大学出版社2015年版，第30–31页。

〔25〕浙江省高级人民法院课题组：《国家赔偿精神损害赔偿实证研究》，中国法制出版社2015年版，第153页。

〔26〕胡晓玲博士同样认为，何为“严重后果”、何为“相应”均无从把握。参见胡晓玲：《国家侵权精神损害赔偿的附魅祛魅、缺陷及改进》，载《社会科学家》2014年第6期，第105页。

苦的情形。”〔27〕这个《办法》也不够精细，与《国家赔偿法》一样忽略了公民无罪被宣判有罪、无罪被刑讯逼供、无罪被拘留等可能侵犯公民人格尊严、名誉但“没有因此重伤、死亡或者严重损害家庭、生活、工作造成严重不利后果”的情形。《国家赔偿法》已有规定的逻辑是：需要严重后果，才能有精神损害赔偿，才可能有包括赔礼道歉等方式在内的精神损害赔偿。在《国家赔偿法》中规定“严重后果”的标准，是对公民可能受损的人格尊严、名誉等人格权的藐视。人格尊严需要被严肃对待、认真对待，需要被全社会及每个立法者、司法者、执法者确立为第一规范，才能起到引领作用，进而避免更多法治悲剧、冤案的诞生。笔者主张，一旦是错误定罪、错误逮捕、拘禁、刑讯逼供等违法行为，都需要赔礼道歉。这能有效促进法官、检察官、公安工作人员等守法不枉法。

最后，已经规定的精神赔偿方式单一。冤死的精神赔偿，岂是一次道歉可以解决的？刑事冤案侵权与民事侵权的法理有相通的地方。学者关今华提到：民事侵权上“赔礼道歉”适用条件之一是“行为人侵权行为的情节轻微、致人一般轻微的精神损害”，〔28〕情节严重、致人严重精神损害则不是赔礼道歉所能够解决的。我们知道，刑事冤案的侵权多为严重的侵权，赔礼道歉的功能未能与受害者受侵犯的程度相对等。因此，笔者认为，精神方面的侵害应该有更多、更深刻的纯粹精神方式的赔偿，且金钱方式的赔偿与精神方式的赔偿可以有所区分，金钱赔偿在很大程度上无法替代精神方式赔偿的作用与意义。金钱能够在一定程度上赔偿受害人被侵害的人身自由以及被刑讯逼供的身体伤害，但受害人的精神痛苦、人格尊严需要更多精神赔偿方式的补充救济。我们呼吁赔偿的对等：在刑事国家赔偿的金钱赔偿还未足够充分的情况下，精神性人格权（包括人格尊严）的弥补如果只是赔礼道歉则明显过轻，且人格尊严不能

---

〔27〕《重庆市实施〈中华人民共和国国家赔偿法〉办法》，载张文志、孙春雨、王伟、李斌：《国家赔偿案件中精神损害赔偿制度疑难问题实证研究》，中国人民大学出版社 2015 年版，第 156 页，附录一第 12 点。

〔28〕关今华：《精神损害的认定与赔偿》，人民法院出版社 1996 年版，第 336 页。

完全用金钱对等，所以需要加码“精神性”的赔偿。

《国家赔偿法》第35条对精神赔偿的方式的规定，有照搬照抄民法侵权责任法的嫌疑，即恢复原状、赔礼道歉。[29]人格权损害等精神损害是不可逆的，[30]如何恢复原状？学者、法官等也在鼓励、建言多元救济机制，比如杨林萍法官介绍美国的赔偿多元的方式，如得克萨斯州提供受害者工作培训、医疗等服务，佛蒙特州“被宣告无罪者最多10年的州健康医疗”，康涅狄格州宣告无罪者学费免除等。[31]伊利诺伊州有帮忙受害者找工作的支持服务，马萨诸塞州提供受害者“在任何州立或社区大学的教育服务”。[32]福建妇联法律服务中心与福建省高级人民法院合作的心灵抚慰机制同样是很有意义的救济方式的创新。[33]但它是善后的救济，没有类似“赔礼道歉”这种方式的公权力为过错致歉意的意味。张文志等人对国家赔偿案件中精神损害赔偿制度的完善进行了专门研究，对国家赔偿案件中精神损害未获赔偿的救济途径进行了思考，提出国家补偿和心理疏导两个方法。这是对未获赔偿的精神损害的关照，是一个值得赞许的思路和关怀，但这两个简单建议也说明了我们对现有赔偿方式思考的不足。

综上，精神损害里面的精神应该作广义的理解，比如人格尊严的损害包括在精神之中。可以分类赔偿或者说采用二分法赔偿，金钱赔偿是

---

〔29〕类似的评论可参见蒋成旭：《论国家赔偿中的“赔礼道歉”》，载《政治与法律》2016年第4期，第130页。

〔30〕参见何君、唐明、赵振屏：《刑事赔偿原理与实务》，法律出版社2018年版，第270页。

〔31〕参见杨临萍、何君：《刑事赔偿：美国法的经验与中国制度的完善》，载陶凯元、柯汉民主编：《国家赔偿办案指南》2014年第1辑，法律出版社2014年版，第87-88页。

〔32〕杨临萍、何君：《刑事赔偿：美国法的经验与中国制度的完善》，载陶凯元、柯汉民主编：《国家赔偿办案指南》2014年第1辑，法律出版社2014年版，第95-100页，表格“美国各州关于刑事赔偿的规定”。

〔33〕参见梅贤明、许秀珍：《既解“法结”更解“心结”——福建探索国家赔偿案件心灵抚慰机制》，载陶凯元、柯汉民主编：《国家赔偿办案指南》2014年第1辑，法律出版社2014年版，第252页；张文志、孙春雨、王伟、李斌：《国家赔偿案件中精神损害赔偿制度疑难问题实证研究》，法律出版社2015年版，第84页。

针对受害人被限制人身自由、生命健康的赔偿，而精神上的侵害，不能仅仅以金钱的方式进行补偿，应该以充分的精神赔偿方式进行赔偿。较为严重的刑讯逼供、长期冤狱的案件，如聂树斌、呼格吉勒图案等，不可以简单道歉和金钱赔偿了事。〔34〕这样的二分，也基本上对应物质性人格权与精神性人格权的划分〔35〕。另外，纯粹停留在数额的博弈，本身存在极其困难的衡量，因此，真正纯粹的精神赔偿是必要的，也能够缓解数额的多少的争论，起到缓和、替代的作用，这也符合多元救济的现实需要。当然，我们也支持提高精神赔偿的上限标准，以缓和数额上不足、难以令人满意的问题。以研究国家赔偿著称并被称为“杜国赔”的学者杜仪方在2018年的一篇文章中建议增加赔偿方式，如冤案受害者平反后的住房、养老、医疗保险等善后工作，这些是美国已有的做法，但她没有详细提出其他新的国家赔偿新方式，这也从一个侧面反映我们学界对国家赔偿方式研究的匮乏，值得改进。本文的国家赔偿之新方式，就是在这样的背景与需求之下产生的。

二、对策：刑事国家赔偿之精神赔偿的新方式

刑事国家赔偿之精神（损害）赔偿的新方式，即包括法治公墓制度（或称冤死者公墓制度）、冤案警示馆制度、冤案反思纪念日及未来可能有的其他新的方式的集合，毕竟学者、人民的智慧如同权利的种类一样，会不断增加，精神损害赔偿的方式同样如此。在本文中，刑事国家赔偿之精神损害赔偿的新方式又可以称为国家赔偿的法治文化方法。法治公

〔34〕为了与金钱、物质性赔偿方式区分，我们需要一个概念，即“纯粹的精神赔偿方式”的概念。纯粹（性）的精神赔偿方式，又称纯粹性精神赔偿方式，或者纯粹精神赔偿方式、纯精神赔偿方式，它是区分于金钱赔偿方式、物质赔偿方式的纯精神性的赔偿方式，主要聚焦于精神上的赔偿，且以“精神方式”赔偿“精神损害”。它包括赔礼道歉、消除影响、心理抚慰、冤案反思纪念日等，及其他未来有待开拓的方式。冤案警示馆、冤死者公墓也可以包括于其中，即使他们是有形的载体、物质方式。

〔35〕参见王利明：《人格权法》，中国人民大学出版社2016年版，第28页。

墓、冤案警示馆，都属于法治设施，[36]也属于法治建筑。[37]

（一）法治公墓制度

公墓指人去世后，将遗体或骨灰式遗物集中到统一地点，这是人类发展历史上的文明和进步。法治公墓，[38]又称冤死者公墓，是指收纳因为刑讯逼供、错案等运用、实施法律错误而失去宝贵生命的人们的墓地。之所以叫作公墓，是指将冤死者按照属人原则[39]集聚在一起，以形成规模、影响力，彰显意义，也方便每年纪念仪式或其他活动的举行。法治公墓制度，即以国家为主体为冤死者而设立墓地，为之举行追悼仪式，并每年由人们所瞻仰纪念的一系列规定、设计的集合。具体的制度设计，包含对法治公墓的纳入对象的选拔、墓碑的安排、入墓仪式的环节等。按照刘斌教授对法治文化的分类，可以把法治公墓归类为显性法治文化里面的法律设施。[40]法治公墓是“硬件”，而法治公墓制度能起到“软件”的作用。

法治公墓的纳入对象，以司法判决书等官方公文为准据，应是被确认平反的公民。因公权力行使错误导致死亡的个体，包括被刑讯逼供、错判死刑并执行、被错误拘禁拘留导致直接或者间接死亡等情况的受害者，如聂树斌，呼格吉勒图，孙志刚，没杀人却被抓、被刑讯逼供以致认罪最终被枪决执行死刑的滕兴善，[41]因被诬告强奸入狱在羁押期间死去

---

〔36〕“法治设施是指用来弘扬法治精神、保障法律制度实施的建筑场所、器物、服饰以及其他文化设施………大致可以分为法意建筑、法意器物、法意服饰和其他法意文化设施四类。”参见李德顺主编:《中国特色社会主义法治文化研究》，中国政法大学出版社 2016 年版，第 294 页。

〔37〕刘斌教授把法治建筑称为“法意建筑”，并将之定义为：“专门用来宣传立法、司法、执法和法治的场所或建筑物，包括人民大会堂、法院、检察院、监狱、看守所、劳教所……展览馆、纪念碑等。”李德顺主编:《中国特色社会主义法治文化研究》，中国政法大学出版社 2016 年版，第 294 页。

〔38〕参见黄鑫政:《法治公墓：祭奠法治英灵》，载蒋海松主编:《岳麓法学评论》，中国检察出版社 2017 年版，第 308-315 页。此一节较多参考此文，有一些相关的提法和表述。

〔39〕即按照冤死者的籍贯，纳入冤死者家乡的县、市或省属的法治公墓墓地，即“属人原则”。

〔40〕参见刘斌:《当代法治文化的理论构想》，载《中国政法大学学报》2007 年第 1 期，第 18-19 页。

〔41〕参见《滕兴善案》，载洗冤网，http://www.xiyuanwang.net/html/gnya_1271_1865.html，最后访问时间：2018 年 3 月 27 日。

的宋保民，年仅23岁的被误判为强奸犯被执行枪决的魏清安，被顶替唐建敏被枪决的张文华等。具体的核准可以结合国家赔偿的程序，由相应国家赔偿委员会给予确认、核准，并接受受害者家属的申请。

墓碑可以写上冤案的经过及应吸取的教训，如已有的呼格吉勒图墓的做法。呼格吉勒图墓志铭："呼格吉勒图，呼和浩特人，1997年生。十八岁时，蒙冤而死。1996年4月9日夜，一女子被害身亡。呼格报案，被疑为凶手。后不堪严刑而屈招。被判死刑，6月10日，毙……"〔42〕

入墓追悼仪式，又称为冤死者追悼仪式，或入墓仪式、追悼会，即在冤案平反之后，对冤死者举行的追悼仪式，由受害人亲属、朋友、社会人士、相关部门人员出席。根据死者家属是否同意，决定是否将冤死者骨灰埋葬或者转葬于单独规划出来的、为冤死者设置的法治公墓墓地。入墓追悼仪式的举行及出席人同样需要咨询受害者家属的意见。冤死者入墓仪式具体包括诸如出席主体、仪式环节等方面的设置。

1. 出席主体

入墓仪式的出席主体，应该包括受害者家属及其亲戚朋友、公检法部门人员（包括相应级别国家赔偿办领导、工作人员）、法律工作者、监狱看守所各部门科室相关工作人员，尤其是与冤案发生直接相关的单位、个人，必须参加。法学家、法学院学生及社会大众可自愿参加。

2. 仪式的环节

冤死者追悼仪式仿照一般的追悼会的一些仪式。仪式包括主持人〔43〕对碑文的宣读，对案情及受害者受害过程、原因的介绍；参会代表讲话，诸如与冤案相关的法院、公安机关、检察机关、监察机关等单位代表讲话；全体为冤死者默哀的活动以及可以在仪式中演奏法治之歌〔44〕。仪式还

〔42〕《呼格吉勒图墓志铭：以生命警示手持司法权柄者》，载《法制晚报》，转自央广网，http://news.cnr.cn/native/gd/20151111/t20151111_520475631.shtml，最后访问时间：2018年8月11日。

〔43〕主持人可由类似治丧委员会商讨人选，可以是法院或者检察院等政法部门的领导，也可从其他参会人员中选出。

〔44〕已有湖南大学法学院蒋海松副教授填词的法治歌曲：《以法之名》。

包括出席冤死者追悼仪式的人员为死者献花缅怀、鞠躬以及出席人员与冤案受害者家属握手慰问的环节。

3. 仪式的其他细节

仪式参加者的服装应该尽可能正式，可以统一穿印有类似“冤案预防，人人有责”的标语的服装，也可以只要求穿正装，公检法部门人员穿工作制服。

仪式的操办可由国家赔偿委员会或地方赔偿办公室主办，可以由法院、检察院甚至民政局等其他部门协办。仪式进行所用经费可以与国家赔偿金的来源一样，由当地财政部门划拨，同时可接受仪式参与者、社会人士自愿捐赠。

仪式的时间可以在案件宣布平反之后，可在每年度感动中国十大法治人物颁奖仪式之后，也可根据其他具体情形灵活决定。仪式举行的地点为公墓所在地，或者当地习惯的仪式举行场所。

4. 电视直播和录像传播

入墓仪式的活动过程电视台应该直播，以体现国家、社会重视。也应该录像，作为宣传纪念的材料，供世人观看纪念，“仪式的一个突出特征就是重复。或者在一定意义上说仪式是一种重复化行为”。〔45〕将法治人物入墓纪念仪式录像，有利于仪式的作用发挥最大价值，成为法治宣传的另一个材料，让仪式的作用持久。尤其是可作为公、检、法、监察部门及监狱、看守所等的学习宣传材料。

（二）冤案警示馆

冤案警示馆，即为了起到铭记、警示作用，在国家、地方设立的警示馆，里面展示已有的较为典型的刑事冤案的细节，供人们参观、纪念、缅怀、警戒。

警示馆展示冤案发生的经过和冤案证据，被刑讯逼供者身上的伤痕以及翻案、平反的经过，一审、二审、再审判决书，国家赔偿决定书，

〔45〕 闫伊默：《仪式传播与认同研究》，知识产权出版社 2014 年版，第 123 页。

受害者及其家属的合影，一般冤案受害者接受采访的录像等。警示馆可以包括冤案致死区，如聂树斌案、呼格吉勒图案；也包括一般冤案区，如滕兴善、赵作海案等。警示馆展示的对象，如赵作海案，需要征求当事人的意见，经过其允许再作展览，不能强制性展览。对冤死案件的展览，需要征求冤死者家属的意见并经其许可，尊重他们的意愿。警示馆的建造可以由各地财政拨款，展示的材料可以由各方提供，提供必要的冤案材料是法院、检察院的任务。可以设立一个国家级警示馆，在省府、市县级别视冤案多少决定是否设立冤案警示馆，是否应该建，以实际上该地区的冤案数量等实际情况为准，一般以省为单位建立冤案警示馆合适。冤案多少，可以按“属地”和“属人”两种方式判断，属地，即冤案由所在的地区的法院审理过，如呼格吉勒图案，可以由呼和浩特冤案展览馆、内蒙古冤案展览馆展示，具体冤案经历过几级法院、几个地方法院，以导致冤案发生的“终审”法院为主；属人，即冤案受害者的户口在该地区，如念斌案，就可以是福州冤案警示馆或福建省冤案警示馆的冤案展示典型案件。已经公布平反的冤案数量不算多，且不怕重合的情况，重复是加强宣传，亦是好事。警示馆应当不收门票，向社会大众开放，并配备相应工作人员管理维护，经费由相应级别的财政部门划拨。警示馆接受公安、检察院、法院、监察委、监狱等部门的访问学习，作为公安、检察院、法院、监察委、监狱、看守所、政法委等部门法治文化学习、公权力反思的基地。

（三）冤案反思纪念日及其仪式活动

为了有较好的影响力，仿照宪法日，可由全国人民代表大会常务委员会设立，或者由最高人民法院、最高人民检察院带头设立冤案反思纪念日。

冤案反思纪念日，即公、检、法、监察等公权力部门，尤其是那些造成冤案或者对冤案形成负有责任的法院、检察院、公安机关等，于该纪念日反思过去的冤案，并反思“过去一年”的冤案发生情况与“本单位”的过错，以警戒冤案的再发生，改进执法、司法。冤案反思纪念日可以举行一些相关活动，包括参观冤案警示馆，瞻仰冤死者墓的活动等。参加人员包括公、检、法、监及相应各级领导，法学院师生，法医专业师生等。同样，在公检法等公权力部门内部，进行相应冤案反思检讨总结会议。

纪念日活动，可以包括对过去与“本单位”相关的冤案进行反思、总结、警醒，没有涉及过冤案的单位，则可以过去的冤案作为素材，进行内部的自我警示、反省、学习，并进行适当的宣传。

对已经造成冤案或者对冤案发生负有责任的公权力机关及其人员来说，纪念日是一种“赔礼道歉”的方式以及担当的体现，也是国家责任主动担当的体现。更是一种长期的“道歉机制”和法治决心的宣誓，体现爱护、关心同胞的民族精神。盛世重义，真正法治的国家理应如此。

河南省已经有类似的纪念日。“河南省高院院长张立勇要求全省法院以赵作海案件为反面教材。河南省高院把无罪释放赵作海的5月9日定为全省法院‘警示日’。每年这一天，全省法院都要组织广大干警围绕这起案件深刻反思，并作为一项制度长期坚持下去。”〔46〕可以说，我们非常需要这样的担当与首创。这也是对类似赵作海、念斌、聂树斌、呼格吉勒图、孙志刚等含冤者的一种尊重、精神慰藉和补偿。

三、精神损害赔偿新方式的意义

（一）防止人格尊严完全价钱化，弥补受害者的人格尊严

人格尊严作为一切其他权利的基础，具有根本性的地位。倘若人格尊严不受重视，权利大厦的根基也就不复存在，整个权利大厦便轰然倒塌。因此，人格尊严受重视、尊重，是极为重要的。

康德曾说：“一个有价值的东西能被其他东西所替代，这是等价；与此相反，超越于一切价值之上，没有等价物可替代，才是尊严。”〔47〕这就

〔46〕 陈春龙：《国家赔偿法总论》，中国社会科学出版社2015年版，第577页。

〔47〕［德］康德：《道德形而上学原理》，苗力田译，上海人民出版社2002年版，第87页。

是尊严的不可购买、不可以价钱化的基础。较为纯粹地用金钱的方式赔偿冤案受害者被侵犯的生命健康权、人格尊严、人身自由等权利，纯粹的精神方式的赔偿较少，不可避免会陷入人格尊严价钱化、生命健康可以标价、人身自由商品化的误区，这是严重的认知矛盾。金钱有一定的抚慰、赔偿作用，但不应该成为绝对主导的赔偿方式，纯粹精神方式的精神赔偿不可以废弃，否则就无法避免将公民生命、自由、人格尊严等同于金钱的危险，更不用说在金额上还远未达到令受害者以及社会大众认可的标准。如果涉及侵害公民健康、生命、自由、人格尊严的问题都能用一部分金钱解决，让这些基本人权成为物品，带上受藐视的外衣、属性，刑讯逼供、枉法裁判等的发生就显得自然而然。重视纯粹的精神赔偿方式是必要的，也很有意义。

当下，冤案平反后，赔礼道歉的情况比较少，国家赔偿的方式也主要是支付一定的“抚慰金”，可以说，已经有将人的生命健康、自由、尊严等金钱化的危险。因此，真正的精神赔偿及新的方式，亟须引入国家赔偿之中。

国家赔偿的原因是国家侵权，是特殊的侵权类型，侵权法的原则是让受害者的一切再次完整。〔48〕本文中的一些方法都在弥补受害者受侵犯的人格尊严，包括其家属可能受侵犯的人格尊严。人格尊严是宪法规定的公民基本权利的基础，对人格尊严的蔑视是刑讯逼供、冤案发生的重要原因基础，理念、认识上的错误是一切行为错误的根源。对人格尊严的不尊重，导致对公民身体的不尊重，即刑讯逼供手段的发生。“国家是公民人格尊严实现的义务主体。”〔49〕目前的《国家赔偿法》没有体现对人格尊严的重视，人格尊严隐含在精神损害之中，《国家赔偿法》对人格尊严的忽略，与冤案刑讯逼供发生的原因之一如出一辙。

---

〔48〕 See Alana Trivell, *Compensating The Wrongfully Convicted: A Propasal To Make Victims Of Wrongful Incarceration Whole Again*, Richmond Journal Of Law and the Public interest, Vol.XIX: iii, p266.

〔49〕 刘娟：《人格尊严及其实现：道德与法的双重考量》，中国政法大学出版社 2014 年版，第 162 页。

《国家赔偿法》之于《宪法》实施，是以“部门法”“模块法”落实的方式，滋养《宪法》基本权利的落实，实现人权的可诉。《刑事诉讼法》常常被称作“小宪法”，因为它包含了对公民生命健康、人身自由等基本权利的“干预”与保护。实际上，《国家赔偿法》也是“小宪法”，又或者，每一部制定正义、良好的法律，都是“小宪法”，是落实宪法治理的组成部分。精神损害赔偿的新方式，间接认可公民死后，生前受损的人格尊严同样可以得到弥补，扩展了人格尊严的时间之维。冤案国家赔偿的新方式是落实《宪法》规定的人格尊严保护的抓手。

刑事冤案国家赔偿之精神损害赔偿的新方式充实了国家赔偿之精神抚慰的内涵，扩展了精神损害赔偿的方式。类似追悼仪式等活动的进行，是国家机关出席者代表国家对受害者及其家属深刻而富有意义的赔礼道歉的行为方式，是一种长久的赔礼道歉，而非金钱赔偿及单次赔礼道歉的一笔勾销，体现了对受害者的尊重，对冤案的重视，以及认错态度的诚恳，也有心理治疗的作用。法治公墓、冤案警示馆、冤案纪念日相关纪念活动是国家赔偿之精神赔偿方式的长期机制，作为永久的机制和物态文化，长期为冤案受害者恢复名誉、赔礼道歉，长期体现公权力的悔过心态，也公开、持久地彰显公权力的内省、审慎。

（二）培育司法文明，预防冤案，教化人民

刑事冤案国家赔偿之精神损害赔偿的新方式可以作为对国家机关工作人员长期的“惩罚性机制”或预防式警醒。

多学科融汇更能为问题的改进、解决提供帮助。谈及国家赔偿之精神损害赔偿及冤案防范的新方式，不得不提及“仪式”这个人类学、社会学的词汇，以及它的范畴、作用与意义。冤死者公墓制度中的追悼会仪式、在冤案纪念日参观警示馆以及到冤死者公墓瞻仰的仪式，都是国家赔偿新方式中仪式的内容。仪式有助于确立、[50]强化仪式参与者心中的秩序。本文中倡议的国家赔偿的精神赔偿的新方式，既是权利救济、

〔50〕 佟金玲：《司法仪式研究》，吉林大学2011年博士学位论文，第52页。

人权补偿的方式，也是一种柔性的惩罚，相较于对审判人员等判刑、革职的刑罚追责，精神赔偿的方法具有优越性，不会抑制法官等办案人员的积极性，防止法官因为怕受到严格的强制性重罚而削减办案的积极性。国家赔偿之精神损害赔偿的新方式，彰显了国家赔偿的预防性、惩罚性、弥补性功能，呼应《国家赔偿法》的需求与目的，是司法文明的重要组成部分。司法文明的丰富有助于冤案发生的预防，可作为阻止冤案的“第一道防线”，毕竟国家赔偿是不得已的矫正正义，预防冤案的发生才是本来就该有的原生性正义。通过国家赔偿的这些法治文化方法，也能间接起到控权的作用：通过仪式之于公权力机关及其人员的内心的影响，是软的方法，也是法治文化的方法。同时，规定仪式的参加、对受害者或其家属的道歉，都是惩罚的一种柔和的方式，“攻人者攻心为上”，这是“攻刑讯逼供者、枉法裁断者之心”的方式，能够在一定程度上弥补当下对枉法的司法人员追责较为缺乏、不完善的缺陷。[51]

冤案有一部分是由法官、检察官、公安机关工作人员等主观故意造成的，仪式活动、法治物态文化作用于人的内心，能够起到一定的教化、提醒、警戒的作用，让相关国家工作人员参加活动，算是落实国家赔偿惩罚性职能、预防性职能的体现。同时，仪式活动包含道歉认错的成分，亦是国家赔偿之精神损害赔偿的有效方式。加强公权力机关工作人员内心的自律，是减少国家赔偿“案源”的一种间接的努力。

冤案一直都在，是一个永远难题，我们的刑事界也对其防范措施进行了颇多的研究，可以说是刑事界的“哥德巴赫猜想”。但在已有的方法上，国家赔偿之精神损害赔偿的新方式仍是一个必要的补充，它也契合国家赔偿的预防性功能。

仪式具有教化的作用。通过追悼仪式、冤案警示馆、冤案纪念日及

〔51〕 许多冤案的责任人没有被追责。这对当事人或其家属是不公平、不正义的，也不利于人民法治信仰、信任感的维护与提升。舆论对冤案责任人是否被追责的关注也相对不够密切，冤案责任人的追责常常成为烂尾工程，或者说，不了了之。这对法治的完善是不利的。当然，追责也应考虑适度，需要考虑责任人的职业性质及责任主观故意的情况。

相关纪念仪式等，可以在全社会中培育法治文化，促进司法文明的培育及良好风气的形成，可以增进人民的法治观念以及自我保护意识，增强他们依法取得国家赔偿、维护自身合法权益的观念，增强他们对冤案的认识，增强他们可能处于刑讯逼供、冤案情境之中时的自我保护意识与能力，免于遭受灾难。

公墓实体的存在，冤死者追悼会的举行，仪式的洗礼与教化，每年一度的冤案反思纪念日及相应活动的参加，都是对相关公权力机关、单位及其工作人员的一种警醒、教育、警戒，能唤醒人们尤其是公安机关、检察院、法院、监察委、监狱、看守所等公权力机关的工作人员对冤假错案的重视与警醒，唤醒各部门工作人员对受害人的同情，对法治观念、法治基本原则、公民人格尊严的重新重视。

本文中的几种方式的倡议，能提高国家机关工作人员及普通公民的法制意识，能够促进司法文明的形成。司法文明的形成也是冤案防范的重要基础之一。良好的法治文化、司法文明一旦养成，就是最好的“第一道防线”，让错误不发生的最佳防线，也是最好的冤案防范的方法，是国家赔偿的终极目标：国家赔偿案源的减少。

（三）体现国家赔偿主动性，争取人民的满意

《国家赔偿法》是一部义务性法律，〔52〕主动是它应有的使命与态度。陈春龙教授也建议国家赔偿应该向主动赔偿方向努力。〔53〕对人权的无知、健忘和蔑视，是公共灾难和政府腐败的唯一根源。〔54〕认识的迟缓同样有不小的弊端。整个《国家赔偿法》，有一些“消极主义特征”和“防御性规定”。2010年修改去除的“确认程序”就是对防御性规定的去除。本文中的法治文化方法及其一些仪式的举行，能够体现国家与公权力机关、

〔52〕义务性法律的提法参见拉兹对法律的分类。[英]约瑟夫·拉兹：《法律体系的概念》，吴玉章译，商务出版社2017年版，第六章第四大点。

〔53〕陈春龙：《中国国家赔偿论》，中国社会科学出版社2015年版，第34页。

〔54〕法国《人权宣言》。转引自陶凯元：《正确处理当前国家赔偿法实施中的若干关系》，载最高人民法院赔偿委员会办公室编：《国家赔偿办案指南》2014年第2辑，法律出版社2014年版，第85页。

领导、人员的良好品格与担当。国家主动推进类似的措施，能促进社会的稳定、公民心理的平衡，增进公民对党和国家的认同。

国家赔偿之精神损害赔偿的新方式，增加受害者或其家属的满意度，照顾其心理，能够缓解公权力与人民之间的冲突，增进社会和谐。加强人民的法治信仰，防止对受害者或其家属的二次伤害。仪式的举行，同样是一种赔礼道歉，会促进受害者或其亲属、社会公众对国家和公权机关情感的缓和与宽恕〔55〕，利于化解矛盾，维护国家的形象与法治的权威。

之前我们提到，许多冤案受害者或其家属，对缺乏赔礼道歉的赔偿是不满的，对赔偿资金的不充分也是感到遗憾的，本文中的国家赔偿之精神赔偿的新方式，能够达到令受害者或其家属尽量满意的结果，化解国家赔偿金计算的难题，实现更深层次的赔礼道歉的功能。学者也习惯将国家赔偿的精神损害赔偿方式称作非财产责任方式。最高人民法院赔偿委员会办公室主任、学者型法官杨临萍博士就总结了国家赔偿中精神损害非财产责任方式的价值与作用：除了直接的权利救济、制约预防功能之外，还有“直接的情感恢复功能”，她认为“赔礼道歉作为化解怨恨的工具，有利于受害人宣泄愤恨、缓解消极情绪”，抚平受害人或其亲属的心理创伤。〔56〕

四、结语

（一）对国家赔偿及其研究的期许与批评

《国家赔偿法》没有引起致力于宪法学基本权利研究、人权研究的学者足够的关注，是不应该的。[1]《国家赔偿法》涉及公民人权的保障，理应是人权研究的最佳实战场，是实践的宪法学。国家赔偿同样涉及冤死者人格尊严的弥补与维护，是宪法人格尊严研究的抓手，不受宪法学、

〔55〕 参见王晨：《国家赔偿领域中赔礼道歉制度的检讨与建构——从国家赔偿法、民法、刑法、国际公法“四法”比较的角度谈起》，载《法学杂志》2009 年第 5 期，第 26 页。

〔56〕 参见杨临萍：《国家赔偿案件中精神损害赔偿制度疑难问题研究》，中国法制出版社 2014 年版，第 160 页。

人权法学者的关注实在可惜且不应该。也许这与国家赔偿是一门新兴的学科和议题，以及《国家赔偿法》诞生到现在才23年有关。

国家赔偿的研究，外文文献的参考、翻译引入不多，值得学界的努力，以防止在中文论文的槽口内相互引用，没有新鲜的资源，形成一个较为狭窄范围内的集体自说自话。另外，我们应该适度跳出国家赔偿看国家赔偿理论，思考其改进，更多借助法治文化理论与思路、刑讯逼供与冤案防范理论、宪法及人格尊严理论等来帮助对国家赔偿问题出路的思考，以防止徘徊于类似赔偿归责方法这样“老生常谈”的问题。

从《国家赔偿法》立法（1995年实施）至今，《宪法》经历了三次修改。《国家赔偿法》则隔了15年才在2010年第一次修改，2012年的修改则变化不大，是防御性的修改，甚至有不少人认为是倒退。可以看出《国家赔偿法》没有被严格对待与重视，而不是说它的制定比宪法良好，或者稳定性高。人权的保护是国家义务，及时制定、修改人权法也是国家应该有的义务，是立法机关的职责所在。《国家赔偿法》作为人权法，存在种种缺点，需要被及时修改，以体现国家对人权的尊重及其应有的态度。期望《国家赔偿法》新修改，能更多地体现对公民人格尊严的尊重，提高国家赔偿金的金额及精神损害赔偿的金额，同时增加精神赔偿的方式，赔礼道歉的适用标准是公权力对冤案有错而不是“严重损害”。

国家赔偿的精神损害赔偿的新方式，是顺应国家赔偿的不足而产生的。它在冤案防范的方法上是补充性的，也绝对是必要而富有意义的，它之于冤案防范的作用，绝不是鸡肋。笔者与杨临萍法官的观点一致，坚信国家赔偿的精神损害赔偿方式的思考，将是一个国家赔偿研究的一个小小里程碑。

（二）对本文中对策建议落实的期望

本文中建议之落实，首先，可以在《国家赔偿法》里肯定刑讯逼供对公民人格尊严的伤害，并将之列为必须赔偿的范围，即公民人格尊严的保护是赔偿范围的一部分。其次，本文中的精神赔偿的新方式、方法可以由《国家赔偿法》加以规定，也可以用政策的方式加以推进。冤案纪念日可以仿照宪法日，由全国人民代表大会常务委员会给予确立。可由学者、法官、公民向全国人大常委会提交建议。

笔者期待也希望，未来法治公墓制度、冤案警示馆、冤案反思纪念日能够得到学者们的细化研究，最终得到落实，为冤案防范、国家赔偿贡献一份力量。笔者也相信，包括上面提到的这些建议在内，未来类似《以法之名》等法治歌曲、宪法日、宪法宣誓制度等，会在国家的法治建设中起到不可忽视的作用。

最后，衷心希望聂树斌先生、呼格吉勒图先生等冤案受害者安息，但愿我们都对得起他们的牺牲，也希望类似案例能尽量减少。尊重，是一切秩序、和谐的基础，是一个带有动词意味的重要概念、法治理念。但愿我们能够全面迈向尊重人的尊严的新时代。

祛魅人工智能的法律规制

——技术视角下的立法节点

李卓恒*

目　次

内容提要：人工智能以其特有的技术魅力和想象空间吸引了不同领域的研究者，使法律规制人工智能的讨论方兴未艾，但幻想无法成为坚实的基础，有必要基于人工智能的技术原理，祛除其神秘

* 李卓恒，中山大学法学院硕士研究生。

魅惑性，回归法律规制人工智能的适宜问题。人工智能技术的核心是“演进”，即不同技术阶段的不同表现形式。本文意图通过人工智能的技术分类，表明机器学习型人工智能是现阶段人工智能法律规制的适宜对象，进而借助分析生成机器学习型人工智能的技术流程，指出立法规制人工智能的关键节点，即算法设计、数据运用和结果反馈三个技术环节，以应对现实中的人工智能发展和运作过程中可能遇到的法律规制问题。

关键词：人工智能　机器学习　法律规制　立法节点

引言

近年来，得益于计算机学习算法的进步和大数据时代的海量可用数据，经历了两次大型寒冬以及不计其数小冬天的人工智能（Artificial Intelligence）似乎又迎来了新的热潮。[1]2016年，谷歌公司旗下Deep Mind团队研发的人工智能“阿尔法围棋”（AlphaGo）战胜顶尖人类棋手的事件引发人工智能的讨论热潮，人们惊呼人工智能的时代已经到来。2017年，“阿尔法围棋·元”（AlphaGo Zero）以极快的速度学习并战胜其迭代版本。[2]此外，无人驾驶、个人语音助理、智能金融、智慧物流、智慧城市等成为人工智能的应用热点。对于人工智能，人们既有期盼也有忧虑：期盼给生活提供更多的便利，忧虑人工智能会颠覆智人的现有地位，如太空探索技术公司和特斯拉的创始人马斯克（Elon Musk）所言：“我们应该十分小心地看待人工智能，我猜测我们人类下个生存威胁恐怕就是人工智能。对于人工智能应该在国际或国家层面上有相应的监管措施，以防人类做出不可挽回的事情。”[3]但是，从现阶段人工智能的发展程度来看，人工智能对社会的颠覆其实还没有发生，并且恐怕在很长的时间里，这个颠覆都没那么容易发生，毕竟人工智能的发展是漫长的系

〔1〕人工智能的第一次寒冬出现在20世纪70年代，当时是因为技术进展放缓，政府投资干涸。另一次寒冬发生在20世纪80年代，是因为人工智能未能达到预期的商业影响。

〔2〕David Silve，*Mastering the Game of Go without Human Knowledge*，Nature，2017.

〔3〕Elon Musk，*We are summoning the demon' with artificial intelligence*，UPI，2014.

统演进过程，“人工智能的技术瓶颈不是要代替智人作为动物的那一部分，而在于代替我们最近几千年发展起来的那些认知能力，也就是我们有了符号思维能力之后的智能”。〔4〕即现有技术阶段的人工智能缺乏物理和社会的常识（common-sense），使得其自主认知、决策、学习、执行与协作的能力难以达到具有科幻色彩的强人工智能（general AI）水准。

当下更为紧迫的问题是：人工智能在数据信息提取、储存、表达、检索、人机交互的演进过程中，所产生的伦理、法律等社会层面的问题。《新一代人工智能发展规划》指出，制定促进人工智能发展的法律法规和伦理规范，以妥善应对人工智能可能带来的挑战，要求：“加强人工智能相关法律、伦理和社会问题研究，建立保障人工智能健康发展的法律法规和伦理道德框架。开展与人工智能应用相关的民事与刑事责任确认、隐私和产权保护、信息安全利用等法律问题研究，建立追溯和问责制度，明确人工智能法律主体以及相关权利、义务和责任等。”对此，法律领域的学者开始从不同角度讨论人工智能的法律问题，如侵权责任的归责原则、人工智能的法律主体资格、知识产权保护、隐私保护、信息安全等。

如上所言，目前的人工智能技术距离“智能”仍有难以跨越的鸿沟。但是，由于人工智能存在高度数理化的技术壁垒，人们对人工智能的认识普遍存在误区，突出的表现是，人们往往带着科幻的想象，过于关注还没达成的目标，忽略了达成目标的漫长路径，高估了仍处于发展阶段的人工智能，对人工智能法律问题的部分讨论也偏离了目前人工智能的现实。因此，要讨论人工智能法律问题，我们首先要关注目前人工智能的演进路径，祛除人工智能的神秘魅惑性，从科幻世界返回现实世界，而非带着忧虑，对尚不存在的未来提供立法规制方案，忽视现实中的人工智能发展和运作过程中可能遇到的法律规制问题。

为此，本文将从人工智能的技术问题入手，寻找对法律研究具有现

〔4〕 鲍捷：《AI时代的产品经理：应重视产品的可演进性》，载36氪，https://36kr.com/p/5076451，最后访问时间：2020年3月24日。

实价值的人工智能类型作为研究对象，从而将“有意义的人工智能类型”纳入法学的研究范围。本文共分为三个部分：第一部分将以人工智能演进的历史路径为线索，梳理不同种类人工智能的技术特征，描绘现今人工智能技术发展的基本轮廓，说明为何机器学习型人工智能是当下人工智能法律研究的适宜对象；第二部分将根据机器学习的技术原理，集中关注机器学习型人工智能生成、发展和运用的三个主要流程，即算法设计、数据积累、结果反馈。在此基础上，第三部分将以技术视角分析规制现阶段人工智能的立法节点。

一、人工智能的技术分类及其规制重点

（一）强人工智能（General artificial intelligence）

强人工智能是具有人类同等智慧（或超越人类智慧）的人工智能类型，拥有完整的知觉和自我意识，具有独自推理和解决问题的能力，[5]虽然贴合普罗大众对人工智能的想象，其自我意识的特征是人类担忧人工智能发展的主要原因，但现有的技术水平尚无实现强人工智能的可能，因此这类人工智能主要出现在科幻作品或有关人工智能的伦理讨论中。20世纪50年代，科幻作家阿莫西夫确定的机器人三定律[6]是针对强人工智能的经典限制，奠定了强人工智能伦理讨论的框架。法学领域针对强人工智能的讨论可视作道德伦理问题的延伸，集中于人工智能的法律主体资格和人格权利设计乃至公民权利与义务等问题。

（二）弱人工智能（Weak artificial intelligence）

弱人工智能，也被称为狭义人工智能（Narrow AI），与强人工智能相对，是不具有自我意识的人工智能类型，它们的推理和解决问题的能力局限于特定的任务。依据人工智能推理能力的生成方式和任务的解决

---

〔5〕 Kurzweil, *The Singularity is Near*, Viking Press, 2005.

〔6〕 第一定律：机器人不得伤害人类个体，或者目睹人类个体将遭受危险而袖手不管。第二定律：机器人必须服从人给予它的命令，当该命令与第一定律冲突时例外。第三定律：机器人在不违反第一、第二定律的情况下要尽可能保护自己的生存。

方式，现今所有的人工智能都是弱人工智能。在现实生活中，人们认为可以胜任复杂任务的人工智能具有高度智能的观点是常有的误解，如“阿尔法围棋”和“阿尔法围棋·元”在围棋项目中超越人类棋手，但它们只能完成围棋竞技的任务，而不具有完成不同种类任务的自主能力。区分强人工智能和弱人工智能的目的在于，避免将弱人工智能视为强人工智能，从而减少相关问题研究受到无关因素的影响，如在研究人工智能产出作品的知识产权归属问题时，就不必考虑人工智能的法律主体资格。此种区分，也有利于针对不同的人工智能类型展开指向明确的研究，实现合理分层，如将道德伦理及其衍生的法律问题集中于强人工智能领域，即便强人工智能事实上并不存在，在弱人工智能领域，更多地关注实践层面的法律问题。

即便如此，弱人工智能仍然是范围广大的集合，可能导致相关研究泛泛而谈而不能触及由人工智能技术产生的问题的核心，因此，在弱人工智能类型的基础上，将之划分为低度人工智能和机器学习型人工智能，具有其合理性。低度人工智能是指基于预定程序做出反馈的人工智能形式，可以完成部分简单任务，如写入程序如果接收到“关闭”指令则关闭设备，低度人工智能将在接受“关闭”指令后执行关闭设备的操作，倘若程序未写有接受“不要关闭”指令则不关闭设备，那它将在接受“不要关闭”指令后依旧执行关闭设备的操作。由于系统组织简单，智能化程度有限，低度人工智能涉及的法律问题可以在现有的法律框架下得到妥善解决，不必进行专门的讨论。

（三）机器学习型人工智能（AI developed by machine learning）

机器学习（machine learning）是人工智能领域最能体现智能的分支，也是人工智能发展最快的分支。[7]机器学习型人工智能由于具有学习的能力，可以完成相对复杂的特定任务，使得它们不同于低度人工智能。这种可以自我学习、完善问题解决方案的特征，也使人们容易将该类型

〔7〕 参见周志华：《机器学习》，清华大学出版社2016年版。

人工智能与强人工智能混淆，但就其仅能完成狭义任务的无自我意识本质而言仍属于弱人工智能的范畴。得益于计算能力的增强和数据获取的便捷，今日的人工智能繁荣实际是机器学习型人工智能的繁荣，如近年引领人工智能热潮的“阿尔法围棋”、无人自动驾驶系统、自动化交易程序、智能语音助手等都依托机器学习技术。机器学习型人工智能是研究人工智能法律规制的适宜对象，原因不仅在于它们是当代人工智能的模范代表，也不仅在于其系统构建的复杂性和运作难度，还在于它们在狭义任务中通过学习积累展现超越人类的成就，在帮助人类处理各项工作的同时，引起人们对人工智能的忧虑。

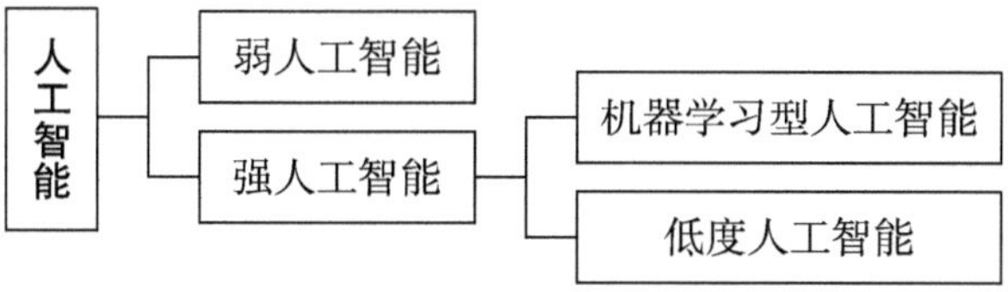

图1　人工智能技术分类层级

二、机器学习型人工智能的技术原理

倘若我们无法知晓机器学习的基本原理和运作模式，那么当我们讨论此类人工智能的立法规制时，将犹如盲人摸象，或是夸大人工智能的智能化程度，得出不符合技术实际的研究成果，或是忽略其中关键的立法规制节点，因此，我们有必要下定决心越过机器学习的技术壁垒，在整理技术步骤的过程中，发现具有研究价值的立法规制节点。

人类的决策过程基于经验的积累，“我们能做出有效的预判，是因为我们已经积累了许多经验，而通过经验的利用，就能对新情况做出有效的决策”。[8]经验的积累和利用依靠人类自身的学习过程完成，那么基于计算机技术的人工智能是否可以拥有类似的经验积累和利用能力呢？

〔8〕 周志华：《机器学习》，清华大学出版社2016年版，第1页。

机器学习正是致力于研究如何通过计算的手段，利用经验来改善系统自身性能的技术。在计算机系统中，经验以数据的形式记录，因此，机器学习所研究的主要内容，是从数据中产生“模型”（model）的学习算法。通过算法，人工智能可以依据被提供的数据生成模型，在面对新情况时给出相应的判断。人类期望机器学习型人工智能的判断可以更好适用于未知的样本，而不仅将判断局限在拟合训练样本，这种通过模型应对新情况的能力被称为“泛化”（generalization）。换言之，机器学习的目的在于提升人工智能在特定任务中的泛化能力，进而在不同情况下完成该类型任务。

机器学习作为计算机科学领域的重要分支，自身由多种不同的基础算法构成的技术组成，如基于发展阶段分类的符号学习（symbolism learning）、统计学习（statistical learning）和认知学习（cognitive learning），或是基于结构类型分类的统计学习中的支持向量机（support vector machine）和深度学习中的神经网络（neural network），或是基于样本标记程度分类的监督学习（supervised learning）和强化学习（reinforcement learning），抑或基于算法模型分类的回归分析（regression）和分类概率（classification），共同构成机器学习的技术壁垒。但作为法律研究者，我们不需要精通机器学习的各种算法，相反，我们可以从复杂的算法模型中精简出基本步骤，降低机器学习的技术壁垒，从简化的步骤中发现法律规制的节点，正如机器学习领域惯用“奥卡姆剃刀”（Occam's razor）原则，即在多个与观察相符的假设中，选择最为简单的范式。

按照算法模型获取最优解的原理，复杂的机器学习过程可化约为三步：[9]

第一步：设计算法函数集（define a set of function），即建立覆盖分布（distribution）空间的函数集合，给定机器学习型人工智能的算法范围和任务，如我们需要人工智能通过图像识别区分动物，就需要设计*f*1

[9] Bishop，*Pattern Recognition and Machine Learning*，Springer，2006.

(x)=Cat，*f*2(x)=Dog，*f*3(x)=Bird……作为算法的函数集，那么当我们输入猫的图片时，人工智能会依据函数反馈辨识结果，可能是函数集预设的任何答案，即猫或狗或鸟或其他动物，尽管结果存在随机性，但涵盖所有的可能。

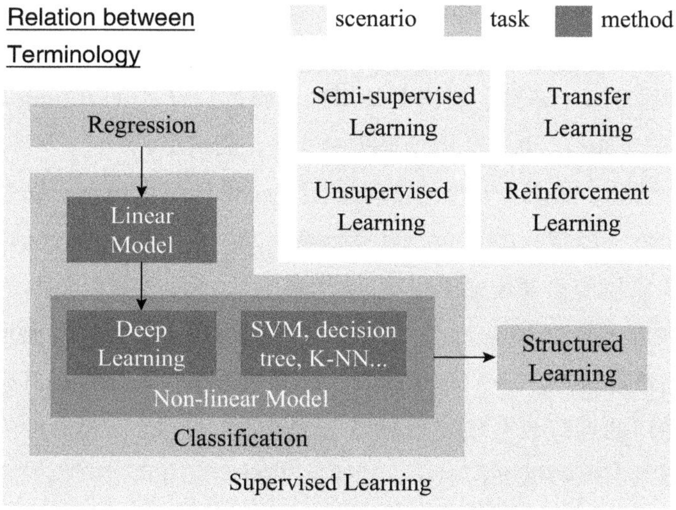

图 2　机器学习相关术语之间的关系集合〔10〕

第二步：评估函数的优劣(goodness of function *f*)，即通过向算法模型提供训练数据(training data)，剔除函数集中与训练数据难以拟合的函数，在这个阶段，需要通过函数集的结果和训练数据的关系，定义损失函数(Loss function)，鉴别函数的优劣，如我们设定训练数据为大量猫的图案，放入前述算法模型，那么损失函数可定义为 L(*f*) ≠ Cat，对函数集的所有函数进行优劣评估。这个步骤再次说明计算能力的增强和数据储量的飞跃式提升，是促成机器学习型人工智能有效应有于实践的主要原因。

〔10〕 Hung-yi Lee，Deep Learning Tutorial，2017. 该课程资料载于 http://speech.ee.ntu.edu.tw/~tlkagk/courses_ML16.html，最后访问时间：2020 年 3 月 24 日。

第三步：选取最佳的函数（pick the best function f^*），即在被损失函数评估的函数中的最优函数（f^*），在不同的学习任务中，最优函数的标准可能存在差异，在图像识别动物的例子中，我们希望机器学习型人工智能运用这个最佳函数，在判断未出现于训练数据中的猫的图案时，反馈猫的结果，以实现我们期望该种人工智能实现的任务。未出现于训练数据的可被称为测试数据（testing data），倘若该最佳函数未能拟合测试数据，则循环以上步骤，直至最佳函数克服过拟合（overfitting）与欠拟合（underfitting），可以适用于现实中数据化的情况。

综上所述，机器学习的步骤可简化为：设计函数模型，通过设定的训练数据组合确定损失函数，计算函数模型中可以获得最优解的函数，再用新的数据组合重复做出多个最优解函数，通过分析它们的乖离值（bias）和偏差值（variance），重复优化最优解函数，最终得出可完成制定任务的最佳函数。尽管不同种类的机器学习算法模型存在区别，如监督学习使用的训练数据需要被标记（labelled data），而相对的强化学习则不需要对训练数据进行标记，或是人工智能自身可以产生数据，但仍能简化为上述的步骤。同时，通过具体步骤的梳理，我们得以确认机器学习型人工智能，虽然可以完成特定的复杂任务，例如无人驾驶或自动化交易，但其智能程度依旧有限，属于弱人工智能的范畴，使得我们可以在讨论相关法律问题时，避免将机器学习型人工智能误以为是强人工智能，造成不必要的技术误解。

对人工智能领域的法律研究者而言，掌握此种程度的机器学习基本原理已经足够发现与之对应的立法规制要点了。依据上述步骤，我们可总结出机器学习型人工智能三个重要的立法规制节点，即与函数模型相关的算法设计，与判断优劣有关的数据运用，与最优函数有关的结果反馈。下文将对这三个立法规制节点进行详细的说明与论述，并期望提出具有针对性的规制方案，以实现对机器学习型人工智能的法律规制。

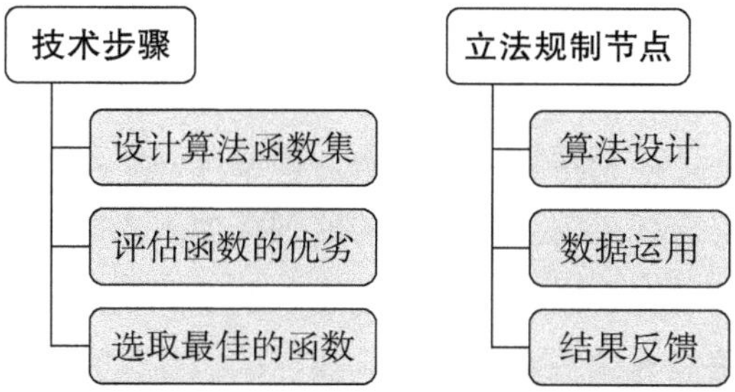

图 3　机器学习型人工智能的技术步骤与法律规制节点的对应关系

三、立法规制人工智能的技术节点

（一）算法设计的法律规制

1. 对算法设计进行立法规制的必要性

或许会存在如下观点反对针对算法设计进行立法规制：由数学符号组成的算法函数，其中立性与伦理无关，更无须法律规制，需要立法规制的是人工智能的外化行为和行动结果。

的确，琳琅满目的数学公式组成的函数集合，易于蒙蔽人们的双眼，但机器学习型人工智能之所以可以优秀地完成特定任务，是基于算法模型和算法函数集的优化，因此机器学习型人工智能行为的外化和结果的产生，是算法模型通过训练数据和测试数据选取最佳函数的结果输出，正如周志航教授所言："如果说计算机科学是研究关于'算法'的学问，那么类似的，可以说机器学习是研究关于'学习算法'的学问。"〔11〕具体而言，算法模型的设计对应机器学习型人工智能针对的特定任务，损失函数的设计对应结果输出的精确程度（包含价值判断），由此产生的最佳函数的因变量通过转换外化为机器学习型人工智能的行为和行为结果。因此，对算法设计进行立法规制具有必要性。

将兴盛的强化学习领域作为例证，可以更好地说明为什么需要对算

〔11〕 周志航：《机器学习》，清华大学出版社 2016 年版，第 1 页。

法设计进行立法规制。强化学习不同于监督学习的地方在于，它的算法模型不直接告知机器学习型人工智能何为正确的样本，并以样本的正确作为行为的指导，而是增加激励函数，促使机器学习型人工智能发现何种样本或行为符合任务需要。它们的区别类似于人类的学校教育和社会教育，激励函数的存在类似于社会纠正人类个体行为的阈值。社会阈值通常以伦理道德和法律的形式存在，相应的，作为强化学习型人工智能判断基准的激励函数应当受到法律规制。例如，“阿尔法围棋·元”以棋局的胜利为正向激励，以失败为负向激励，其激励函数符合人类的伦理道德和法律，假设某强化学习型人工智能的激励函数被设定为损害人类为正向激励，保护人类为负向激励，则无论算法模型之设定任务为何，其最佳函数的结果输出无疑都在不同程度损害人类。因此，对激励函数的设计进行法律规制具有不言自明的必要性。

简言之，算法设计作为现阶段人工智能系统生成演进的首要环节，作为人工智能系统外化行为和行为结果的核心基础，其本质是人类为人工智能实现特定任务设计的数理模型。因此，有必要立法规制算法设计环节，在生成阶段控制人工智能系统可能产生的风险。

2. 对算法设计立法规制的难点

人工智能研发的各项特征，使实现算法设计的法律规制极为困难。人工智能开发具有隐秘性的特征，表现于其开发不需要特定的场所，数据传输的便捷使得任何拥有计算机终端的场所都能成为人工智能开发的场所。由此产生分散性的特征，部分程序的代码开源共享，降低参与研发的技术门槛，使任何人类个体可以在任何地点使用计算机设备进行人工智能开发。开源代码和集体研发带来的问题是，单个人工智能的算法设计可能不由同一群体的技术人员编写，而是可能由不同群体的技术人员在不同时间段完成，加大算法设计的法律规制难度。同时，尽管我们可以简要地概述机器学习型人工智能的运作步骤，但具体的算法系统构建仍是复杂的技术问题，详尽地通过法律规制每行程序代码的输入并不可行。“这些特征可能并不是人工智能的研发中所独有的，信息时代的许多科技都有一项或几项这样的特征，但是，只有人工智能的这些特征给人类带来了特别的挑战，使得监管者面临着以前从未有过的逻辑上的困难。”〔12〕

3. 对算法设计进行法律规制的方案

设定算法编写人员最低限度的注意义务是实现算法设计的法律规制的关键。例如，2017 年 9 月，德国联邦交通部自动驾驶伦理委员发布自动驾驶系统编程的指导原则，要求自动驾驶的算法程序“在危险情况下，保护人类生命始终拥有最高优先权”。同时，算法公平性将成为规制算法设计的核心要点，其目的在于减少开发人员故意或无意造成的算法偏见。为实现此目的，可参照生产者产品质量责任和义务的规定，立法规范人工智能的算法设计过程，设定算法设计者的法律责任和义务，尽可能降低损害性算法被写入机器学习型人工智能的可能，防范风险。

由于算法设计具有隐秘性、分散性、不连续性和高度技术化等特征，使得对此进行法律规制存在极大的困难。例如，采用审查准入的法律规制方案可行性并不高，原因在于：处于研发阶段的机器学习型人工智能数量庞大，审查准入影响研发人员的开发效率，不利于技术的发展和进步，同时，缺乏足够的专门人才对提交审查的算法进行检验，也制约该项制度的实际效果。采用备案审查的法律规制方案，具有较强的可行性，但必须建立专门的人工智能监管机构以存储相关数据，并规范备案算法的形式，避免事后监管的缺失。为实现被动监管人工智能算法的设计，需要建立人工智能算法的安全监测机构，完善人工智能算法安全性测试及评估方法，研发相应的算法检测通用工具。

因此，如何对算法设计进行合理有效的法律规制，构建人工智能安全监测预警机制，实现人工智能算法设计的流程监管，将是立法规制人工智能的难点，值得人工智能领域的法律研究者深入挖掘。

---

〔12〕 谢勒：《监管人工智能系统：风险、挑战、能力和策略》，曹建峰、李金磊译，载《哈佛法律与科技（Harvard Journal of Law & Technology）》第 29 卷，2016 年第 2 期。

（二）数据应用的法律规制

1. 对数据应用进行法律规制的必要性

为评估函数的优劣，获取最佳函数，人工智能的机器学习过程需要大量的训练数据和测试数据。缺乏分布合理的数据，机器学习过程将无法依靠单独的算法模型完成特定任务的泛化学习。因此，数据是机器学习型人工智能发展的必要部分。数据有两种主要来源：已有的数据库储存的数据和通过数据挖掘产生的数据。在大数据时代，简易的爬虫（Web Crawler）工具可以在不受权利人许可的情况下，获取储存于服务器的数据，成为主要的数据挖掘来源。被挖掘的数据作为信息的载体，包括但不限于：可以还原个人生活行为、描绘人格形象的个人信息，公权力决策、执行或判断的公共信息。在已有的数据库中储存的数据，同样包含个人信息和公共信息。在大数据时代，如何在运用数据实现商业或技术价值的同时，不侵害公民的合法权益和社会公共利益，已是互联网领域的法学研究者长期关注的问题。人工智能作为受益于数据获取和应用的技术，其数据运用理应受到法律规制，避免个人信息和公共信息被滥用，以保障公民合法权益不受侵犯，维护社会公共利益。

2. 对数据应用进行法律规制的难点

个人信息方面，相关法律定义模糊，对个人信息的类型保护具有局限性，如2012年《全国人民代表大会常务委员会关于加强网络信息保护的决定》明确受国家保护的个人信息是“能够识别公民个人身份和涉及公民个人隐私的电子信息”，《互联网企业个人信息保护测评标准》将个人信息定义为“能够切实可行地单独或通过与其他信息结合识别特定用户身份的信息或信息集合，如姓名、出生日期、身份证件号码、住址、电话号码、账号、密码等”，使未被类型化定义的个人信息被排除在国家保护的个人信息类型之外，但该类信息经过技术拼凑仍能反映个人的生活状态与人格形象，尤其是人工智能的机器学习过程，可以最大限度地利用个人数据还原用户生活的方方面面，导致通过个人信息提取的数据未能获得覆盖全面的保护。同时，由于技术提供方处于强势地位，用户不得不同意授权个人信息被收集以获取相应服务，导致用户无法自主规制个人信息的去向。此外，部分技术提供方利用法律漏洞，未经用户授权便记录和储存用户的个人信息，引起用户对隐私暴露的担忧。由于个人信息保护机制尚不完善，相关保护标准缺位，使个人信息存在滥用的可能，如何避免个人因信息数据被利用而成为透明人，成为对数据应用进行法律规制的难点之一。

公共信息方面，在现有的数据技术阶段，技术提供方掌握的信息数据，远多于公权力机关掌握的数据信息，使公权力机关在推动信息化和数字化的过程中，如智慧城市的建设，需要与非公权力性质的技术提供方合作，同时，人工智能可使用公共数据信息进行机器学习，优化特定领域的决策，如城市空间规划、交通路网设置、司法判决辅助等领域，公与私的界限逐渐模糊，涉及社会公共利益的信息或是涉密信息被技术提供方获取，使涉密公共信息的安全受到威胁，甚至有被滥用的可能，不利于公权力机关对涉及的公共信息进行保护。

技术方面，但凡在智能终端进行操作必然产生信息数据，但凡接入互联网就必然产生信息数据的交流，即可立即被爬虫程序迅速抓取，同时，机器学习中的监督学习和半监督学习需要对数据进行标记，标记数据的人工过程可能会对信息的正当利用造成不利影响，使数据运用的法律规制具有难以克服的技术难点。

3. 对数据应用进行法律规制的方案

个人信息方面，面对数据处理技术对个人信息保护的威胁，传统的“知情同意”保护机制受到冲击，如2014年世界经济论坛联合微软研究团队发布的研究报告指出：“由于缺乏实质意义上的用户规制及透明机制，传统个人信息保护架构在当下社会已经失灵。”[13]各国为解决此问题，加强个人信息保护的立法，如欧盟的《通用数据保护条例》(General

〔13〕 The World Economic Forum, *Rethinking Personal Data: Trust and Context in User-Centred Data Ecosystems*, 2014.

Data Protection Regulation），美国的《消费者隐私法案》（Consumer Privacy Bill of Rights Act），我国的《网络安全法》第四章“网络信息安全”对个人信息的合理使用和禁止滥用作出明确的规制，《刑法修正案（九）》则规定相应的刑事责任。在现有立法的基础上，为合理规范个人信息的获取与收集，可对个人信息进行层级分类，区分为禁止获取、经用户同意获取和自由获取三种不同层级的个人信息，以类型化保护用户的个人信息，改变传统“知情同意”情形下用户签署隐私声明的弱势地位，增加用户的自主选择权，同时，不影响技术提供方为实现合理使用而收集个人信息。

公共信息方面，技术提供方拥有的数据和公权力机关拥有的数据进行融合，以及技术提供方获取公权力机关拥有的数据，是不可避免的趋势，但现有的信息安全立法缺乏明确指引，导致相关公共信息数据存在被滥用的风险。为避免社会 公共利益的受损，公权力机关应建立受其直接监管的公共信息数据共享平台，规范技术提供方在数据合作和决策辅助等领域的信息使用，以保护公共信息数据，如国务院《新一代人工智能发展规划》明确要求：“依托国家数据共享交换平台、数据开放平台等公共基础设施，建设政府治理、公共服务、产业发展、技术研发等领域大数据基础信息数据库，支撑开展国家治理大数据应用。整合社会各类数据平台和数据中心资源，形成覆盖全国、布局合理、链接畅通的一体化服务能力。”

技术方面，数据分析追求空间泛化能力的特征，使数据的技术使用在具体和抽象之间偏向后者，这意味着数据分析需要的数据可以是消去具体特征的模糊化数据，使在技术层面要求对数据收集进行模糊化处理成为可能。因此，有必要对信息收集采用模糊化的技术手段进行相关法律规制。对于难以模糊化的需要标记的训练数据，则要求数据使用过程保密，产出的数据信息在公开时应符合模糊化的标准，以保护涉及个人隐私或社会公共利益的信息数据。

针对上述问题，欧盟的《通用数据保护条例》提供兼顾人工智能演进效率和隐私数据保护的规制方案，具有参考和借鉴意义。基于隐私数据保护的需要，该条例的规制对象为在其生效范围内收集数据的所有组织，而不仅限于在其规制范围内设置实体的组织，同时基于可选择的隐私设计方案，该条例赋予用户数据转移权和被遗忘权，用户可以自由迁移数据信息并在不需要相关服务时要求数据控制者删除数据，以避免隐私数据被滥用。

（三）结果反馈的法律规制

1. 对结果反馈进行法律规制的必要性

机器学习型人工智能的结果反馈是算法模型基于最佳函数做出的结果输出或外化行为，如无人驾驶汽车遇到障碍物时的线路修正，或如自动化交易程序在金融品价格变动时作出的买入或卖出决策。与处于研发阶段的算法设计和数据运用相比，人工智能的结果反馈直接作用于人类的社会生活和经济生产，是人类接触和认知人工智能的主要方面，如普通人只会注意到“阿尔法围棋”战胜人类棋手的结果，而其背后的算法设计与数据运用并不为多数人所知。因此，人工智能的结果反馈具有可被观察的直接性特征，这使结果反馈相较于前两者更需要法律的规制。人工智能结果反馈的做出产生的法律关系变动，尤其是侵权行为或结果，已受到人工智能领域的法律研究者的高度重视，集中于侵权责任的相关问题。

2. 对结果反馈进行法律规制的难点

机器学习型人工智能的结果反馈是其学习过程的结果，使人工智能得以胜任特定的任务，但由于样本数据构建的分布空间并不能穷尽所有的情况，导致结果反馈虽然在大多数情况下是最优解，但其准确性仍然受制于分布空间的构建，不符合真正最优解的结果反馈有可能产生。此外，结果反馈有不可预见性的特征，原因在于机器学习设定的学习目标和学习方式外，最佳函数的产生和选取可能超出人类以往经验积累的认知，如“阿尔法围棋·元”通过强化学习使用的诡异步法。非完全准确性和不可预见性的特征使结果反馈存在风险和危险，必然需要通过法律进行规制，以防范风险或危险的发生。

3. 对结果反馈进行法律规制的方案

结果反馈的法律规制实践暂时停留在实验环境规制和促进人工智能发展的阶段，如美国联邦层面的自动驾驶汽车监督法案，目的是促使自动驾驶汽车技术不受各州法令的阻碍，又如美国加州的自动驾驶汽车路测规定则着重确保实验的安全性，再如国务院《新一代人工智能发展规划》要求建立人工智能安全监管和评估体系。的确，测试人工智能的结果反馈的安全性在现阶段非常重要，测试的目的不仅在于检验人工智能的结果反馈是否可靠，还在于检验算法设计和数据运用是否符合法律或伦理规范。因此，有必要完善相关的测试机制和测试标准，以实现结果反馈的事前法律规制。

人工智能系统和现实情况的双重复杂性，使侵权责任的确认不宜笼统而论，但总体而言采用严格责任原则，符合人工智能的发展现状，也符合工业时代的理论积累，有利于实现人工智能结果反馈的事后法律规制。除此之外，借鉴现有的法律体系将有助于建立人工智能结果反馈的法律规制机制，因为，尽管人工智能的算法模型和数据应具有鲜明的技术特征，但受限于特定的任务类型，其结果反馈外化的行为仍然是可被传统法律体系规制的行为。

制订人工智能系统结果反馈的外化行为的法律规制方案，有必要区分人工智能系统的行为及其结果外化类型，在使风险控制具有针对性的同时，增强规制方案的可操控性。具体而言，基于可解释性原则（The Right to Explanation of Automated Decision）发起的人工智能系统运作过程中的审查，适用于其行为结果不具有现实物理属性的人工智能系统，重点在于信息数据交互过程产生的偏差的修正和算法模式的持续优化，避免人工智能系统自动化决策对信息交互的有害影响；严格的事前审批和运作全过程监控的规制模式，适用于结果反馈的外化行为具有现实物理属性的人工智能系统，如自动驾驶系统、智能化工业机器人等，重点在于避免潜在的实质风险，如交通事故等安全责任风险。因此，针对人工智能系统的不同结果反馈的类型，更为细致的事前检验标准和过程监控方案是有效规制人工智能安全实现特定任务的关键。

四、结语

人工智能系统的生成、发展和演进，无疑在人类文明的过去、现在和将来产生深刻影响，但其高度技术壁垒和浪漫幻想的魅惑，使人们高估处于发展阶段的人工智能系统，导致人工智能法律问题的部分讨论偏离目前的现实。因此，基于人工智能技术特征的分析，有助于人工智能法律规制的去魅，将“有意义的人工智能类型”纳入研究范围。同时，意图回应现实中的人工智能发展和运作过程中可能遇到的法律规制问题，需要回归人工智能系统生成和运作的关键技术节点，否则我们研究的将不是数据交互生成的“云”，而是古希腊喜剧作家阿里斯托芬笔下的“云”。

《立法评论》注释体例

一、一般规定

1. 本刊采用页底脚注的形式，编号连排，注释序号以阿拉伯数字上标；标题及作者简介信息注以星号上标。

2. 引用文献的必备要素及一般格式为“[国籍] 责任者与责任方式：《文献标题》(版本与卷册)，出版者出版时间，起止页码”。

3. 所引文献若为撰著，不必说明责任方式，否则，应注明“编”“主编”“编著”“整理”“编译”“译”“校注”等责任方式。

4. 非引用原文者，注释前应以“参见”引领；非引自原始资料，应先注明原始作品相关信息，再以“转引自”引领注明转引文献详细信息。

5. 引证信札、访谈、演讲、电影、电视、广播、录音、馆藏资料、未刊稿等文献资料，应尽可能明确详尽，注明其形成、存在或出品的时间、地点、机构等能显示其独立存在的特征。

6. 外文文献遵循该语种通常注释习惯。

二、注释范例

1. 著作

黄建武:《法律调整——法社会学的一个专题讨论》，中国人民大学出版社 2015 年版，第 115 页。

参见王名扬:《美国行政法》，北京大学出版社 2007 年版，第 2 页。

2. 论文

王利明:《惩罚性赔偿》，载《中国社会科学》2000 年第 4 期。

3. 集刊

王保树:《股份有限公司机关构造中的董事和董事会》，载梁慧星主编:《民商法论丛》第 1 卷，法律出版社 1994 年版，第 110 页。

4. 文集

陈光中:《中国刑事诉讼法的特点》，载陈光中:《陈光中法学文集》，中国法制出版社 2000 年版，第 258 页。

5. 教材

江平主编:《民法学》(第二版)，中国政法大学出版社 2011 年版，第 96 页。

6. 译作

[美]贝勒斯:《法律的原则——一个规范的分析》，张文显等译，中国大百科全书出版社 2002 年版，第 156 页。

7. 报纸

徐忠明:《学术训练与大学时光——2011 届新生开学典礼致辞》，载《中山大学法学院院报》2011 年 9 月 25 日，第 8 版。

8. 古籍

沈家本:《沈寄簃先生遗书》(甲编)，中国书店 1985 年版(据民国刊刷印本)第 43 卷，第 45 页。

9. 学位论文

吴洪淇:《证据法的运行环境与内部结构》，中国政法大学博士学位论文，第 26 页。

10. 会议论文

黄瑶："military intervention under the doctrine of the Responsibility To Protect (R2P)"，发表于"亚洲国际法学会第三届双年会"，北京，2011年8月27~28日。

11. 学术报告

陈弘毅：《香港特别行政区与台湾地区的法治和民主：比较与反思》，发表于中山大学法学院"方圆大视野"系列高端公益论坛第十九期，广州，2013年1月8日。

12. 研究报告

丁利：《理性、进化与均衡：博弈论解概念及其基础》，中国社会科学院经济研究所博士后工作报告，北京，2002年9月。

13. 网络文献

《中国法学会国际经济法学研究会2011年年会在中山大学隆重召开》，载http：//ielaw.uibe.edu.cn/html/yanjiuhuizhichuang/20111120/17079.html，最后访问时间：2011年12月21日。

14. 外文文献

期刊文章：D. James Greiner，Cassandra Wolos Pattanayak and Jonathan Hennessy，*The Limits of Unbundled Legal Assistance: A Randomized Study in a Massachusetts District Court and Prospects for the Future*，126 Harvard Law Review 901 (2013)，p.905–907.

著作：Tai-Heng Cheng，*When International Law Works*，New York：Oxford University Press，2012，p.151.

图书在版编目（CIP）数据

立法评论．第4卷．第1辑 / 刘诚主编．—北京：中国法制出版社，2020. 5

ISBN 978-7-5216-1033-8

Ⅰ．①立…　Ⅱ．①刘…　Ⅲ．①地方法规—立法—研究—中国　Ⅳ．①D927

中国版本图书馆CIP数据核字（2020）第073159号

责任编辑：王佩琳（wangpeilin@zgfzs.com）　　封面设计：杨泽江

立法评论．第4卷．第1辑

LIFA PINGLUN．DI-4 JUAN．DI-1 JI

主编 / 刘诚

经销 / 新华书店

印刷 / 北京京华虎彩印刷有限公司

开本 / 710毫米 ×1000毫米　16开　　印张 / 16.5　字数 / 207千

版次 / 2020年5月第1版　　2020年5月第1次印刷

中国法制出版社出版

书号 ISBN 978-7-5216-1033-8　　定价：65.00元

北京西单横二条2号　邮政编码 100031　　传真：010-66031119

网址：http://www.zgfzs.com　　**编辑部电话：010-66038139**

市场营销部电话：010-66033393　　**邮购部电话：010-66033288**

（如有印装质量问题，请与本社印务部联系调换。电话：010-66032926）